공짜 뉴스는 없다

뉴스통신진흥총서 22

공짜 뉴스는 없다
-디지털 뉴스 유료화, 어디까지 왔나?

초판 1쇄 발행 2019년 8월 31일

지은이 ― 권태호
펴낸이 ― 최용범

편 집 ― 김소망, 박호진
디자인 ― 장원석
관 리 ― 강은선

펴낸곳 ― 페이퍼로드
출판등록 ― 제10-2427호(2002년 8월 7일)
주 소 ― 서울시 동작구 보라매로5가길 7 1322호
이메일 ― book@paperroad.net
블로그 ― https://blog.naver.com/paperoad
포스트 ― https://post.naver.com/paperoad
페이스북 ― www.facebook.com/paperroadbook
전 화 ― (02)326-0328
팩 스 ― (02)335-0334

ISBN 979-11-967059-6-1(03070)

이 도서의 국립중앙도서관 출판예정도서목록(CIP)은 서지정보유통지원시스템 홈페이지(http://seoji.
nl.go.kr)와 국가자료종합목록 구축시스템(http://kolis-net.nl.go.kr)에서 이용하실 수 있습니다.
(CIP제어번호 : CIP2019029296)

뉴스통신진흥총서 22

디지털 뉴스 유료화, 어디까지 왔나?

공짜 뉴스는 없다

권태호 지음

페이퍼로드
paperroad

차례

디지털 뉴스 유료화, 누구를 위하여?

'좋은 기사에는 비용이 든다. 그리고 누군가는 그 비용을 내야 한다.' 이 책을 한 마디로 요약한 말이다.

위기에 처한 한국 언론사들이 디지털 뉴스 유료화를 하나의 탈출구로 여기고 다양한 시도에 나선 것은 2000년대 중후반부터다. 벌써 10년 이상의 시간이 흘렀다. 그러나 그 시도는 매번 실패로 귀결되거나, 아니면 기존 광고 모델의 변칙적 양태로 어중간하게 정착되곤 했다.

한국의 디지털 뉴스 유료화가 첫 걸음도 떼지 못하는 사이, 미국 등 서구에서는 유료화가 차근차근 진행됐다. 이젠 언론사들의 경험이 축적되고 독자들의 습관이 쌓여 점점 가속도를 낸다. 선두주자인 『뉴욕타임스』는 2019년 현재 디지털 유료 독자만 330만 명에 이른다. 후원제를 꾸준히 고집해 온 영국 『가디언』은 지난해 흑자를 선언하는 등 빠른 속도로 수지 안정을 찾아가고 있다. 인터넷 문화는 우리보다 뒤처진다고 여겼던 일본에서도 메이저 4개 신문사(『요미우리』, 『아사히』, 『마이니찌』, 『니혼게이자이신문』) 모두 유료화에 나섰고, 특히 『니혼게이자이신문』은 디지털 유료 독자만 56만 명에 이를 정도다.

디지털 뉴스 유료화라는 전 세계적 흐름에서 한국만 섬처럼 떨어져 있다. 극히 일부를 제외하곤, 한국에선 아직 제대로 된 시도조차 엄두를 못 내고 있다. 세계 최고 수준의 포털 사이트 문화, 그리고 세계 최저 수준의 언론 신뢰도가 결합했기 때문이다. 그래서 디지털 뉴스 유료화 주장에 '그건『뉴욕타임스』에서나 가능한 일'이라는 답변이 나오곤 했다.

그런데 최근 국내 언론사들이 뉴스 유료화에 다시 관심을 보이고 있다. 그만큼 언론사 경영 환경이 한계점에 다다르고 있다는 방증이기도 하다. 광고매출과 종이신문 구독자가 동시에 하락하면서 언론사들은 몇 년 안에 새로운 수익모델을 찾지 못한다면 미래가 없음을 자각하고 있다.

한국뉴스통신진흥회 총서로 펴내는 이 책에서는, 우선 디지털 뉴스 유료화 등장 배경을 살펴보고, 이후 디지털 뉴스 유료화를 먼저 실시한 해외 언론사 사례, 그리고 국내 언론사의 뉴스 유료화 현황과 과제 등을 짚어봤다. 해외 언론사 사례는 국내 언론사의 유료화 이해를 돕기 위한 기본 배경 제시 차원에서 수록했을 뿐, 이 책의 포커스는 국내 언론사의 유료화에 맞춰져 있다. 뉴스 유료화 방식은 다양하며 각 모델의 우열을 가리기는 힘들다. 각 언론사에 적합한 방식을 스스로 찾아야 할 뿐이다. 다만, 유료화에 성공하려면 매체 신뢰도 제고, 독자관계성 강화, 콘텐츠 개선, 조직 재편 등이 선행 및 동행되어야 할 것이다.

언론사는 대개 사기업이다. 뉴스는 그 사기업의 상품이다. 그런데 소비자들은 이 상품을 공짜로 얻는다. 언론은 공익적 관점에서 보도하기 때문에 공기公器라는 이름을 얻을 수 있다. 공공을 위할 때에만 언론의 존재 의미가 있다. 그렇다면 공공에게도 제대로 된 언론을 만들기 위한 책임이 일부 있지 않을까. 지금처럼 '간섭하되 지원하지 않는다'가 공공이 좋은 언론을 얻기 위한 유효한 선택이 될 수 있을까.

각 언론사들은 뉴스 유료화에 앞서 유료화의 궁극적 목적이 무엇인지

다시 한 번 생각해 봐야 한다. 언론사라는 사적 기업이 경영적 필요에 의해 디지털 유료화를 채택하려 한다. 하지만 그 유료화가 공공의 필요와 공공에 유익한 방향으로 진행되지 않는다면 유료화의 의미는 퇴색되고 만다. 결국, 저널리즘의 가치를 재정립하고 탄탄히 하는 것이 유료화의 목적이 되어야 한다. 또 반대로, 저널리즘의 가치를 제대로 구현할 때만이 뉴스에 돈을 지불해달라는 말을 독자에게 할 자격을 갖게 된다. 유료화는 좋은 저널리즘을 구현하기 위한 수단이지, 유료화 자체가 목적이 되어서는 곤란하다. 그 경우, 유료화도 성공하지 못할 것이다.

유료화는 형편이 어려운 언론사를 도와주기 위한 차원이 아니다. 언론이 제대로 서고, 독자들이 제대로 된 뉴스를 얻기 위함이다. 유료화가 정착되면 결과적으로 언론사가 아닌, 우리 사회 전반의 효용을 높일 수 있다. 제 논에 물대기 식 주장일지 모르나, 유료화의 최종적 수혜자는 언론사가 아닌 시민이어야 한다.

책을 내놓으면서 부족한 점이 너무 많아 불안하고 죄송한 마음이 크다. 뉴스 유료화는 꽤 오랫동안 국내에서도 언론계와 학계의 주요한 이슈였던 탓에 많은 전문가들이 있다. 이 책에도 자주 등장하는 그들이 이 책을 쓰는 게 나았다. 배운다는 마음으로 시작한 작업이었지만, 내용이 미진해 이 책을 접할 독자들에게 죄송한 마음이다.

또 개별 언론사에 대한 치밀한 취재와 분석이 제대로 진행되지 못했다. 국내외를 막론하고 각 언론사들의 유료화 과정에는 표면적 결과 외에 내부의 치열한 고민과 힘든 여정이 있었을 터이다. 책을 준비하느라 자료를 뒤적이고 관계자들을 만날수록, '국외자가 그들의 지난한 노력과 고통을 감히 한 두 단락으로 규정하고 판단 내리는 게 온당한 일인가' 하는 생각이 점점 들었다. 각 사 사례를 자세히 정리하면 한 권 이상 분량의 책도

가능할 것이다.

그리고 이 책은 주로 유료화를 진행하는 언론사들을 들여다보는 형태로 쓰였다. 제대로 합을 맞추려면 뉴스에 돈을 지불하거나 언론매체들을 후원하는 독자들을 취재해 그들의 마음도 담아야 했다. 그 독자들을 만나 깊은 이야기를 나눠보지 못한 점이 많이 아쉽다.

이 책에는 뉴스 유료화와 관련된 여러 문헌 및 자료를 인용해 설명한 대목이 많다. 각 언론사 책임자들과 미디어 전문가 인터뷰도 여럿 담았다. 이 책에서 그나마 가치를 찾는다면, 그 인터뷰들이다. 각 사가 처한 어려움과 책임자로서의 고민을 동병상련처럼 함께 나눠준 각 언론사 대표 및 책임자들, 자신의 견해를 소상히 설명해 준 미디어 전문가들에게 다시 한 번 감사의 말씀을 드린다. 그리고 한국 언론 현황에 대한 한국언론진흥재단의 방대한 기본 자료와 보고서 등이 이 책을 펴는 데 기본 바탕이 됐다.

부족한 원고에 조언과 지도를 아끼지 않았던 뉴스통신진흥회의 연구평가위원들 덕분에 책이 그나마 꼴을 갖출 수 있게 됐다. 또 투박한 자료 뭉치들을 책으로 빚어 주고, 무엇보다 이 책에 이름(제목)을 붙여준 김소망 편집자에게 깊은 감사를 드린다.

이 책이 한국 언론사들의 디지털 뉴스 유료화에 미진하나마 작은 보탬이라도 되기를 바란다. 그리고 혹 이 책을 보신다면, 어떤 형태로든 뉴스에 돈을 지불하는 경험을 해볼 것을 권한다.

2019년 8월
권태호

제1장

디지털 뉴스 유료화의 배경

1
신문의 위기 – 광고 모델은 끝났다?

'신문 산업이 위기를 맞고 있다.'

너무 오래 전부터, 너무 자주 들은 말이라 이제 일반 시민은 물론 신문 산업 종사자들조차 이 말이 '위기'로 느껴지지 않을 때가 많다. 그러나 한국의 언론, 그 중에서도 특히 신문의 구독률 감소, 광고 매출액 감소, 이로 인한 경영 악화는 이제 만성화 단계에 이르고 있다.

2018년 4월 10일 금융감독원 전자공시 시스템 자료를 보면, 주요 조간신문 9곳 가운데 『동아일보』, 『한겨레신문』, 『경향신문』을 제외한 나머지 신문들의 매출액과 영업이익이 전년보다 뒷걸음질했다.[1]

한국언론진흥재단이 매년 실시하는 '언론수용자 의식조사' 결과를 보면, 2018년 종이신문 구독률은 9.5%다. 이 조사를 시작한 1996년 69.3%와 비교하면, 22년 만에 7분의 1 수준으로 줄어든 것이다. 그나마 다행인 것은 2018년 열독률은 17.7%로, 전년에 비해 1.0%포인트 늘어났다. 열독률이 늘어난 것은 16년 만에 처음이다.[2]

---

1   이진우, 「광고 협찬 줄여야 하지만…신문의 미래 앞두고 고심만」, 『한국기자협회보』, 3면, 2018.4.11.
2   한국언론진흥재단, 『2018 언론수용자 의식조사』, p.67

이른바 '전국 일간 종합지'로 분류되는 '전국종합일간Ⅰ'의 2017년 매출액은 1조3,705억 원으로 전년 대비 2.7% 감소했다.[3]

신문이 위기를 맞은 가장 주요한 이유 중 하나는, 100년 이상 유지돼 왔던 광고 모델이 서서히 종말을 맞고 있기 때문이다. 전체 종이신문 매출액에서 광고 수입이 차지하는 비율은 전체 수입의 59.9%로 여전히 가장 높다. 그러나 신문사의 광고 수입과 종이신문 판매 수입 모두 계속 줄어들고 있다. 2014년과 2017년을 비교하면, 일간신문의 종이신문 판매수입은 14.1%에서 12.9%로 2.2%포인트 줄어들었다. 그런데 전체 광고액은 장기적으로 하향 추세를 보이고 있는데, 신문사 매출구조에서 광고수입이 차지하는 비중은 55.9%에서 60.7%로 오히려 4.8%포인트 늘어났다.[4]

이는 국내 신문사들이 종이신문 구독 수입 하락분을 기존의 광고 모델을 확대하는 형태로 메우는 식으로 경영하고 있음을 보여준다. 매출에서 광고 비중이 60%나 된다는 건 그만큼 신문사들이 기업의 광고 추이에 신경을 곤두세울 수밖에 없음을 뜻한다. 언론이 제 기능을 하는 데 바람직하지 않을 뿐 아니라, 수익모델로서도 위태로운 구조다. 더욱이 향후 종이신문 판매수익 하락은 불을 보듯 뻔하다. '인터넷 콘텐츠 판매수입'으로 이를 상쇄하지 않는다면, 한국의 신문사들은 점점 힘을 잃고 있는 광고수입에 더 의존하게 되는 기형적 구조를 탈피할 수 없다.

이에 따라 각 언론사들은 최근 몇 년간 여러 가지 형태의 '디지털 뉴스 유료화'를 시도해 왔다. 아직까지는 이렇다 할 성공모델을 꼽기 힘들다. 그러나 그럼에도 불구하고, 각 언론사들은 꾸준히 '뉴스 유료화 모델'을 모색하고, 시도하고 있다.

세계적 명성을 지닌 주요 신문들의 비즈니스 중심도 '광고'에서 '구독'

---

3 한국언론진흥재단, 『2018 신문산업 실태조사』, p.53
4 한국언론진흥재단, 『2018 신문산업 실태조사』, p.56

으로 이동하는 추세다. 2019년 6월 영국 스코틀랜드의 글래스고에서 열린 세계신문협회^{WAN-IFRA} 총회에서 마이클 골든 세계신문협회 회장(『뉴욕타임스』 부회장)은 "초기 단계지만 디지털 구독자가 증가하고 있고 중요한 수익의 근원이 되고 있다"며 "저널리즘의 미래는 독자와의 새로운 관계 구축에 달렸다"고 말했다. 또 '2019 신문의 혁신' 발표에서 후안 세뇨르 이노베이션 미디어컨설팅그룹 회장은 "지금 디지털 콘텐츠를 유료화하지 않는다면 저널리즘은 물론이고 어떤 출판 비즈니스도 성공할 수 없다"며 "디지털 시대에 언론사가 성공하기 위한 가장 중요한 혁신으로 '광고 수익에서 구독 수익으로의 이동'을 꼽았다. 세뇨르 회장은 특히 언론사 디지털 수익에서 독자 수익이 차지하는 비중이 최소 40%가 되어야 한다고 강조했다.[5]

앞서 2017년 국제뉴스미디어협회^{INMA:International News Media Association} 연차총회(2017년 5월 21~23일)와 제69차 세계신문협회 연차총회(6월 7~9일)에서도 "유료 독자 확보가 미래 미디어 기업 수익 창출의 핵심 전략"이라는 데 의견을 같이 했다. 이에 따라 한국의 신문들도 충실하고 좋은 저널리즘 실천으로 충성도 높은 구독자들을 확보하는 전략으로 전환할 것을 적극 검토해야 된다는 언론학계의 지적도 계속 나오고 있다.[6]

또 언론학계 바깥에서도 최근 '구독경제'가 화두로 부각되고 있다. 구독 결제 솔루션 업체인 주오라의 분석에 따르면, 구독 또는 가입 기반의 서비스 비즈니스가 지난 7년 동안 3배 이상 늘어났다. 주오라의 최고 경영자이자, 『구독과 좋아요의 경제학』(부키)을 펴낸 티엔 추오는 지난 2019년 6월 4~5일 미국 샌프란시스코에서 열린 '구독 2019' 컨퍼런스에서 "모든

---

5   신문협회, 「유료모델 한계…독자데이터 기반 탄력모델 주목」, 『신문협회보』, 2019.6.16.
6   김춘식, 「종이신문 결합열독률마저 하락…여론 영향력도 감소」, 『신문과 방송』 565호(2018년 1월호), p.7

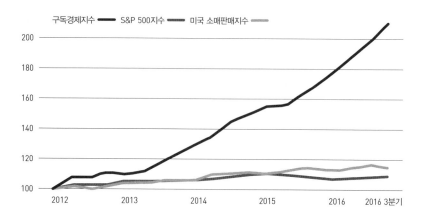

구독경제지수 ● S&P 500지수 ● 미국 소매판매지수 ●

구독결제 서비스 업체인 주오라가 매년 공개하는 구독경제 지수를 보면, 구독 또는 (회원) 가입 기반 서비스 비즈니스가 가파른 속도로 성장하고 있음을 보여준다.

것이 서비스로 바뀔 것"이라며 "우리는 이제 소유 대신에 경험을 추구하고 있다"고 말했다. 디지털 뉴스 소비도 1년 사이에 20%나 늘었다.[7]

　뉴스는 언론사들이 만들어 내는 상품이지만, 지금까진 '무료'라는 인식이 지배적이다. 특히 종이 형태가 아닌 디지털 뉴스를 돈을 주고 구독하는 소비행태는 무척 낯선 일이었다. 언론사는 뉴스를 독자에게 공짜로 보여주고 이렇게 모인 독자를 광고주에게 파는 이원적 비즈니스 모델을 유지해왔다. 그래서 대부분 사람들은 미디어 기업에서 생산하는 상품은 돈을 지불하지 않고 이용하는 것에 익숙하다. 그런데 문제는 뉴스 기업이 더이상 광고주에 기반한 수익 모델을 유지하기 어려워졌다는 점이다. 이는 인터넷이 가져온 변화에서 기인한다. 인터넷은 콘텐츠 사업자가 더 이상

7　이정환, 「소유에서 구독으로, 구입에서 가입으로의 진화」, 『신문과 방송』 583호(2018년 7월호), p.52

일반적인 광고 모델을 통해 비즈니스를 유지하기 어려운 상황을 만들었고, 모바일 시대가 되면서 상황은 더욱 심해졌다. 소셜 미디어 플랫폼의 영향력이 강해지고 있는 상황에서 언론사들이 새롭게 모색하고 있는 방안은 독자와의 관계를 강화하고 고객들에게 비즈니스를 위한 비용을 직접 조달하는 방식으로 지불 모델을 변화시키려 하고 있는 것이다.[8]

티엔 추오는 『구독과 좋아요의 경제학』에서 "최근 시장 조사기업인 닐슨스카보로의 연구에 따르면, 현재 미국 성인 중 1억6,900만 명 이상이 매달 신문을 인쇄물, 인터넷, 또는 모바일 장비를 통해 읽는다"면서 "이는 성인 인구의 70%에 해당하는 수치"라고 말했다. 또 로이터 통신에 따르면, 온라인 뉴스에 돈을 지불하는 미국인이 전체 인구의 16% 정도 되는데, 2016년부터 2017년 사이에 7%가 증가했다.[9]

하지만 유독 한국에선 디지털 구독 모델이 활성화되지 못하고 있다. 그 이유는 뉴스를 포털 사이트를 통해서 보는 왜곡된 뉴스 유통구조, 이로 인해 '뉴스는 공짜'라는 인식의 만연, 또 세계 최저 수준의 뉴스 신뢰도 등이 결합한 결과로 보인다. 이와 함께 구독자 수 하락이 광고단가에 그대로 반영되지 않은 채 유지되는 한국의 독특한 신문 광고시장도 디지털 구독 확대로 이어지지 않게 만드는 한 요인이다.

『2018 신문산업 실태조사』(한국언론진흥재단)를 보면, 2017년 신문 산업 매출액은 3조7,695억 원으로 전년대비 3.2% 증가했다. 또 신문 산업 매출액 구성에서 광고수입 비율은 59.9%, 부가사업 수익은 22.3%, 종이 신문 판매수익은 12.4%, 인터넷상 콘텐츠 판매수익은 5.4%였다. 기업과 주로 거래하는 광고와 부가수입이 매출에서 차지하는 비중이 82.2%가 되

---

8 김영주·정재민·강석, 『서비스 저널리즘과 언론사 수익 다변화』, 한국언론진흥재단, 2017, p.119~124
9 티엔 추오·게이브 와이저트, 박선령 옮김, 『구독과 좋아요의 경제학』, 부키, 2019, p.106~107

고, 독자들과 직접 거래하는 비중이 높은 종이신문 판매수익과 인터넷 콘텐츠 판매수익은 17.8% 밖에 되지 않는다.[10] 또 주요 신문사가 2019년 공시한 2018년 매출액을 보면, 거의 대부분 종합일간지들의 매출액과 순이익이 늘어났다. 가장 높은 매출을 기록한 『조선일보』는 전년 3,157억 원에 비해 95억 원 감소했지만, 『동아일보』와 『중앙일보』는 각각 2,945억 원, 2,807억 원으로, 『동아일보』는 67억 원, 『중앙일보』는 130억 원 상승했다. 『매일경제신문』 매출액은 2,284억 원으로 전년 대비 90억 원 상승했다. 『한국경제신문』은 전년 대비 200억 원 이상 상승한 2,000억 원에 육박하는 매출액이 예상된다. 『경향신문』과 『한겨레신문』도 각각 매출액 914억 원(전년대비 44억 원 상승), 821억 원(전년대비 13억 원 상승)을 기록했다.[11]

그러나 한국의 언론사들에 달라진 환경변화가 곧 도래할 것이라는 조짐이 계속 나오고 있다. 포털 사이트의 존재로 인한 왜곡된 뉴스 유통 환경으로 언론사들이 광고 수익에 치명상을 입었다. 하지만 역으로 또 다른 차원의 왜곡된 신문광고 시장을 통해 언론사들은 실제 광고효과 이상의 수혜를 입고 있다. 이런 상황이 언제까지 계속 이어질 수는 없다. 유료화를 미리 준비하지 않은 상태에서 갑자기 닥칠 급격한 환경변화는 재앙이다. 최근 들어 각 언론사들이 유료화 준비 및 구상에 속속 뛰어들고 있는 이유다.

---

10 한국언론진흥재단, 『2018 신문산업 실태조사』, p.53, 56
11 김도연, 「지난해 신문사 매출액 1위는 조선일보」, 『미디어오늘』, 6면, 2019.4.10.

2
포털 사이트의 공짜 뉴스가
출발점이었다

　전통매체인, 이른바 레거시^{Legacy} 미디어의 수익모델은 '광고 모델'이다. 방송, 신문사들이 제공하는 뉴스는 이용자들이 공짜로 사용하고, 대신 이용자들이 모이는 것에 주목하는 광고주들이 이 매체에 광고를 싣는 데에서 수익을 얻어온 것이다. 공중파 방송의 경우 특히 그러하다. 신문의 경우는 '구독료 수익'이 별도로 존재한다. 종이신문은 처음 탄생할 때에는 오히려 '광고'보다는 '구독'을 수익 기반으로 삼았다. 그러나 신문사의 규모가 커지고 비용이 늘어나면서 '구독료'로는 이 비용을 감당할 수 없었다. 또 구독료는 가격저항이 상당한 분야여서 비용에 비례해 구독료를 올리기도 힘들었다. 그러면서 개별 신문사의 매출에서 구독료가 차지하는 비중은 점점 줄어들고, 광고매출 비중이 점점 늘어나게 됐다.

　문제는 신문사의 구독률과 열독률이 급격하게 떨어지면서 상업적 의미의 광고 효과도 점점 기대하기 힘들어졌다는 점이다. 『2018 언론수용자 의식조사』(한국언론진흥재단)에 따르면, 1996년 85.2%에 이르렀던 신문 열독률은 2018년에는 17.7% 수준으로 떨어져 있다. 전년도의 16.7%에서 반등한 셈이어서, 바닥을 친 것으로 보이기도 하나, 여전히 추가하락이 우려되는 수준이다.

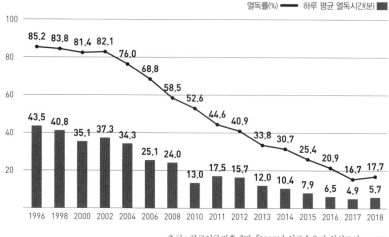

<그래픽 1-2> 신문 열독률 및 열독시간 추이(1996~2018)

열독률(%) ━● 하루 평균 열독시간(분) ■

출처 : 한국언론진흥재단, 『2018년 언론수용자 의식조사』, p.107

다만 지난 1주일간 신문기사를 5가지 경로(종이신문, PC 인터넷, 모바일 인터넷, 일반 휴대전화, IPTV) 중 1가지 이상에서 이용했다는 응답 비율(결합 열독률)은 2018년 79.6%로, 1996년의 신문 열독률(85.2%)에 비하면 상대적으로 큰 차이가 없다.[12]

그러나 종이신문 열독률은 끊임없이 하락하고 있다. 종이신문의 광고 효과도 비례해서 떨어진다는 것을 뜻한다. 신문사의 인터넷, 모바일 광고 비중이 이전에 비해 늘어나기는 했지만, 기존의 신문광고 하락 폭을 상쇄할 수준은 되지 못한다. 더욱이 디지털 광고는 포털 사이트 등 유통 플랫폼(페이스북, 구글 등)들이 과점하고 있다.

2016년 신문광고비 하락(-1.99%) 여파로 31개 신문사의 총매출도 전

---

12   한국언론진흥재단, 『2018 언론수용자 의식조사』, p.34

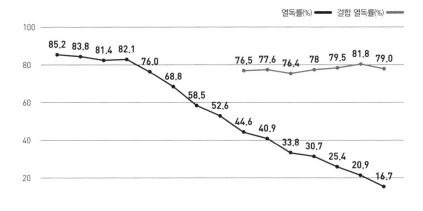

<그래픽 1-3> 신문 열독률 및 결합 열독률 추이(1996~2017)

열독률(%) ━━ 결합 열독률(%) ━━

85.2 83.8 81.4 82.1 76.0 68.8 58.5 52.6 44.6 40.9 33.8 30.7 25.4 20.9 16.7

76.5 77.6 76.4 78 79.5 81.8 79.0

1996 1998 2000 2002 2004 2006 2008 2010 2011 2012 2013 2014 2015 2016 2017

출처 : 한국언론진흥재단, 『2017년 언론수용자 의식조사』, p.54

년대비 1.58% 감소한 2조3,728억 원에 머물렀다. 그 중에서도 전국종합
일간지의 타격이 가장 컸는데, 전년대비 3.31% 하락한 총 1조4,091억 원
의 매출을 기록했다. 이는 세계 금융위기가 한창이던 2009년 이래 가장
저조한 실적이었다.[13]

제일기획이 집계한 매체별 광고비 순위를 보면, 2018년 기준 모바일
이 2조8,011억 원으로 전체 광고시장의 23.9%를 차지했다. 이어 케이블/
종편(1조9,632억 원), PC(1조5,924억 원), 지상파 TV(1조4,425억 원), 신문(1조
4,294억 원) 등의 차례였다.[14] 증가율로 보면, 전체 광고시장이 전년에 비해
4.6% 증가했다. 그런데 이 가운데 모바일 광고는 26.4% 대폭 증가한 반

---

13 한국언론진흥재단, 『2017 신문산업 실태조사』, p.155
14 이성규, 「구독경제와 디지털 저널리즘」, 『뉴미디어 동향과 인터넷신문 수익전략』, 2019 인터
넷신문위원회 이슈포럼, 2019.5.23.

면, 지상파 광고는 5.8% 감소했고, 신문광고도 0.5% 줄어들었다. 광고가 어디에서 늘어나고, 어디에서 줄어들고 있는지를 잘 알 수 있다.

2017년에는 모바일 광고가 2조2,157억 원으로 전체 광고시장의 19.9%를 차지했는데, 그 증가속도가 점점 빨라지고 있다. 2017년 신문 산업 광고비는 1조4,056억 원이었다. 그런데 2017년 종이신문 광고수입은 1조9,491억 원으로, 제일기획 집계보다 5,435억 원 더 많다. 제일기획의 집계는 신문에 실린 광고를 근거로 한 것이다. 정확하지는 않지만 5,435억 원은 신문에 광고가 실리지는 않았지만 광고비는 집행된 것이다. 전체 광고수입의 28%(5,435억 원)가 협찬 등 다른 수입원이라는 셈이다.[15] 비록 신문 산업의 매출액이 2017년 반등했다고 하나, 이처럼 기형적인 모습을 보이고 있는 것이다. 신문사의 '광고 수익 모델'이 수명을 다하고 있음을 보여주는 반증이다.

이제 아침에 신문을 배달하는 형태의 기존 '(오프라인) 구독 모델'은 물론 '광고 모델'도 언론사 수익모델로 영속하기 힘든 상황임이 분명하다. 미국의 경우, 구독률과 열독률 저하로 인한 신문의 광고효과 감소가 광고주들의 종이신문 광고 기피 현상과 어느 정도 비례해서 이뤄진다. 반면, 한국에서는 신문의 구독률과 열독률 저하, 이로 인한 광고효과 하락이 신문광고 수주액과 직접적으로 연결되지 않는 독특한 한국적 상황이 존재한다. 이는 신문사들의 수익 하락을 막는 방파제 구실을 하는 동시에, 역으로 새로운 수익 모델 개발에 대한 노력을 상대적으로 등한시 하게 만드는 쪽으로 기능한다. 미국 언론사들이 선도적으로 디지털 뉴스 구독모델을 개발, 실험, 시도, 추진하고 있는 것과 비교하면 한국이 상대적으로 지지부진한 데에는 이런 요인도 있는 것으로 보인다.

---

15 정재민, 『신문과 방송 577호』(2018년 1월호), p.8

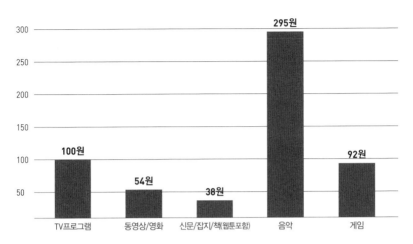

〈그래픽 1-4〉 온라인 유료콘텐츠 이용액

출처 : 「"디지털 유료콘텐츠 안 산다"…한국인 월 지출액 '579원'」, 정보통신정책연구원, 2017.10.25.

또 '닭이 먼저냐, 알이 먼저냐'의 논쟁과 비슷하지만, 한국 소비자들은 디지털 콘텐츠, 특히 뉴스에는 돈을 쓰지 않는다. 『2017 한국미디어패널 조사』(정보통신정책연구원)를 보면, 우리나라 성인들의 1인당 디지털 유료콘텐츠 이용 금액은 월평균 579원에 그쳤다. 양정애 한국언론진흥재단 선임 연구위원의 분석에 따르면 특히 '신문/잡지/책(웹툰 포함)'에 대한 디지털 콘텐츠 월 평균 이용 금액은 38원으로 가장 저조했다. 상대적으로 콘텐츠 유료 이용이 활발한 웹툰 부분을 제외하면, 뉴스로 분류되는 '신문/잡지' 디지털 콘텐츠를 돈을 주고 사보는 사람의 수도, 금액도 매우 미미할 것이다. 가장 유료화가 진전된 분야는 '음악'(295원)이고, 그 다음이 'TV 프로그램'(100원), '게임'(92원), '동영상/영화'(54원) 등의 순이었다.

콘텐츠 서비스에 가입하고 유료 콘텐츠를 실제로 구매한 '유료 이용자'들만 놓고 따진 월 이용액도 신문/잡지/책의 경우에 국한하면 우리나라 성인들의 0.5%에 불과하고, 이들이 지불하는 월평균 이용금액은 7,683원에 그치고 있다.

　이렇게 된 여러 원인 가운데, 첫손에 꼽는 것은 포털 사이트에서 뉴스가 넘쳐나기 때문이다. 한국언론진흥재단이 발간한 『디지털 뉴스 리포트 2018 한국』보고서를 보면, 세계 37개국을 대상으로 '지난 1주일 동안 디지털 뉴스 이용을 위해 주로 이용했던 경로'를 단수응답으로 조사한 결과, 전체적으로는 언론사 홈페이지 32%, 검색 및 뉴스수집 서비스 30%, 소셜미디어 23%, 모바일 및 이메일 알림서비스 15%의 순으로 나타났다. 그런데 한국 같은 경우, 언론사 홈페이지는 5%, 검색 및 뉴스수집 서비스는 77% 등으로 조사돼 다른 일반적인 나라와 큰 차이를 보였다. 디지털 뉴스를 본다 하더라도 언론사 홈페이지를 통한 직접적인 경로가 매우 적고, 대부분 포털 사이트 등 검색 서비스를 통한 뉴스 소비가 주요한 소통 경로로 자리 잡고 있는 것이다. 이는 개별 언론사들이 자사 사이트를 통한 디지털 유료화(또는 디지털 구독)를 실시하려 할 때, 결정적인 장애요인으로 작용할 수밖에 없다. 이런 시장구조가 고착돼 있는 것이다.

　대체로 언론사 홈페이지를 통해 뉴스를 이용하는 응답은 핀란드(65%), 노르웨이(62%), 덴마크(52%), 스웨덴(52%) 등 북유럽 국가들에서 높았고, 조사대상국 중에서 한국은 전 세계 꼴찌다. 반대로 검색서비스를 통한 디지털 뉴스 이용은 한국이 77%로 가장 높았다. 2위인 일본(66%)과도 상당한 차이를 보이고, 전 세계 평균(32%)보다도 2배를 훌쩍 넘는 수치다.[16]

　포털 사이트를 통한 뉴스 보기에서 발생하는 또 다른 특징은 언론사 브랜드가 사라진다는 점이다. 똑같이 포털 사이트를 통해서 뉴스를 온라

---

[16] 김선호·김위근·박아란·양정애, 『디지털 뉴스리포트 2018 한국』, 한국언론진흥재단·로이터저널리즘연구소, p.16~17

인으로 이용하더라도, 한국의 뉴스 이용자들은 해당 뉴스를 생산한 매체가 어디인지를 인지하는 비율이 세계에서 가장 낮은 수준이다.

같은 조사인 『디지털 뉴스 리포트 2016』을 보면, 포털 사이트를 통해 뉴스를 보더라도, 그 뉴스가 어느 언론사의 뉴스인지를 아는 비율이 독일은 55%, 미국은 49%에 이르지만 우리나라는 23%에 그쳤다. 포털 사이트를 통해 뉴스를 이용하는 4명 가운데 1명만이 해당 뉴스가 어느 언론사가 작성한 뉴스인지 안다는 것이다. 이미 한국의 언론사들은 어느 순간 포털 사이트, 특히 네이버로부터 뉴스 전재료를 받고 뉴스를 제공하는 뉴스 콘텐츠 하청업자로 전락한 것이다. 여기에 페이스북, 그리고 이젠 유튜브의 공습까지 이어지고 있다. 그런데 네이버 등 포털 사이트가 뉴스를 제공하는 언론사에 지급하는 전재료는 이전 광고 수익 모델을 벌충할 수준이 전혀 못 된다. 그래서 각 언론사들이 자체 홈페이지를 통한 디지털 뉴스 유료화를 고심하는 것은 당연한 귀결이다. 그러나 유료화로 가는 길에는 험난한 과정이 놓여있다.

언론 수익성이 취약해진 상황에서 디지털 유료 구독이 대안으로 떠오르지만 세계적으로 디지털 유료 구독 의향은 높지 않았다. 『디지털뉴스 리포트 2017』을 보면, 한국의 디지털 뉴스 유료 구독 의향은 11%로 나타났다. '유료 구독 의향이 매우 많다'는 응답은 1% 뿐이었다.[17]

『디지털뉴스 리포트 2018』 조사에서도, '1회성 구매와 지속적 구독을 포함해 지난 1년 동안 디지털 뉴스를 위해 지불한 적'이 있는지에 대한 37개국 평균 비율은 14%였다. 한국은 11%로 중하위권에 속했다. 그런데 같은 조사에서 '내가 좋아하는 언론사가 비용을 충당하지 못하면 기부에 참여하겠다'는 물음에 한국은 29%의 응답자가 기부참여 의사를 밝혔다. 조

---

17 금준경, 「한국 포털 의존도 1위, 언론사 홈페이지 접속률은 꼴찌」, 『미디어오늘』, 2017.11.24.

〈그래픽 1-5〉 국가별 디지털 뉴스 의존 통로

지난 일주일간 디지털 뉴스 이용에 주로 의존했던 경로(단수응답)

언론사 홈페이지

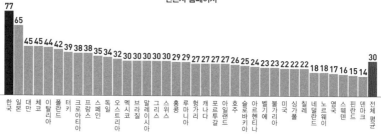

검색 및 뉴스 수집서비스

출처 : 한국언론진흥재단, 『2018 디지털 뉴스 리포트』 p.16

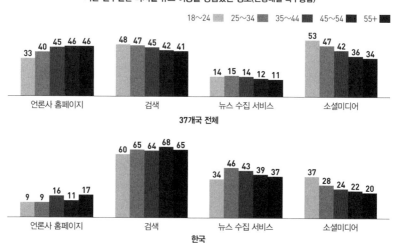

지난 일주일간 디지털 뉴스 이용을 경험했던 경로(연령대별 복수응답)

18~24 ▨ 25~34 ▨ 35~44 ▨ 45~54 ▨ 55+ ▨

37개국 전체

한국

출처 : 한국언론진흥재단, 『2018 디지털 뉴스 리포트』 p.17

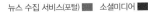

뉴스 수집 서비스(포털) ▨   소셜미디어 ■

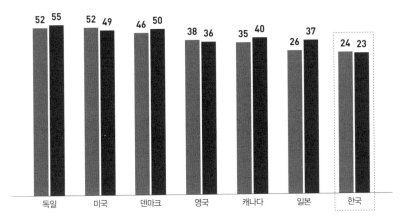

	독일	미국	덴마크	영국	캐나다	일본	한국
뉴스 수집 서비스(포털)	52	52	46	38	35	26	24
소셜미디어	55	49	50	36	40	37	23

출처 : 한국언론진흥재단, 『2016 디지털 뉴스 리포트』 p.16

사대상국 중 가장 높았다.[18] 이 조사결과에 대해 조사주체인 한국언론진흥재단은 물론, 많은 언론 관계자들이 의아해 했다. 최근 한국 대중들의 언론 신뢰도는 세계 최저 수준인데다, 언론에 대한 비판 여론도 극심한 상황이기 때문이다. 물론 '기부 의사'가 실제 '기부 행위'로 옮겨지는 것과는 차이가 많고, 또 문화적 특성상 한국에서는 이 차이가 더 커질 지도 모른다.

그러나 디지털 뉴스 유료화와 관련해 한국이 외부환경, 그리고 개별 언론사 상황 등 모든 면에서 취약한 구조를 갖고 있어 성공을 담보하기 어려운 형편에서, 그나마 희미한 빛이라도 보여주는 부분이라 여겨진다.

---

18 김선호·김위근·박아란·양정애, 『디지털 뉴스리포트 2018 한국』, 한국언론진흥재단·로이터저널리즘연구소, p.32~35

지난 1년 동안 디지털 뉴스를 위한 지불 경험

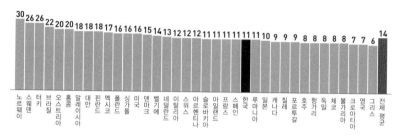

출처 : 한국언론진흥재단, 『2018 디지털 뉴스 리포트』 p.32

"내가 좋아하는 언론사가 비용을 충당하지 못하면 기부에 참여하겠다" 응답(22개국)

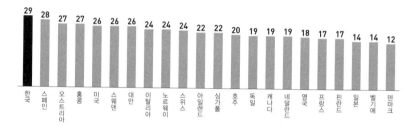

출처 : 한국언론진흥재단, 『2018 디지털 뉴스 리포트』 p.35

제2장

해외 언론사를 통해 배우다

해외 언론사들의 디지털 유료화도 쉽진 않았다. 그러나 한국에 비해선 상대적으로 더욱 활발한 실험과 시도를 진행해 왔고, 최근엔 어느 정도 성공 가능성도 내비친다. 디지털 수익에서 가장 큰 비중을 차지하는 것은 디지털 광고다. 미국에서도 디지털 광고는 구글, 페이스북 등 유통 플랫폼이 과점하고 있다. 2015년 3분기와 2016년 3분기의 디지털 광고 추이를 비교하면, 디지털 광고 증가액의 99%를 구글과 페이스북이 차지했다.

〈표 2-1〉 미국 내 광고 수익 변화

미국 내 광고 수익	2015년 3분기	2016년 3분기	증가액	증가액 중 비중
구글	79억 달러	95억 달러	16억 달러	54%
페이스북	21억 달러	34억 달러	13억 달러	45%
전체	147억 달러	176억 달러	29억 달러	

출처 : 제이슨 킨트, 『2017 해외 미디어 동향 1권-저널리즘, 미디어, 기술트렌드와 예측』, 한국언론진흥재단 재인용, p.12

〈표 2-1〉에서 2015년 3분기와 2016년 3분기의 미국 광고 수익을 비교해 보면, 1년간 늘어난 증가액의 거의 모두(99%)를 구글과 페이스북 두

회사가 차지한 것을 알 수 있다. 이로 인해 구글과 페이스북이 미국 광고에서 차지하는 비중은 2015년 3분기에도 68.0%로 매우 높았으나, 2016년 3분기에는 이 수치가 73.3%로 독과점 현상이 더욱 심각해졌다.

이에 개별 언론사는 대신 디지털 콘텐츠 직접 판매 확대를 향해 진화 중이다. 미국에서 뉴스 콘텐츠 유료화의 첫 시도는 1996년 웹진 『슬레이트*Slate*』였다. 신문사 중에선 1997년 『월스트리트 저널』이 연간 구독료 50달러로 유료화를 처음 도입했다.[19] 이후 『뉴욕타임스』, 『워싱턴 포스트』 등 유명 신문사들이 잇따라 유료화를 도입했고, 지방 유력 언론사들도 이런 추세에 동참했다.

2015년 현재, 미국 신문사 가운데 79%가 어떤 형태로든 디지털 뉴스 콘텐츠 유료화를 실시하고 있다. 미국에서는 발행부수 5만 부 이상 신문사 98곳 가운데 77곳(79%)의 신문사가 디지털 콘텐츠 유료화를 실시하고 있다고 『미국언론연구소*American Press Institute*』는 밝혔다.[20]

또 세계신문협회에 따르면 2016년 전 세계 신문사의 디지털 구독료 수익은 전년 대비 28% 성장했다. 2012년과 비교하면 4년 만에 300%의 급성장세를 보인다. 같은 기간 전 세계 신문사의 수익이 7.8% 하락한 것과 대조된다. 신문사 수익의 절대적 비중을 차지하는 광고 수익을 보면 5년 간 전 세계 신문사의 종이신문 광고 수익은 26.8% 급락했다. 이를 벌충해야 될 신문사의 디지털 광고 수익은 5% 늘어나는 데 그쳤다.[21] 종이신문 광고 수익 하락을 디지털 광고 수익 증가로 벌충할 수 없다는 것이 수치로

---

19 이종혁 · 임종섭, 『한국신문의 디지털 콘텐츠 유료화 전략 연구』, 한국신문협회, 2012, p.26

20 Alex T. Williams, 'How digital subscriptions work at newspapers today', American press institute, 2016.2.29.
https://www.americanpressinstitute.org/publications/reports/digital-subscriptions-today/

21 World Press Trends 2017, World Association of Newspapers and News Publishers

드러나고 있다. 이를 타개하기 위한 영미 언론사들의 시도가 디지털 콘텐츠 직접 판매 또는 디지털 온리^{only} 구독자 확대 전략이다. 이 가운데 영국의 『파이낸셜 타임스』, 미국의 『뉴욕타임스』, 『월스트리트 저널』 등이 현재까진 1단계 성공 모델로 주목받고 있다.

1
그들은 어떻게 뉴스 유료화를
정착 시켰나

미국과 유럽에서 실시하고 있는 대부분의 디지털 유료화는 비유하자면, 뉴스 기사 앞에 벽을 둘러친 뒤 돈을 낸 사람에게만 그 벽을 치워서 기사를 볼 수 있도록 하는 페이월Paywall 방식이다. 유료화 유형을 세분화하면 페이월 안에서도 매우 다양한 형태로 분류할 수 있으나, 이 책에서는 크게 대표적인 3가지로 나눠봤다. 마치 입장료를 내는 것처럼 결제를 한 뒤에야 기사를 볼 수 있는 권한을 주는 하드 페이월Hard Paywall, 그리고 매달 몇 건은 무료로 보게끔 한, 완화된 페이월 형태인 미터드 페이월Metered Paywall, 그리고 무료 기사와 유료 기사를 구분한 프리미엄 모델Premium Model 등이다.

입장료라는 강력한 개념, '하드 페이월Hard Paywall'

『월스트리트 저널The Wall Street Journal, WSJ』

돈을 내기 전에는 기사를 볼 수 없도록 하는 시스템이다. 가장 강력하고 분명한 디지털 뉴스 유료화 형태라 할 수 있다. 대표적인 곳이 『월스트

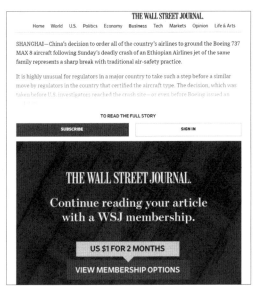

〈사진 2-1〉 『월스트리트 저널』 기사 화면(2019.7.11.)

『월스트리트 저널』 홈페이지에서 기사를 클릭하면, 기사 두 단락만 보여주고 구독을 권유한다. 첫 두 달은 1달러라는 파격적인 가격을 제시한다.

리트 저널』이다. 『월스트리트 저널』은 현재 미국에서 최대 구독자 수를 기록하는 신문사다. 2018년 7월 기준으로 227만 명의 구독자(디지털 독자 포함)를 두고 있으며, 이 가운데 127만 명이 유료 '디지털 온리Digital Only' 구독자로, 신문 구독자(100만 명)보다 더 많다. 월스트리트 저널은 1996년 온라인 뉴스를 시작할 때부터 고집스럽게 유료화를 진행했고, 현재는 미국 내 어떤 언론사보다 먼저 정착 단계에 접어들고 있다.

『월스트리트 저널』을 소유하고 있는 뉴스 코퍼레이션의 루퍼트 머독은 초기부터 "양질의 저널리즘은 값싼 것이 아니다"라고 주창했다. 머독은 뉴스 생산에는 막대한 비용이 들어가고, 따라서 생산된 뉴스는 가치에 합당한 수익을 내야 한다는 생각이 강하다. 그래서 온라인 기사도 당연히 돈을 받아야 한다는 게 머독의 경영철학이었다. 인터넷상의 표현의 자유보다 언론 매체의 콘텐츠 소유권 보호와 유료화를 더 중요시하는 것이다.

이런 기조에 따라 머독은 『월스트리트 저널』 뿐 아니라, 영국 『더 타임스 The Times』와 『선데이타임스 Sunday Times』까지, 자신이 소유한 언론사에 대해선 모두 본인의 직접 주도 아래 2010년 7월에 전격적인 유료화를 단행했다. 미국 유명 신문사 중에서는 가장 먼저 실시한 유료화였다. 또 미터제, 프리미엄제 등 다양한 시도를 하던 다른 미국 언론사와 달리, 처음부터 단순하게 '돈을 내지 않으면 기사를 볼 수 없다'는 형태로 일관했다. 가장 강력한 하드 페이월이다.

『월스트리트 저널』은 디지털 뉴스 유료화의 성공 모델로 평가받고 있다. 현재 디지털만 유료로 보는 구독자만 150만 명을 넘어섰다. 이는 '디지털 온리' 구독자 수로는 『뉴욕타임스』에 이어 2위 규모다. 더욱이 『뉴욕타임스』가 디지털 구독자의 평균 주당 가격이 2달러 수준의 상대적 저가 공세로 디지털 구독자를 늘려온 반면, 『월스트리트 저널』은 디지털 유료 구독자들의 주당 평균 가격이 『뉴욕타임스』의 10배에 가까운 19.5달러에 이른다.[22] 이로 인해, 『월스트리트 저널』은 디지털 유료 구독자 수로는 『뉴욕타임스』의 절반에도 못 미치는 2위에 머문다. 하지만 거꾸로 구독료 수익은 정반대다. 2018년 기준 매월 구독료 수입은 5,137만 달러(약 603억 원)로, 『뉴욕타임스』의 월 구독료 수입 2,424만 달러(약 284억 원)보다 배 이상 많다.[23]

22 FIPP and CeleraOne, 'Our Global Digital Subscription Snapshot is getting a quarterly update: include your data', FIPP, 2019.6.3.
https://www.fipp.com/news/insightnews/global-digital-subscription-snapshot-getting-quarterly-update#
23 FIPP and CeleraOne, 'Digital subscription revenue displacing digital advertising as a core revenue stream', FIPP, 2018.6.11.
https://www.fipp.com/news/insightnews/digital-subscription-revenue-displacing-digital-advertising

『월스트리트 저널』의 유료화 방식은 기본적으로 '하드 페이월'이지만, 독자들에게 다양한 선택지를 제공하고 있다. 온라인 저널만 구독하면, 연간 103달러(약 10만 원), 종이신문만을 구독할 경우에는 연간 119달러(약 12만 원), 그리고 온·오프라인을 모두 구독할 때는 연간 140달러(약 14만 원)를 받는다. 종이신문 가격과 디지털 온리 독자의 디지털 구독료 간 가격차가 크지 않다. 또 대개 디지털 유료화를 실시하는 언론사라 하더라도 종이신문 독자에게는 디지털 구독료를 안 받는 경우가 많은 데 비해, 『월스트리트 저널』은 종이신문 독자라 하더라도 디지털 기사를 보려면 별도의 디지털 구독료를 내야한다.

　『월스트리트 저널』은 그러나 돈을 내지 않더라도, 검색을 통해서는 개별 기사를 열람할 수 있도록 했다. 이는 『월스트리트 저널』 기사에 대한 최소한의 접근권을 허용해 『월스트리트 저널』 기사에 대한 영향력을 넓히고, 신규 독자 창출을 위한 통로로 활용하려는 목적으로 여겨진다. 또 구독자를 끌어들이기 위해 첫 두 달은 1달러라는 파격적인 가격을 제시하지만, 두 달이 지난 뒤에는 28.99달러라는 정상가격으로 바뀐다.

　『월스트리트 저널』이 디지털 뉴스 유료화에서 상당한 성과를 거뒀다고는 하지만, 이를 '하드 페이월'이라는 유료화 형태의 성과로 보긴 쉽지 않다. 그보다는 경제 전문성이라는 특성과 『월스트리트 저널』의 브랜드가 '하드 페이월'이라는 상당한 장애도 넘어서 소기의 목적을 달성한 것으로 보아야 할 것이다. 『월스트리트 저널』이 일찍부터 유료화 실시에 적극적인 모습을 보인 것은 루퍼트 머독의 상업적 언론관 외에도 유료화를 하더라도 자신들의 콘텐츠를 시장이 구매할 수밖에 없을 것이라는 강한 자신감이 바탕이 됐기 때문이다. 비공식적 통계로, 『월스트리트 저널』의 디지털 독자들 가운데 연봉 10만 달러 이상의 독자가 70%에 이른다. 『월스트리트 저널』이 페이월 시스템에서 상당한 성과를 거뒀음에도, 미국 언론사

〈사진 2-2〉「월스트리트 저널」구독 안내 화면(2019.7.11.)

첫 두 달간 1달러라는 파격적인 구독료가 두 달이 지난 뒤에는 28.99달러라는 정상가격으로 바뀐다는 것을 디지털 유료구독 신청자에게 알리고 있다.

가운데 『월스트리트 저널』처럼 '하드 페이월' 방식의 디지털 뉴스 유료화를 실시하고 있는 신문사가 3%에 불과하다.

중앙 언론사의 각사 현직 기자들로 구성된 관훈클럽 임원들은 지난 2018년 7월 미국 국무부 초청으로 워싱턴과 뉴욕을 방문했다. 당시 『월스트리트 저널』 뉴욕 본사를 방문한 자리에서 고든 페어클러프 『월스트리트 저널』 국제에디터는 디지털 유료화와 관련해 "처음부터 강력한 유료화 시스템인 '페이월'을 도입해 이제 독자들이 디지털 기사에도 돈을 내야 한다는 데 익숙해졌다"며 "유료화를 지속하기 위해선 다른 곳에서 얻을 수 없는 것을 독자들에게 줘야 한다. 그래서 비즈니스·금융 전문성을 키웠다. 속보·특종 등에 대한 압박도 크다"고 말했다. 『월스트리트 저널』의 현재

〈사진 2-3〉 『월스트리트 저널』 고든 페어클러프 국제에디터(2018.7.13.)

고든 페어클러프 『월스트리트 저널』 국제에디터가 관훈클럽 임원들에게 『월스트리트 저널』의 편집 운영과 유료화 과정 등에 대해 설명하고 있다. 그는 특파원을 포함해 300여명에 이르는 『월스트리트 저널』 국제부 기자들과 국제면을 총괄 책임지고 있다.

사진 권태호 기자

〈사진 2-4〉 『월스트리트 저널』 편집회의 장면(2018.7.13.)

『월스트리트 저널』 아침 편집회의. 왼쪽편 팔짱 끼고 있는 사람이 2018년 6월부터 편집국장직을 맡고 있는 맷 머레이다. 편집회의에는 기업, 국내, 시장, 독자, 편집, 그래픽 등 10명 가량의 에디터들이 참석하고, 워싱턴, 런던 등 주요 지국장들이 화상을 통해 회의에 동참한다. 회의는 스탠딩으로 진행해 대개 30분 이내에 끝맺는다. 하루 편집회의는 디지털, 신문, 그 다음날 준비 회의 등 4번 진행한다.(오전 9:30, 낮 12시, 오후 2:30, 4:00) 신문 판 마감은 예외적 상황을 제외하곤 오후 7시30분 한 번만 이뤄진다. 온라인은 홍콩─런던─뉴욕 에디팅 데스크가 책임을 맡아 24시간 시스템이 진행된다.

사진 권태호 기자

〈사진 2-5〉『월스트리트 저널』 편집국(2018.7.13.)

『월스트리트 저널』 편집국 모습.

사진 권태호 기자

수익은 유료화 실시 이전인 1999~2000년 당시와 비슷하다. 다만, 당시에
는 수익의 95%가 신문광고였다면, 지금은 그 비중이 30~40%로 줄어들
었다는 게 그의 설명이다. 2000년 당시에는 광고물량을 신문에 다 싣지
못해 광고를 거절할 정도였다고 한다. 지금은 줄어든 광고수익을 늘어난
구독료(디지털 구독 포함) 수익으로 메우고 있다. 그리고 온라인 책 출판, 온
라인 부동산 중개, TV영화 제작 등 수익원 다변화 전략도 진행되고 있다.
페어클러프 에디터는 "광고가 없어도 구독료만으로도 이 정도 사이즈의
신문은 계속 발행할 수 있다고 본다"고 말했다.[24]

24   권태호, 「지금 워싱턴과 뉴욕은?-관훈클럽 임원진 방미 보고서」, 『관훈저널 2018년 가을호』
     (통권 148호), p.232~234

『메디어파르트*Mediapart*』(프랑스)

『메디어파르트』는 2008년 창간한 프랑스의 대표적인 인터넷 유료사이트 독립신문이다. 독자의 정기구독으로 운영되는 『메디어파르트』는 독자들에게 정기구독에 앞서 처음 15일 동안은 1유로로 사이트를 이용할 수 있도록 하고 그 이후에는 기사 일부만 접근할 수 있도록 하고 있다. 일단 기사들이 구독할 만큼의 가치가 있는지를 독자가 판단할 수 있는 기회를 제공하는 것이다. 그 이후 기사 전체를 읽기 위해서는 구독 신청을 해야 하는데 구독료는 월 11유로(약 1만4천 원)다. 연간 구독료는 110유로로 2개월분을 할인해 준다. 이처럼 메디어파르트의 비즈니스 모델은 95%를 독자의 구독에 의존하고, 나머지는 이북*e-book*과 뉴스콘텐츠 판매를 통한 수익이다. 기업 광고는 받지 않는다.

『메디어파르트』는 『미디어 구하기』(글항아리)의 저자인 쥘리아 카제 파리정치대학(시앙스포) 경제학과 교수가 기존 미디어기업 모델의 새 대안으로 지목한 매체이기도 하다. 이 신문은 광고 없이 독자의 구독료만으로 운영된다. 소수의 주주가 기사에 영향을 끼칠 수 없도록 세부규정이 마련돼 편집권 독립이 엄격하게 보장돼 있다. 이는 2008년 3월 『르몽드*Le Monde*』 전 편집국장인 에드위 플레넬 등 기자 4명의 주도로 창간할 때부터 만들어졌다. 신문의 시대가 저물고, 더욱이 신생 온라인 매체가 자리를 잡는 것이 거의 불가능한 현시점에서 『메디어파르트』의 성공은 더욱 눈에 띈다.

고품질 탐사보도 매체란 점도 중요한 요소지만, 니콜라 사르코지 전 대통령, 제롬 카위자크 전 예산장관 등 프랑스 정계 거물들의 비리를 잇달아 폭로해 프랑스를 뒤흔들었다. 그러면서 기성 언론에 실망한 프랑스 시민들의 자발적인 구독 신청이 성공의 뿌리가 됐다.

메디어파르트는 '참여적 매체'라는 뜻이다. 그런 만큼 출범 때부터 독자의 참여를 소중히 했다. 매체 사이트엔 직업 기자들의 기사 공간 외에 '르 클뢰브'란 독자들 공간이 따로 있다.[25]

『메디아파르트』는 창간 10년이 안 된 2017년 말 기준으로 15만 명의 유료 구독자를 확보하고 있다. 2011년부터 손익분기점을 넘어섰다.[26] 2011년에는 순수익 57만 유로(약 7억2,522만 원), 2012년에는 순수익 70만 유로(약 8억9,047만 원)를 기록했다. 광고 없이 오로지 구독수입만으로 이룬 것이다.

그런데 『메디아파르트』는 한국의 『오마이뉴스』에서 영감을 받은 것으로 알려져 있다. 메디아파르트 창간 프로젝트에 참여했던 디지털미디어 전문가 브느와 티유랑의 글, '오마이뉴스에서 메디아파르트까지De OhmyNews à Mediapart'에 의하면, '참여'와 '공동체'라는 두 가지 속성을 『오마이뉴스』 모델에서 빌려왔음을 밝히고 있다.[27] 다만 『오마이뉴스』가 일반인들이 기사를 쓰도록 하는 '시민기자'를 폭넓게 운용하는 반면, 『메디아파르트』는 소수정예로 구성된 전문 기자들의 탐사보도를 중심으로 정보의 질과 독창성에 중점을 두었다. 탐사보도와 광고를 받지 않는 점 등은 『오마이뉴스』보다 오히려 『뉴스타파』와 더 비슷한 모습이기도 하다. 『메디아파르트』가 단시일에 큰 성공을 거둔 이유는, 우파 사르코지 정부 아래에서 '안티사르코지주의자들'로 불릴 정도로 사르코지 정부의 비리를 적극적으로 폭로해왔기 때문이다. 그래서 『메디아파르트』는 우파 정치인들로부터 파시스트라는 비난을 받기도 했다. 그러나 권력이 숨기고 있는 비

25 이창곤, 「'언론사가 본받아야 할 모델' 꼽힌 프랑스 '메디아파르트'는」, 『한겨레신문』, 2018.5.15.

26 이정환, 「독자 기반 비즈니스로 전환은 생존의 과제」, 『관훈클럽 세미나-뉴스콘텐츠 유료화 실험사례』, 2018.11.2.

27 진민정, 「메디아파르트, 유료 인터넷 신문의 가능성을 보여주다」, 『슬로우뉴스』, 2013.5.2. http://slownews.kr/9973?replytocom=2355

〈사진 2-6〉『메디아파르트』 구독 권유 화면(2019.7.11.)

『메디아파르트』 사이트에서 구독을 클릭하면 이런 화면이 나타난다. "구독만이 우리를 살릴 수 있습니다", "어떠한 보조금도 받지 않고, 광고도 싣지 않습니다"라고 알리고 있다. 여름철 특별 이벤트로 '3개월 1유로' 스페셜 구독상품을 내놓았다.

리를 파헤치는 것을 게을리하지 않는다는 원칙은 정권이 우파에서 좌파로 바뀌더라도 바뀌지 않는다.

　『메디아파르트』는 형식상으로는, 디지털 콘텐츠 유료화 측면에서 돈을 내지 않으면 기사를 볼 수 없는 '하드 페이월' 방식을 취하고 있다고 볼 수 있다. 기사를 클릭하면 한 문단만 보여주고 더 읽으려면 구독을 할 것을 권유한다. 그러나 그 본질은 『메디아파르트』의 편집방향과 기사에 만족감을 표시하고 지지와 응원을 보내는 수많은 프랑스 시민들이 기꺼이 구독을 선택한다는 점에서, 실제로는 '후원제' 성격이 더 강하다. 『메디아파르트』는 민주주의를 위한 독립 언론의 필요성을 주장하면서, "언론이 광고 수익에 기대는 한 진정한 의미의 독립은 불가능하다. 오늘날 기성 저널리즘은 심각한 위기에 빠져 있으며, 이러한 위기는 민주주의의 위기로 이어질 수밖에 없다. 위기에서 벗어나기 위한 유일한 대안은 유료 모델이며, 이 정보에 대한 대가 지급은 바로 민주주의 유지를 위해 필요한 비용이다"라고 밝히고 있다.[28]

종량제 방식의 등장, '미터드 페이월^{Metered Paywall}'

미터드 페이월은 몇 개의 기사는 무료로 볼 수 있도록 하고, 그 한도를 넘어설 때부터는 요금을 물리는 종량제 방식이다. 2015년에는 미국 신문사의 62%가 이런 방식을 취했다. 2019년 현재는 그 비율이 34%로 다소 떨어지기도 했다. 가장 대표적인 언론사가 『뉴욕타임스』다.

『뉴욕타임스^{NYT}』

『뉴욕타임스』는 자체적인 독자 분석 프로그램인 '패키지 맵퍼^{Package Mapper}'를 통해 독자들의 기사 탐색 현황을 실시간 파악한다. 이를 바탕으로 독자가 어떤 기사들을 이용했는지 추적하고 사이트에 더 오랫동안 머물도록 유도한다. 이런 노력 덕분인지, 2016년 4분기에 『뉴욕타임스』의 종이독자는 6.9% 줄어들었지만, 디지털 독자는 5% 증가했다. 완만한 증가 추세에 있던 디지털 유료 독자는 2016년 4분기부터 2017년까지 급격히 늘어났다. 2016년 4분기부터 2017년 3분기 사이에 디지털 유료 독자는 80만 명이 증가해 213만 명으로 집계됐으며, 4분기에는 250만 명을 넘어선 것으로 추산된다.[29] 2017년 총수입이 17억 달러로, 전년과 비교해

---

28 진민정, 「독자와 함께 하는 저널리즘 혁신」, 『미디어 혁신을 위한 독자 전략』, 2019 디지털 저널리즘 아카데미, 2019.7.9.

29 김선호, 「'뉴스는 공공재' 저널리즘 본질 외면하는 유료화 장벽」, 『신문과 방송』 566호(2018년 2월호), p.14

〈사진 2-7〉「뉴욕타임스」의 디지털 구독^{Digital Subscription} 안내 화면(2019.7.16.)

「뉴욕타임스」가 특별 할인가로 첫 1년간 주당 1달러 수준의 디지털 유료 구독료를 제시하고 있다. 「뉴욕타임스」 디지털 구독료는 4주 단위로 결제된다. 첫 1년간은 4달러, 그 다음부터는 8달러가 적용된다. 화면에 표시된 것처럼 요리 섹션과 단어 맞추기(크로스워드) 섹션을 추가하면 구독료는 더 올라간다.

8% 증가했고, 이중 연간 온라인 구독수익은 46% 증가했다. 『뉴욕타임스』 는 2019년 1분기 현재, 디지털 유료 구독자가 330만 명으로 1년 전(280만 명)보다 50만 명이 더 늘어나는 등 계속 증가 추세를 보이고 있다.[30] 여기 에는 도널드 트럼프의 미국 대통령 당선이라는 정치적 요인이 결정적인 영향을 미친 것으로 파악되고 있다.

『뉴욕타임스』의 '미터드 모델' 방식은 길게는 10년에 걸쳐 진행된 몇 번의 시행착오를 거친 끝에 안착한 모델이다. 『뉴욕타임스』는 2005년 9 월 유료화 패키지 '타임스 시렉트^{Times Select}'를 출시하면서 디지털 유료화 모델의 시동을 걸었다. 칼럼과 뉴스 아카이브만을 유료화하는 것으로, 연 49.95달러(약 5만 원)를 책정했다. 그러나 『뉴욕타임스』는 2007년 9월 유 료화를 철회했다. 디지털 유료 구독자로 22만7천 명을 확보하는 등 '디지 털 구독 모델' 그 자체로는 성공적이었다. 그러나 디지털 기사 열람자 수 가 줄어 트래픽이 줄어들면서 온라인 광고 수입도 같이 줄어버렸다.

30 FIPP and CeleraOne, 'Our Global Digital Subscription Snapshot is getting a quarterly update: include your data', FIPP, 2019.6.3.
https://www.fipp.com/news/insightnews/global-digital-subscription-snapshot-getting-quarterly-update#

그럼에도 불구하고 『뉴욕타임스』는 한 번의 실패로 디지털 뉴스 유료화 자체를 접진 않았다. 다시 연구와 준비에 나섰다. 그리고 유료화 철회 4년만인 2011년, 새로운 디지털 뉴스 유료화 모델인 '미터제'로 '제2의 유료화'에 다시 나섰다. 홈페이지에서 일정한 개수의 기사는 무료로 볼 수 있도록 하되, 계속 기사를 보려면 회원 가입을 하고 디지털 구독료를 내야 하는 제도다. 무료 기사 개수를 초기에는 월 20건으로 책정했다가, 이후 10건으로 줄였고, 2017년 12월부터는 5개까지 줄였다. 일종의 '맛보기 기사'를 계속 줄여 나가고 있는 것이다. 미터제를 실시하는 미국 언론사들이 무료 제공 기사 수를 점점 줄이는 건 일반적 추세다. 『보스턴 글로브』도 지난 2017년 5월 무료 기사 제공 수를 5개에서 2개로 줄였다.

『뉴욕타임스』가 무료 제공 기사 수를 줄인 이유는 그로 인한 트래픽 하락에 따른 광고 수익 감소보다, 무료 제공 기사를 줄임에 따라 증가되는 구독 수익이 더 크다고 판단했기 때문이다. 이는 도널드 트럼프 행정부 출범 이후, 『뉴욕타임스』의 유료 구독자 수가 2017년에만 60% 증가한 250만 명을 기록한 데 고무된 측면도 있는 것으로 보인다. 2017년 1년간 디지털 신규 독자도 14% 증가했다. 『뉴욕타임스』 전무이자 운영최고책임자인 메레디스 코핏 리비안은 『블룸버그』 인터뷰에서 "저널리즘에 대한 요구가 사상 최고치에 이르고 있다. 온라인 무료 기사의 수를 줄여야 하는 시점이라고 판단했다. 사람들에게 고품질의 저널리즘에 돈을 지불해야 하는 이유를 각인시킬 수 있는 좋은 조건이라고 생각한다"고 말했다.[31]

『뉴욕타임스』의 디지털 구독모델은 독자들로 하여금 '체험'할 수 있도록 하는 데 우선 초점을 맞췄다. 처음 1달러를 지급하면 4주 동안 총 41개

31 Gerry Smith, 'N.Y. Times Scales Back Free Articles to Get More Subscribers', *Bloomberg*, 2017.12.1.
   https://www.bloomberg.com/news/articles/2017-12-01/n-y-times-scales-back-free-articles-to-get-readers-to-subscribe

의 섹션(비디오, AR/VR 섹션 포함) 등『뉴욕타임스』의 모든 디지털 서비스를 PC, 스마트폰, 태블릿 등 모든 디바이스를 통해 이용할 수 있도록 했다. 실제 구독 상품은 '올 액세스All Access' 상품과 '올 액세스 플러스'로 구분한다. '올 액세스'는 주당 1달러에 모든 기사와 크로스워드 퍼즐, 쿠킹, 구독자 1명 추가보너스를 제공한다. '올 액세스 플러스'는 주당 2달러에 올 액세스 서비스에 전화/챗/라이브 스트리밍 등『뉴욕타임스』뉴스룸 기자와의 소통 서비스를 제공한다. 구독자 추가 보너스도 2명이다. 기본 과금은 4주 단위로 하고, 중도에 구독을 중단하지 않으면 매월 자동으로 구독을 연장하는 방식으로 결제한다. 또 연간 단위로 결제하면, 할인 혜택을 줘 연간 결제를 유도한다. 특히 첫 해에 할인 폭을 40%까지 주는 등 크게 해주고, 두 번째 해부터는 정상 가격을 매기는 등 구독 가격 적용도 다양하고 유연하게 운영한다.

그러면서도『뉴욕타임스』는 종이신문 구독자를 최우선으로 배려한다. 종이신문 구독자가 지불하는 금액이 주당 5.55달러로, 디지털 독자보다 더 많은 금액을 지불하기도 하지만, 종이신문 독자가 계속 줄어드는 현 상황에서도『뉴욕타임스』의 근간은 종이신문 독자라고 생각하고 있기 때문이다.『월스트리트 저널』은 종이신문 독자라 하더라도, 디지털로 기사를 보기 위해서는 별도의 요금을 또 내야 하는데 반해,『뉴욕타임스』는 그러한 중복 과금 규정을 두고 있지 않다. 종이신문 독자에게는 디지털 구독자의 '올 액세스플러스 서비스'를 제공한다. 덧붙여『뉴욕타임스』아카이브에 무료로 접속할 수 있고, 1851년 이후 발행된 모든 기사를 디지털로 제공한다. 비구독자의 경우, 1923년부터 1980년까지 뉴욕타임스 아카이브 기사를 보려면 3.95달러를 내야 한다.『뉴욕타임스』는 또 독자들을 대상으로 타임스 스토어Times Store와 와인클럽에서 물건을 구매할 경우에 할인 혜택도 제공한다.

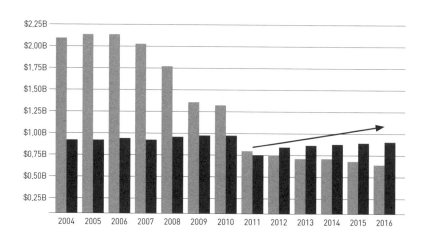

〈그래픽 2-1〉『뉴욕타임스』 광고 수입과 구독료 수입 추이(2016.11.4.)

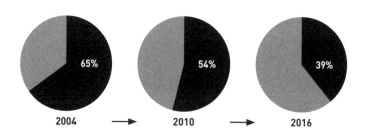

왼쪽 막대 그래프는 광고 수익이고, 오른쪽 막대 그래프는 구독 수익이다. 아래 벤다이어그램은 『뉴욕타임스』의 매출액에서 광고가 차지하는 비중이다.

출처 : 〈Visual Capitalist〉

디지털 뉴스 유료화 실시 1년만인 2012년부터 종이신문과 디지털 유료 구독을 포함한 『뉴욕타임스』의 구독료 수입은 광고 수입을 앞지르기 시작했다. 2012년 구독 매출이 9,530만 달러로 광고 매출 8,981만 달러를 처음 넘어선 것이다. 〈그래픽 2-1〉에서 볼 수 있듯, 『뉴욕타임스』 광고 수입은 2004~07년에는 연간 20억 달러를 넘었지만 2006년을 정점으로 계속 하락하고 있음을 확인할 수 있다. 구독료 수입은 광고 수입 급감에 비해 평행선을 유지했으나, 2011년에는 전년에 비해 구독료 수입도 크게 줄어드는 모양새를 보인다. 월 20건까지는 무료로 기사를 볼 수 있도록 하는 미터드 방식의 디지털 유료화를 시작한 해가 이때다. 이후 광고 수입의 지속적인 급감과 구독료 수입의 미약한 증가세가 현상적으로 나타나고 있다. 이는 디지털 구독을 본격적으로 추진하면서, 디지털 구독료 수입이 늘어난 데 따른 것이다. 즉, 광고 수입 급감을 디지털 구독으로 벌충하고 있는 것이다.[32] 이후 2016년까지 점진적으로 늘어나고 있는 구독 수익은 도널드 트럼프 대통령 당선이 확정된 2016년 말을 기점으로, 빠른 속도로 급증했다. 2018년 3분기에는 4억4,170만 달러의 매출 가운데 3분의 2가 구독 매출이었다.

이제 『뉴욕타임스』 수익의 60%가 광고주가 아닌, 독자들에게서 직접 나온다. 지난 2018년 기준으로 종이신문 구독 매출이 39.9%, 디지털 유료 구독 매출이 20.3%, 디지털 광고가 19.1%, 종이신문 광고가 14.2%를 각각 차지하고 있다.

이에 따라 『뉴욕타임스』는 경기 변동의 영향을 크게 받지 않을 수 있게 됐다. 2018년 『뉴욕타임스』 주가는 5년 만에 최고치를 기록했다. 『뉴욕타임스』는 2020년까지 8억 달러의 디지털 매출을 창출한다는 목표를 세웠는데, 2018년 말에 이미 디지털 매출이 6억 달러를 돌파했다.

또 디지털 구독의 확산으로 인해, 2018년 말 기준으로 거의 전 세계 모두인 195개국에서 해외 구독자를 확보하고 있다. 이는 260만 명이 넘는 유료 디지털 전용 뉴스 구독자의 15%로, 해외 독자들의 증가 속도가 미국

---

32 Jeff Desjardins, 'The Times They Are A-Changin'', *Visual Capitalist*, 2016.11.4. http://www.visualcapitalist.com/chart-new-york-times/

국내 디지털 독자 증가 속도보다 더 빠르다.[33]

『뉴욕타임스』의 미터제 모델이 어느 정도 성과를 보이자 미국의 다른 신문사들도 앞다퉈 『뉴욕타임스』의 형태를 답습하기 시작했다. 그러면서 미터드 모델은 미국에서 디지털 뉴스 유료화의 보편적 형태로 자리 잡고 있다. 이는 역으로, 미국의 뉴스 사이트 이용자들에게 미터제 형태가 점점 익숙한 뉴스 소비 모델로 인식되고 있다는 것과 같은 말이다.

『워싱턴 포스트 *The Washington Post, WP* 』

『워싱턴 포스트』의 디지털 뉴스 유료화는 아마존의 제프 베조스에게 인수되던 2013년부터 시작됐다. 경쟁사인 『월스트리트 저널』, 『뉴욕타임스』 등이 일찌감치 디지털 뉴스 유료화에 접어들었지만, 『워싱턴 포스트』는 유료화에 부정적인 입장을 표명하며, 온라인에서 무료로 기사를 제공했다.

그러나 순이익 급감으로 경영난에 처하자 『워싱턴 포스트』는 수차례 정리해고, 본사 빌딩 매각에 이어 인터넷 기사 유료화까지 선언했다. 2013년 1분기 신문 부문의 영업적자가 3,400만 달러에 이르렀기 때문이다.

캐서린 웨이머스 발행인은 유료화와 관련해 그해 3월 "독자들도 깊이 있는 뉴스를 생산하는 데 많은 비용이 들어간다는 것을 이해하고 있을 것이다. 독자들이 계속 지지해 줄 것으로 기대한다. 우리는 커다란 실험에 들어가고 있다"고 말했다.[34]

---

33 티엔 추오·게이브 와이저트, 「뉴욕타임스는 '유니콘'이다」, 『구독과 좋아요의 경제학』, 부키, 2019, p.121~123

34 Steven Mufson, 'The Washington Post to charge frequent users of its Web site', *The Washington Post*, 2013.3.18.
http://www.washingtonpost.com/business/economy/the-washington-post-to-charge-frequent-web-users/2013/03/18/adc0ba46-8fe5-11e2-bdea-e32ad90da239_story.html

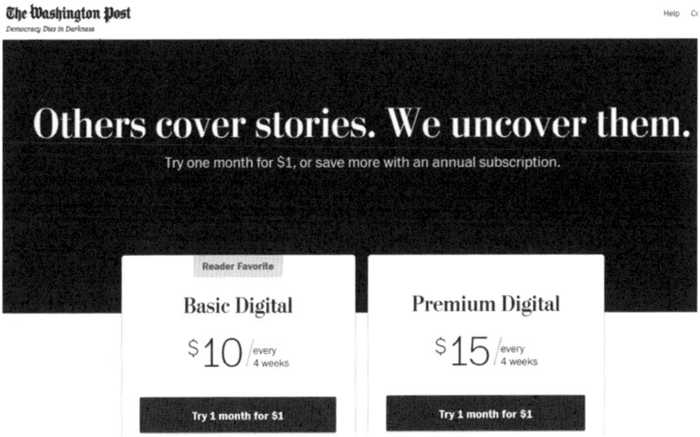

〈사진 2-8〉 『워싱턴 포스트』의 구독 안내 화면(2019.7.15.)

『워싱턴 포스트』는 무료로 제공하는 기사를 다 소진하면, 이런 안내창이 뜬다. 정상 디지털 유료 구독 가격은 4주 10달러이지만, 첫 달은 1달러라는 낮은 가격을 제시한다.

당시 『워싱턴 포스트』의 유료화 방식은 『뉴욕타임스』와 마찬가지로 독자에게 일정한 건수의 기사를 무료로 제공하고 그 이상의 기사를 보기 원하면 구독료를 요구하는 '미터제' 방식이었다. 그해 6월부터 실시한 온라인 뉴스 유료화에서 『워싱턴 포스트』는 처음에는 월 20건을 무료로 볼 수 있도록 했다. 기사를 더 보려면 PC에서는 매달 9.99달러, 모바일에서는 14.99달러를 요구했다. 신문 구독자는 무료로 인터넷 기사를 볼 수 있도록 했다.

그러나 『워싱턴 포스트』는 유료화가 채 정착도 하기 전인 2013년 8월, 아마존 설립자 제프 베조스에게 2억5천만 달러에 인수된다. 이후 『워싱턴 포스트』의 유료화는 베조스 시대에서 디지털 혁신과 함께 빛을 발한다. 베조스가 『워싱턴 포스트』를 인수하던 무렵 경영 상황은 최악이었다. 발행부수와 매출 모두 하락세였고 2013년에만 400명 가량이 해고됐다. 여전히 퓰리처상을 받고, 신문도 잘 만들었지만 그게 신문사의 수익과는 관련이 없었다.

베조스는 아마존의 성장 전략을 『워싱턴 포스트』에 그대로 적용해 당장의 수익 확보보다 소비자 규모를 키우는 데 주력했다. 2014년부터 『댈러스 모닝 뉴스』, 『미네아폴리스 스타 트리뷴』 등 지역신문사들과 제휴를 맺어 지역신문사 구독자들에게 『워싱턴 포스트』 디지털판 6개월 무료 구독권을 나눠줬다. 그리고 6개월 이후에는 3분의 1가격(월 3달러)을 제시했다. '신문 파트너십 프로그램'으로 불리는 이 제휴에 300개 지역신문사가 가입했다. 또 이렇게 확보한 독자 정보를 아마존의 마케팅에도 활용했다. 『워싱턴 포스트』는 역으로 '아마존 프라임' 서비스 가입자 4천만 명에게 역시 『워싱턴 포스트』 디지털판 6개월 무료 구독 상품을 활용했다.

이와 함께 『워싱턴 포스트』는 베조스에 인수되기 이전, 경영난으로 계속해서 인원을 줄여왔던 것과는 반대로, 베조스로 인수된 이후 2014년 말까지 16개월 동안 편집국 인력만 100명을 신규 채용했다. 또 2014년에 엔지니어만 20명 가량 충원했다.[35] 또 아마존의 정보통신 전문가들을 『워싱턴 포스트』에 파견 보내, 디지털 혁신을 기술적으로 이끌었다.[36] 『워싱턴 포스트』의 기술 인력은 2018년 5월 기준 150명에 이른다.

이런 몸집 키우기 전략을 시작한 지, 채 2년이 안 된 시점인 2015년 10월 『워싱턴 포스트』의 온라인 사이트 방문자 수는 6,690만 명으로 『뉴욕타임스』(6,580만 명)를 추월했다. 1년간 사이트 방문자 수가 59% 증가한 것이다. 2013년 베조스 인수 당시, 2,600만 명이었던 사이트 방문자 수가 2.5배 이상 껑충 뛰어오른 것이다. 2018년 3월 『워싱턴 포스트』의 사이트

35 김익현, 「죽어가던 워싱턴포스트 살린 '베조스'」, 『지디넷 코리아』, 2015.3.17. https://www.zdnet.co.kr/view/?no=20150317143124&re=R_20150403172343

36 최진봉, 「『워싱턴 포스트』의 변신, 신문산업의 생존방안이 될까?」, 『최진봉의 세상을 바꾸는 힘』, 2016.1.9. https://choijinbong.khan.kr/216

방문자 수는 8,970만 명까지 치솟는 등 계속 증가하고 있다.[37]

『워싱턴 포스트』의 디지털 유료 구독자 확보는 이후 본격화 됐다. 애초 월 20건에 이르렀던 무료 기사의 수는 계속 줄여나가, 이젠 3건만 볼 수 있도록 했다. 2017년 초『워싱턴 포스트』의 디지털 구독자는 100만 명을 넘어섰다. 2019년 현재,『워싱턴 포스트』의 디지털 구독자는 120만 명으로, 글로벌 순위로『뉴욕타임스』,『월스트리트 저널』에 이어 3위다.

『워싱턴 포스트』가 유료 구독자를 늘리는 데 사용한 방안은 이처럼 아마존의 자본력과 네트워킹을 적극 활용함과 동시에 디지털 기술 개발, 독자 데이터 관리 등이 종합적으로 진행된 결과다. 베조스가『워싱턴 포스트』를 인수한 이후 마틴 배런 편집국장도 독자reader란 말 대신 고객customer 이란 말을 쓰기 시작했다.『워싱턴 포스트』는 기사를 발행하고 30분 동안의 지표를 통해 24시간 후, 1주일 뒤 얼마나 그 기사가 흥행할지 80% 정확도로 미리 알려준다. 이를 바탕으로 앞으로 인기 있을 기사에 동영상이나 내용을 추가해 독자들에게 전해준다. 또 마케팅에서는 아마존의 박리다매식 전략을 활용했다. 서비스의 질은 꾸준히 높이면서, 규모의 경제를 통해 원가를 절감하는 식이다.『워싱턴 포스트』는 구독료를 처음 유료화를 실시하던 2013년의 10달러에서 6년이 지난 2019년까지 전혀 올리지 않았을 뿐 아니라, 틈틈이 파격가를 제시해 독자들을 끌어모으고 있다. 또 보편적 독자에게는 저렴한 구독료를 청구하고, 소수의 충성 독자에게는 비싼 구독료를 청구하는 등[38] 다양한 마케팅 기법을 동원한다.

---

37 WashPostPR 'The Washington Post digital traffic jumps to 89.7 million in March 2018, up 7% from last month', *The Washington Post*, 2018.4.13.
https://www.washingtonpost.com/pr/wp/2018/04/13/the-washington-post-digital-traffic-jumps-to-89-7-million-in-march-2018-up-7-from-last-month/?utm_term=.8feceffe4925

38 박진우,「워싱턴포스트의 디지털 퍼스트 실험 5년 : 올드 미디어의 밝은 미래 보여주는 141살 스타트업」,『신문과 방송』571호(2018년 7월호)

지금까지는 『뉴욕타임스』의 유료화 전략이 주목받았다면, 앞으로는 『워싱턴 포스트』의 유료화 전략을 주목해야 할 때다.

『파이낸셜 타임스』_Financial Times_ (영국)

미국 신문사의 디지털 뉴스 유료화 유형은 크게 하드 페이월, 미터드 페이월, 프리미엄 페이월 등 3가지 형태가 지배적이다. 그리고 그 각각의 대표적 모델이 『월스트리트 저널』, 『뉴욕타임스』, 『폴리티코』 등으로 볼 수 있다.

그런데 페이월의 다양한 방식을 다층적으로 도입해 동시에 운영하는 방식도 있다. 디지털 뉴스 유료화에서 선도적 역할을 했고, 초창기 유료화 실험에서 가장 성공적인 성과를 거둔 것으로 평가받고 있는 영국의 『파이낸셜 타임스』가 그런 경우다.

『파이낸셜 타임스』는 월 1건만 무료로 기사를 볼 수 있도록 하고 있다. 형식상 미터드 모델이지만, 사실상 하드 페이월에 가깝다. 그러나 로그인을 하면 무료 기사를 10건까지 늘려준다. 또 프리미엄 기사, 정보 및 서비스를 별도로 두고 추가요금을 내는 독자들에게는 이를 제공한다. 즉, 『파이낸셜 타임스』는 미터제, 하드 페이월, 프리미엄제 등 페이월의 세 종류를 모두 구현하고 있는 셈이다.

『파이낸셜 타임스』의 유료화는 2001년 본격화됐다. 미국의 『월스트리트 저널』이나 『뉴욕타임스』보다 훨씬 더 빠르다. 2001년 유료화 도입 초기에는 '하드 페이월' 등 다양한 방식을 실험해 보다가, 2007년 종량제 metered model 개념을 도입했다. 디지털 연간 구독료가 300달러 선으로 종이 신문에 비해 그다지 낮지 않음에도 불구하고, 경제 전문성이라는 장점을 내세워 승부를 걸었다. 기존의 법인 고객을 디지털 유료 고객으로 유치하는 등 B2B 형태의 마케팅도 광범위하게 활용했다.

〈사진 2-9〉『파이낸셜 타임스』의 디지털 패키지 안내 화면(2019.7.11.)

『파이낸셜 타임스』의 첫 디지털 유료 가격은 4주당 1파운드(1,472원)의 파격가를 제시한다. 디지털 구독, 종이신문 구독, 그리고 디지털과 종이신문을 함께 구독하는 것이 각각 1파운드로 모두 똑같다. 화면에는 가격과 관련해 추가적인 설명이 없다. 그러나 정보 표시인 ⓘ를 클릭하면, 4주가 지난 뒤로는 디지털 유료 구독 가격이 정식가인 4주당 50.4파운드(74,181원)라는 표시가 뜬다.

미터제 도입 직전인 2006년 『파이낸셜 타임스』의 디지털 수익은 전체 수익의 14%였지만 2011년에는 47%로 급성장했다. 또 디지털 유료 독자도 2006년 9만 명에서 2011년 26만7천 명, 2012년 31만6천 명 등으로 성장을 거듭했다. 디지털 구독자 수(30만1,417명)가 종이신문 구독자 수(29만7,227명)를 넘어선 게 2012년 7월이다. 그리고 2018년 기준, 디지털 온리 구독자는 74만 명을 넘어섰다.[39] 종이신문 독자는 계속 줄어들고 있지만 디지털 구독자 수를 합하면 『파이낸셜 타임스』 130년 역사상 가장 많은 구독자 수를 기록하고 있는 것이다. 『파이낸셜 타임스』는 2019년에 90만 명의 구독자를 갖게 됐으며, 이중 75%는 디지털 구독자다. 발 빠른 디지털 유료화를 통해 종이신문 구독자 하락 폭을 상쇄하고도 남을 수준의 디지털 독자 확보에 성공한 것이다.

『파이낸셜 타임스』의 성공 방식을 다른 언론사들이 그대로 흉내 낸다

---

39 FIPP and CeleraOne, 'Our Global Digital Subscription Snapshot is getting a quarterly update: include your data', FIPP, 2019.6.3.
https://www.fipp.com/news/insightnews/global-digital-subscription-snapshot-getting-quarterly-update#

고 해도 매체력이 뒷받침 되지 않는다면 같은 결과를 얻을 수 없을 것이다. 그러나『파이낸셜 타임스』의 적극적인 디지털 유료화 시도는 본받을 만하다.

『파이낸셜 타임스』의 기사 유료화 구성을 보면 '사이트 미가입자', '사이트 가입자', '유료 회원' 등으로 구성되어 있다. 또 '유료 회원'에게도 다양한 선택지를 제공하고 있다.『파이낸셜 타임스』는 사이트에 가입만 하면 무료 기사를 월 10건으로 늘리고, 5년치 기업 재무자료 열람, 이메일 뉴스레터 제공 등 다양한 혜택을 제시해 사이트 가입을 유도한다. 그리고 '프리미엄 온라인premium online' 독자에게는 전문 칼럼, 모바일 뉴스레터, 무료 이페이퍼ePaper, 주간 기사 정리, 편집장 선별 뉴스 제공 등 이른바 '프리미엄 서비스'와 '부가 서비스' 등 추가적인 서비스를 제공해 세분화했다.

이처럼 디지털 뉴스 유료화를 가장 다채롭게 꾸미고 있는 곳이『파이낸셜 타임스』다.『파이낸셜 타임스』는 또 끊임없이 가격과 디지털 묶음 상품 형태, 유료화 방식 등을 바꾸고 있다.『파이낸셜 타임스』는 2016년 브렉시트 투표가 진행될 당시, 브렉시트 소식과 관련된 기사는 전부 페이월 방식을 중단하고 기사를 무료로 공개했다. 언론의 공익적 목적을 위해서이기도 하지만, 브렉시트 관련 속보를 찾아보기 위해『파이낸셜 타임스』홈페이지를 방문한 이들을 또『파이낸셜 타임스』디지털 독자로 끌어들이는 노력도 동시에 진행했다. 브렉시트 투표가 진행된 이 기간 주말 동안『파이낸셜 타임스』의 디지털 구독 매출은 평소 주말에 비해 600% 급증했다.[40]

『뉴욕타임스』의 유료화가 어느 정도『뉴욕타임스』라는 브랜드에 의지

---

40 티엔 추오·게이브 와이저트, '똑똑한 가격정책, 〈파이낸셜타임스〉와 〈이코노미스트〉', 『구독과 좋아요의 경제학』, 부키, 2019, p.118

한데다, 특히 도널드 트럼프 대통령 당선이라는 정치적 요소가 상당한 영향을 미친 측면이 많은 반면, 『파이낸셜 타임스』는 기존 브랜드 효과 외에 다양한 마케팅 기법 고안과 실험에 따른 성과도 적지 않다.

무료와 유료의 철저한 분리, '프리미엄 모델Premium Model'

무료 기사와 유료 기사(프리미엄)를 구분하는 방식이다. 같은 사이트 안에서 무료 기사와 유료 기사를 구분하는 방식도 있고, 아예 무료 사이트와 유료 사이트로 분리하는 방식도 있다. 사이트를 구분하는 방식이 좀 더 강력한 형태의 '프리미엄' 모델이라 할 수 있다. 대표적인 곳으로 『샌프란시스코 크로니클』과 정치 전문지인 『폴리티코 프로』가 있다.

『샌프란시스코 크로니클San Francisco Chronicle』
『샌프란시스코 크로니클』은 두 개의 뉴스 사이트를 운영하고 있다. 무료 사이트인 SF게이트(www.sfgate.com, 〈사진 2-10〉)와 유료사이트인 크로니클(www.chronicle.com, 〈사진 2-11〉)이다. 〈사진 2-10〉과 〈사진 2-11〉은 2019년 3월 10일 『샌프란시스코 크로니클』의 'SF게이트'와 '크로니클' 사이트 첫 화면이다.

무료 사이트인 SF게이트는 페이지뷰에 초점을 두고, 이를 기반으로 한 광고 유치를 목표로 하고 있다. 그래서 SF게이트 화면 오른쪽에는 사이트가 보이는 지역의 스팟 광고 등이 다양하게 붙어있다. 또 동시에 무료 사이트 독자들을 유료 사이트인 크로니클로 유도한다. SF게이트의 화면 오른쪽 위쪽에 '크로니클'이라는 별도 항목을 두고 있다.

유료 사이트인 크로니클에서는 방문자들을 온라인 유료 구독자로 끌

〈사진 2-10〉 「샌프란시스코 크로니클」의 무료사이트인 'SF게이트'(2019.3.10.)

'SF게이트' 홈페이지는 왼쪽에 시간대별 속보를 띄우고, 본 화면에는 일반 기사가 많이 실린다. 또 동영상 스팟 광고 등이 수시로 뜬다.

SFCHRONICLE.COM EXCLUSIVE VISUAL ESSAY

Homeless after 50 in the Bay Area

A study by UCSF researchers has found that nearly half of all homeless people older than 50 had never been homeless before they reached that age. Meet three people navigating the Bay Area streets later in life.

〈사진 2-11〉 「샌프란시스코 크로니클」의 유료사이트인 '크로니클'(2019.3.10.)

'크로니클'에는 일반기사가 아닌, 탐사, 심층, 르포 등의 기사가 주로 머리를 장식한다. 이 머릿기사도 '베이 지역 의 50살 이상 홈리스들'이라는 제목의 심층 탐사기사다. 또 광고가 거의 없고, 여백을 많이 두어 화면이 훨씬 깔 끔하고 세련돼 보인다.

〈사진 2-12〉 '크로니클' 구독 권유 화면(2019.7.11.)

'클로니클'은 디지털 유료 구독료로 '첫 3개월 간 95센트'(월 372원)라는 거의 무료에 가까운 가격을 제시한다. 그러나 그 기간이 끝나면, 월 9.95달러(11,681원)라고 명시하고 있다.

어오는 것을 목표로 두고 있다. 기사를 클릭하면, 회원 가입과 구독을 권유하는 식이다. 매월 99센트를 내면 모든 기사를 볼 수 있다. 크로니클 홈페이지에는 SF게이트에 실리지 않은 기사들이 여럿 있지만 SF게이트에서 볼 수 있는 기사들도 많다. 또한 광고가 거의 없다.

크로니클 홈페이지는 한 달에 두 건의 기사만 무료로 제공한다. 본인의 인적사항을 적어넣어 회원 가입을 할 경우, 별도의 돈을 내지 않아도 3건의 기사를 추가로 더 제공하기도 한다.

2016년 6월 기준, 『샌프란시스코 크로니클』의 종이신문 유효 발행부수는 16만7,600부지만, 무료 사이트인 'SF게이트' 구독자는 66만9,500명, 유료 사이트인 '크로니클' 구독자는 17만4,500명이다. 『샌프란시스코 크로니클』의 디지털 에디터인 크리스틴 고는 『한겨레21』과의 인터뷰에서 "유료 사이트인 크로니클에서 주목하는 것은 사람들이 기사를 보며 얼마나 오래 머무는지, 댓글 등을 달며 참여하는 시간이 얼마나 되는지다. 그렇게 해서 (잠깐 들어온 사람들을) 유료 구독자로 바꾸는 게 목표다. 무료 사이트인 SF게이트의 경우, 독자가 얼마나 오래 머물렀는지 보다 페이지뷰가 얼마나 높은지가 더 중요하다. 페이지뷰가 많아 크로니클보다는 SF게이트의 광고가 훨씬 많다. 광고 수익도 얻으면서 온라인 독자가 SF게이트를 통해 유료인 크로니클 사이트로 넘어오게 만들려 한다"고 말했다.[41]

『폴리티코*Politico*』

미국의 정치뉴스 사이트인 『폴리티코』도 2010년부터 프리미엄 구독 모델을 도입했다. 『폴리티코』(www.politico.com, 〈사진 2-13〉)에서는 모든 콘텐츠를 무료로 풀고 있지만 『폴리티코 프로』(www.politicopro.com, 〈사진 2-14〉)라는 버티컬 사이트에서는 모든 콘텐츠를 유료로 제공한다. 무료 사이트인 『폴리티코』 홈페이지에는 상단에 사이트가 공개되는 해당 지역의 광고가 붙어있다. 그러나 『폴리티코 프로』에는 광고가 없고, 화면도 뉴스 홈페이지라기보다는 연구소 홈페이지 같은 이미지를 띄고 있다.

무료 사이트인 『폴리티코』도 정치뉴스 전문성을 인정받고 있지만, 『폴리티코 프로』는 한 걸음 더 나아가 보고서(리포트) 형태를 취하고 있다. 이는 『샌프란시스코 크로니클』의 유료 사이트인 '크로니클'이 유료이긴 하지만, 고급 기사 형태를 띠었을 뿐 대중성을 유지하는 것과는 다른 방향이라고 할 수 있다. 『폴리티코 프로』는 콘텐츠의 전문성에 더욱 집중했다. 따라서 『폴리티코 프로』의 독자층은 더욱 협소한 반면, 구독 가격은 훨씬 비싸다. 정치, 테크놀로지, 미디어, 에너지 등 24개 카테고리에서 스페셜 콘텐츠를 제공하는데, 구독 패키지에 따라 연간 1만~3만 달러의 구독료를 책정하고 있다. 적지 않은 금액임에도 2017년 7월 기준으로 『폴리티코 프로』의 구독자(유료)는 2만여 명이다. 『폴리티코』의 월 순방문자 3천만 명과 비교하면 매우 적지만 『폴리티코 프로』의 2만 명의 구독 수입이 폴리티코 전체 매출의 절반에 육박한다. 또 구독 연장 비율이 93%에 이른다.

---

41 이완, 「"신문이 죽어도 괜찮다" 온라인에서 사람들은 어떻게 읽는가… 미국 신문 〈크로니클〉이 만들어가는 미래의 저널리즘」, 『한겨레21』 1116호, 2019.6.15.

〈사진 2-13〉 『폴리티코』 홈페이지(2019.3.10.)

『폴리티코』는 정치 전문 사이트로, 2020년 대선 등 일반적인 정치 및 정치 분석 기사를 첫 화면에 올리고 있다. 화면 상단에는 해당 사이트가 열람되는 지역의 광고가 붙는다. 한국에서 연 『폴리티코』 화면에 한국 독자들을 대상으로 하는 광고가 게재돼 있다.

〈사진 2-14〉 『폴리티코』의 유료 버티컬 사이트인 『폴리티코 프로』(2019.3.10.)

『폴리티코 프로』 홈페이지 첫 화면. 『폴리티코 프로』는 정책 문제를 매우 심도 깊게 분석한다.

90% 이상의 구독 연장 비율은 미디어 업계에서는 전무후무한 기록이다. 이는 그만큼 『폴리티코 프로』가 구독자들을 만족시키고 있음을 뜻한다.[42]

프리미엄 모델 측면에서만 보면 『샌프란시스코 크로니클』보다 『폴리티코 프로』가 프리미엄 모델 성격에 더욱 잘 맞는 것처럼 보인다. 이런 프리미엄 콘텐츠 모델을 성공시키기 위해선 전문성 있는 콘텐츠 확보가 기본조건이다. 『폴리티코 프로』의 프리미엄 모델이 성공할 수 있었던 데에는 그 이전에 『폴리티코』가 해당 독자층으로부터 전문성을 인정받았기 때문일 것이다.

페이월을 넘어 자발적 유료화, 후원제

디지털 뉴스 유료화를 선도적으로 실시한 미국과 영국 언론사들의 유료화 유형은 대개 '페이월' 방식이라는 큰 유형 안에서 약간씩 변형을 시도한 정도다. 기본 철학은 '기사는 공짜가 아니고, 돈을 내야 볼 수 있다'는 것이다. 여기에 뉴스 소비자들의 기존 뉴스 소비행태 등 현실적 이유를 감안해 '미터제', '프리미엄제' 등 다양한 변주를 취하고 있는 것이다.

『가디언*The Guardian*』(영국)

그런데 영국 『가디언』은 뉴스 유료화 국면에서 전혀 다른 방식을 취하고 있다. '우리 뉴스를 공짜로 보라. 다만, 우리의 지향과 저널리즘 철학에 동의한다면, 후원을 해달라'는 식이다. 뉴스를 바라보는 철학 자체가 다르다. 외국에서는 이런 '후원제'를 뉴스 유료화에서 제외하기도 한다.

---

42 이정환, 「독자 지갑을 여는 주문, 다이내믹 페이월 : 뉴스 콘텐츠 유료화의 진화」, 『2017 해외 미디어 동향』, 한국언론진흥재단, 2017, p.26~27

『가디언』은 2016년 중반부터 디지털 후원 모델을 도입했다. 상대적으로 성공적인 디지털 유료화 모델로 평가받고 있는『파이낸셜 타임스』, 『뉴욕타임스』, 『월스트리트 저널』 등의 유료화 모델은 페이월, 미터제, 프리미엄 제도를 적절하게 융합한 것인데, 핵심은 상품을 구매하듯 '먼저 돈을 지불해야 기사를 볼 수 있도록 하는' 과금제라 할 수 있다. 그러나『가디언』은 이들과는 전혀 다른 방향의 디지털 유료화 모델을 추구해 왔다. 현재『가디언』에 후원금을 내는 유료 독자 117만 명은 100여 개국에 분산돼 있다. 2015년만 해도 후원자의 70% 이상이 영국 내에 있었지만, 2018년에는 미국, 호주, 캐나다 등 해외 후원자들이 70% 이상을 차지했다.

1995년부터 20년간 편집국장직을 맡았던 앨런 러스브리저는 다른 영미 언론사들이 디지털 유료화를 추진할 때 반대로 '온라인 무료화'를 선언했다. 러스브리저 국장은 "엄격한 유료화를 도입한다면 결국 소수의 엘리트 독자만 남을 것이고 일반인은 제한된 접근만 가능할 것이다. 우리가 원하는 것은 다수의 독자와 세계적 영향력이며 이는 엘리트에게만 국한하지 않는다"는 신념을 내비쳤다. 이어 2016년 10월 후임 편집국장인 캐서린 바이너는 "(디지털에서는) 후원모델로 가겠다"고 공식 발표했다.

2016년 4월『가디언』홈페이지의 연간 페이지뷰는 7억9천만 페이지뷰를 기록했는데, 2019년 3월 현재 13억5천만 뷰로 3년 만에 1.7배나 늘었다. 그럼에도 불구하고『가디언』은 지난 20년간 적자를 면치 못했다. 매년 4월 말에 끝나는 회계연도 기준으로 2015/16년에는 5,700만 파운드(839억 원)의 적자를 기록했고, 2016/17년에는 4,470만 파운드(658억 원), 2017/18년에는 1,900만 파운드(279억 원)의 적자를 기록했다.[43] 그런데 적자 규모는 엄청났지만 그 폭은 지난 3년간 계속 줄어들었다.『가디언』은

---

43 The Guardian, 'Guardian Media Group announces outcome of three year turnaround strategy', *The Guardian*, 2019.5.1.

결국 2018년 1월, 경비절감을 위해 판형을 기존의 베를리너판에서 타블로이드판으로 축소했다. 그리고 4월에는 300명의 직원을 해고했다.[44]

가디언의 그 해 영업이익은 80만 파운드(11억7,600만 원)를 나타내며 20년 만에 흑자를 기록했다. 100만 명의 후원자를 포함한 독자들로부터 나오는 수익이 광고 수익을 넘어섰다. 직원을 줄이는 등 비용을 20%나 줄인 것도 흑자전환의 주요한 원인이었다.『가디언』은 2022년까지 200만 명의 후원자를 모집하겠다는 목표까지 제시했다.[45]

『가디언』은 2019년 6월1~3일 영국 스코틀랜드의 글래스고에서 열린 제71차 세계신문협회 연차총회에서 이 '후원 모델' 성공사례를 발표했다. 줄리엣 라보리『가디언』디지털 구독수익 국장은 '100만 명의 후원자 커뮤니티 구축'이라는 주제발표에서 가디언의 후원자(117만 명) 현황에 대해 '1회성 기부자 60만 명', '인쇄 및 디지털 구독자 23만 명', '멤버십 회원 및 정기 기부자 34만 명 등으로 구성'된다고 밝혔다. 라보리 국장은 콘텐츠 유료화를 하지 않고도 독자 수익에 성공할 수 있었던 비결은 기부자들의 후원 덕분이었다고 말했다. 그러면서 그는 후원 모델 성공을 위해 "먼저 독자들에게 언론사의 가치와 목적을 지지해 줄 것을 요청하고, 가치 제안을 발전시켜 독자와 깊은 관계를 맺는 것이 중요하다"고 강조했다. 특히 후원 모델의 전제는 '고품질 저널리즘'이라는 점을 분명히 했다. 이를 증명하듯 2019년 총회에서 열린 '세계 디지털 미디어 어워드' 시상식에서 『가디언』은 10개 부문 중 3개 부문에서 수상했다. '최우수 뉴스 웹사이트 및 모바일 서비스', '최우수 데이터 시각화', '최우수 독자 수익 이니셔티브' 등이다.[46]

44 김윤경,「英 가디언, 비용절감 위해 타블로이드로 변신」,『뉴스1』, 2018.1.16.
45 강경석,「신문의 위기, 돌파구는?…'최고의 저널리즘 구현'」,『동아일보』, 2019.6.25.
46 신문협회,「2019 세계신문협회 총회 본회의장의 파격」,『신문협회보』, 2019.6.16.

『가디언』의 후원 모델은 서구 언론의 디지털 유료화 단계에서 매우 독특한 위상을 차지했다. 서구 언론들의 디지털 유료화가 주로 유료 구독 형태로 진행되고 있는데 반해, 『가디언』은 디지털 도입 초기 단계부터 '디지털 기사는 누구에게나 오픈한다'는 기조를 분명히 했다. 『가디언』의 생존 전략은 디지털 유료 구독을 꾸준히 추진해 온 『뉴욕타임스』, 『워싱턴 포스트』와는 달리, 회사의 목표 자체를 '공익성'에 두고 있고, 온라인에서 수익 사업을 벌이는 대신 독자들의 직접적인 '후원'에 호소하겠다는 방향이다. 물론 『가디언』이 광고 수익을 포기하는 것은 아니다. 다만, 날로 줄어드는 종이신문 구독자의 급감을 후원으로 메우는 방식으로 진행한 것이다.

지난 2016년 10월, 캐서린 바이너 『가디언』 편집국장은 홈페이지에 "『가디언』의 독립 저널리즘을 함께 보호해달라"는 글을 올렸다. 이 글에서 바이너 국장은 『가디언』의 핵심 수익 모델이 독자의 자발적 기부라고 설명했다. 브렉시트와 트럼프 독주 시대에 접어들면서 전 세계적으로 진보적인 저널리즘progressive journalism이 더욱 필요해졌고 이를 위해 『가디언』을 후원해달라고 호소했다. 2014년 20만 부 수준을 유지하던 종이신문 발행량이 2017년 15만 부 정도로 급감하는 등 회사가 점점 어려워졌기 때문이다.[47] 뿐만 아니라, 향후에도 뚜렷한 수익구조가 개선될 가능성을 기대하기 힘든 상황이었다. 당시 『가디언』 편집국은 독자들에게 '후원'을 호소하는 동시에 기자직군 100여명을 포함해 약 300명을 감원하는 등 3년간 전체 소요 비용을 20% 절감하겠다고 선언했고, 그리고 3년이 지난 지금 이를 실제로 이행했다. 2016년 당시 바이너 편집국장은 사내 구성원에게 보낸 이메일에서 비용 절감의 목적을 "편집권 독립의 영속성을 위해서"라고 밝혔다. 수익이 줄어들면서 투자의 우선순위를 매겨야 했고, 당시

---

47 김동인, 「세계가 주목하는 『가디언』의 실험」, 『시사IN』 532호, 2017.

『가디언』은 탐사보도에 재원을 투입하기로 했다. 그러기 위해선 다른 비용을 무리할 수준까지 감축해야 한다는 결론을 내렸던 것이다. 어쨌든, 그 결과 탐사보도와 언론독립이라는 2가지를 포기하지 않을 수 있었다. 또한 콘텐츠의 품질과 독자와의 관계성 강화를 지난 3년간 꾸준히 실행해 오면서, 2019년 20년 만의 흑자 원년을 선포했다. 이에 따라 『가디언』의 '후원 모델'에 대한 서구 언론들의 주목도가 높아졌다. 그러나 『가디언』의 후원 모델이 상당한 약진을 거둔 것은 사실이나, 『가디언』의 흑자 전환에는 뼈를 깎는 비용 절감이 동반됐다는 점 등을 종합적으로 감안하면 『가디언』의 후원 모델이 수익모델로서 독자적인 안정 수준에 이르렀다고 하기는 여전히 이르다.

『가디언』 홈페이지를 열면 왼쪽 상단에 '후원contribute'과 '구독subscribe'을 동시에 안내하고 있다. 후원에 대해서도 『가디언』은 정기 후원과 일시 후원 등 후원자들에게 다양한 선택지를 주고 있다. 또 정기 후원 안에서도 월 2파운드(3,000원)부터 5파운드(7,350원), 10파운드(14,700원) 등 다양한 선택지를 제시하고 있다. 정기후원 금액을 '원하는 만큼' 후원자가 스스로 적는 항목도 있다. 1년에 한 번 정기적으로 후원하는 연간 후원으로는 50파운드(73,500원), 100파운드(147,000원), 250파운드(367,490원), 500파운드(735,000원), 그리고 '원하는 대로' 등의 구간을 제시한다. 일시후원으로도 25파운드, 50파운드, 100파운드, 250파운드 등의 항목을 제시하고 있다. 『가디언』은 이를 파운드(영국), 달러(미국), 유로(EU), 오스트레일리아 달러(오스트레일리아) 등 다양한 화폐 단위별로 구분해 후원할 수 있도록 했다. 이렇게 후원하는 이들을 『가디언』은 '서포터Supporter'로 부른다.

『가디언』은 또 후원자를 '서포터Supporter'와 '페이트론Patron'으로 이원화해, 좀더 거액의 후원금을 내는 이들을 '페이트론Patron'이라는 후원자로 별도 관리한다. '서포터'는 지지, 응원의 의미가 강하고, '페이트론'은 여기

Brexit / Talks 'deadlocked', says Downing

〈사진 2-15〉『가디언』홈페이지 첫 화면(2019.3.10.)

에 보호자의 의미가 더해져 좀더 강력한 후원자임을 뜻한다. 또 페이트론 안에서도 후원금액에 따라 3단계로 나눈다. 연간 후원금이 1,200파운드(176만 원)인 '바이라인 페이트론Byline Patrons', 연간 후원금이 2,500파운드(367만 원)인 '헤드라인 페이트론Headline Patrons', 그리고 연간 후원금 5,000파운드인 '매스터헤드 페이트론Masthead Patrons' 등이다. 이 페이트론들에게는 서포터들에 비해 다양한 혜택을 제공하며, 각 단계별로 혜택은 차별화된다. 예를 들어, '바이라인 페이트론'에게는 페이트론만 참석하는 별도 행사인 '더 인사이드 스토리The Inside Story' 초청장, 별도의『가디언』행사 초대,『가디언』회사 투어 등이 제공된다. '헤드라인 페이트론'에게는『가디언』아침 편집회의 참관 기회 등을 제공한다. 그리고 '매스터헤드 페이트론'은 여기에 별도의 매우 제한적인『가디언』행사에 초청된다.

이와 함께 디지털 유료 구독을 신청하는 독자Subscriber에게는 뉴스레터, 뉴스앱, 푸쉬 서비스를 제공하기도 한다. 이처럼『가디언』은 후원자Supporter, 페이트론Patron, 그리고 디지털 유료 구독Subscriber 등 3가지 차원에서 독자들과 관계를 맺는다. 그리고 이렇게 수집되는 구독자, 후원자, 페이트론 등을 DB로 구축해 다양한 독자 데이터를 관리한다.

『가디언』은 홈페이지에 올리는 후원 촉구의 글을 필요할 때마다 적절하게 수정한다. 2019년 7월 현재, 『가디언』 홈페이지에서 후원을 촉구하는 내용은 다음과 같다.

"세계가 필요로 하는 독립 저널리즘을 계속 제공할 수 있도록 『가디언』을 도와주십시오. 가디언은 자체적인 어젠다를 설정하는 편집권이 독립적으로 운영되고 있습니다. 가디언의 저널리즘은 자본이나 정치권력의 영향으로부터 자유로울 뿐 아니라, (가디언의) 주주로부터도 자유롭습니다. 어느 누구도 우리의 편집에 개입하지 못하고, 우리의 의견을 (자신들이 원하는) 한쪽으로 몰고 갈 수 없습니다. 이러한 편집권 독립은 우리가 약자의 목소리에 더 귀를 기울이고, (정치, 자본)의 권력에 맞서는 데 중요한 요소입니다. 우리가 수많은 언론사들 가운데 다른 점이 바로 이것이고, 이점이 우리를 사실보도와 정직한 보도로 나아갈 수 있게 해줍니다. 당신의 후원이 『가디언』 저널리즘의 미래를 결정합니다."

반면, 『가디언』은 '후원 모델'에만 의지하는 것이 아니라 실제로는 여러 요소를 함께 적용하고 있다. 온라인 기사는 무료지만, PDF 서비스는 유료로 제공하는 부가서비스 제도도 운영한다. 『가디언』은 디지털 유료화에 있어서 대표 간판으로 '정직과 독립의 언론을 후원해 달라'며 후원제를 전면에 내세웠지만, 그 안을 들여다보면 다양한 디지털 수익 창구도 구축하고 있는 것이다.

또 『가디언』 미국지사가 주로 추진하는 '펀디드funded project 모델'도 운영 중이다. 미국의 대형 재단으로부터 공익적 이슈에 대한 기획 취재에 대해 취재자금 지원을 받고, 이를 기사에 밝히는 방식이다.

〈사진 2-16〉『가디언』 후원 권유 화면(2019.3.10.)

〈사진 2-17〉『가디언』 구독 권유 화면(2019.3.10.)

2018년 6~7월 한국언론진흥재단과 영국 톰슨로이터재단^{Thomson Reuters} Foundation이 공동 기획한 '뉴스의 미래 과정' 단기연수를 통해 한국의 현직 기자들이 『가디언』 본사를 직접 방문한 바 있다. 가디언은 후원 모델을 관리하는 3명의 전담 직원(기자 2명, 엔지니어 1명)을 두고 있다. 연수팀은 소피 오닐 『가디언』 후원팀 차장과 후원제와 관련한 이야기를 나눴다. 오닐 차장과 연수팀과의 대화에서 언급한 내용 중 일부를 소개한다.

- 우리팀과 별개로 독자분석측정^{analytic} 팀에 5명의 직원이 또 있다. 독자패턴 분석을 시작한 것은 약 6년 전(2012년)부터이고, 후원 모델을 본격 시작한 지는 2년(2016년) 정도 됐다.
- 회사 전체에 엔지니어들이 약 25명 정도다. 이들이 독자측정 시스템을 자체적으로 개발했다. 『가디언』 홈페이지에서 후원 전용 섹션으로 들어왔는지, 특정 기사를 읽고 후원하게 되는지 등을 파악한다. 이를 각 부문의 모든 에디터가 화면을 통해 일상적으로 확인할 수 있다. 독자, 후원자들의 반응이 좋은 기사는 빨간 색으로 표시된다. 기자들은 볼 수 없고 에디터만 본다.
- 또 매일 아침 편집회의에서 디지털에서 어느 기사의 방문자가 많았는지, 체류시간이 가장 길었던 것은 무엇인지 등을 공유한다.
- 『가디언』은 앞으로도 페이월로 가지 않을 것이다. 가디언은 향후 수익모델에서 멤버십보다 서포터(후원자)에 더 중점을 두려 한다.
- 멤버십이라 함은 (인터넷에서 모든 기사를 무료로 볼 수 있음에도 불구하고) 어떤 형태로든 돈을 내고 신문을 보는 사람들이다. 예를 들어 오프라인 신문을 정기구독하거나, 온라인 신문 정기구독을 신청하면, 『가디언』은 매일 아침 아이패드 버전의 디지털 신문을 독자에게 온라인으로 보내준다. 이런 식으로 정기구독을 유도하는 것이 멤버십이라면, 서포터스는 멤버(정기구독자)이건 아니건 추가로 돈을 내는 것이다. 『가디언』의 저널리즘을 믿고 우리가 추구하는 바를 신뢰하는 사람들을 타깃으로 서포터가 되어주기를 원하고 있다.

- 이런 모델을 추구하는 언론으로는 네덜란드의 『데 코리스폰던트 *De Correspondent*』와 스페인의 『엘 다리오 *El Dario*』가 있다.

- 정기적으로 후원금을 내는 사람들 가운데 평균적으로 월 5파운드 (7,350원)씩 내는 사람들이 가장 많다.

- 후원 시스템이 계속 성장 추세에 있다. 캐나다, 북유럽, 홍콩, 인도의 후원도 늘고 있다.

- 후원자 중에는 나이 든 사람들이 많다. 그러나 대학생 등 젊은 사람들도 무료로 『가디언』을 계속 접하면, 그들이 경제적 여유가 생겼을 때, 그들도 우리를 후원할 것으로 기대한다.

- 후원자가 되면 '맞춤 서비스'를 제공한다. 예를 들어, 특정 기자를 좋아한다고 설정하면, 그 기자가 기사 쓸 때마다 알림이 가도록 한다.

- 저스틴 비버 기사를 쓰면 클릭 수가 올라가고 후원을 더 받을 수 있을지는 모르겠지만, 그게 『가디언』의 신뢰에 미치는 영향을 생각해야 한다.

- 트럼프 당선, 브렉시트 등이 발생할 때마다 후원자가 늘었다.

- 매년 말, 그 해의 좋은 기사를 모아 따로 책으로 낸다. The bedside of Guardian이라는 제목으로 매년 발행하고, 한 권에 15파운드에 판매한다.

- 후원 모델이 벽에 부딪힐 때까지 이 방식을 계속 강화할 것이다. 지금으로선 이 모델의 한계가 드러나기까지는 더 오랜 시간이 걸릴 것 같다.

『프로퍼블리카 *Propublica*』

2007년 미국 뉴욕 맨해튼에 탐사전문 온라인 저널리즘 매체로 등장한

『프로퍼블리카』는 『가디언』 다음으로 규모가 큰 비영리 언론사다. 16년간 『월스트리트 저널』의 편집국장을 맡아왔던 폴 스타이거(당시 65세)는 회사가 언론재벌 루퍼트 머독에게 넘어가자 이 매체 창간 주역으로 새 출발에 나섰다.

『프로퍼블리카』는 비용부담 등으로 대부분의 언론사가 꺼리는 탐사보도에 집중한다. 기사가 중편소설 분량에 가까울 만큼 길고, 몇 년에 걸친 취재가 바탕이 된다. 게다가 이런 기사를 자사 웹사이트에 올림과 동시에 원하는 언론사에 무료로 제공하는 협업 모델을 실시한다. 초기에는 자본으로부터의 독립을 위해 광고도 받지 않았다. 이는 금융업으로 억만장자가 된 허버트 샌들러와 매리언 샌들러가 초기 3년간 이 회사에 매년 천만 달러씩을 기부했기에 가능한 것이기도 하다.[48]

'성역 없는 보도'를 실현해온 『프로퍼블리카』는 2005년 허리케인 카트리나가 강타한 뉴올리언스의 한 병원에서 당시 의료진이 소생 가망성이 없다고 판단되는 환자들을 안락사 시킨 사실을 2년 반의 취재를 통해 밝혀냈다. 이 보도로 『프로퍼블리카』는 2010년 처음으로 퓰리처상을 받은 것을 비롯해 창간 이후 10년 남짓한 기간 동안 퓰리처상만 네 번 받았다. 『프로퍼블리카』의 심층취재가 성공할 수 있었던 또 다른 요인 중 하나는 소속 기자 대부분이 기존 언론사를 거친 베테랑들이거나 그 분야의 전문가들이라는 점에도 있다.

『프로퍼블리카』의 사장 겸 편집인인 스타이거는 2012년 퓰리처상을 받은 소감을 이렇게 말했다. "『프로퍼블리카』는 저널리즘이라는 도구를 통해 개혁을 이끌어내기 위해 만들어졌다. 권력남용, 공공의 신뢰를 무너뜨리는 행위 등에 대해 '도덕적 힘'을 바탕으로 기사를 쓰는 것, 그것이 우

---

48 최은경, 「차별화된 고품질 뉴스 서비스로 지속 성장중 – 해외 비영리 저널리즘 현황」, 『신문과 방송 562호』(2017년 10월호)

〈사진 2-18〉「프로퍼블리카」후원 권유 화면(2017.3.10.)

"차별성 있는 기사를 제공하는 저널리즘을 지지하라. 우리의 기사, 당신의 분노, 강한 임팩트가 변화를 이뤄낼 수 있다"고 「프로퍼블리카」는 구독 권유 화면에서 알리고 있다. 「프로퍼블리카」는 이 화면의 문구를 수시로 바꾼다.

리의 사명이다"라고.[49]

2018년 현재 홈페이지 월간 순방문자 수가 220만 명에 이른다. 처음 3년간은 금융가 허버트 샌들러와 매리언 샌들러 부부가 유일한 후원자였지만 이후 후원자가 늘어나 2017년 기준으로, 샌들러 부부의 후원금이 전체 후원금에서 차지하는 비율은 20%로 줄었다. 초기에는 광고를 받지 않았지만, 2011년 이후에는 광고도 받고 있다. 그러나 여전히 홈페이지 메인 화면에 1~2개 정도의 광고만 게재하는 정도다. '영리'를 추구할 경우, 결

49　권태호, 「「프로퍼블리카」 성역없는 탐사 2년연속 퓰리처상 거머쥐다」, 「한겨레신문」, 2011.4.21.

국 대광고주의 입김에서 자유롭기 힘들고 이는 탐사보도에 있어선 치명적인 약점으로 작용할 수 있다고 판단하고 있기 때문이다. 그렇다고 직원들의 임금이 적은 것도 아니다. 편집장인 스타이거의 연봉이 60만 달러 정도이고, 대부분 기존 언론사의 베테랑 출신인 기자들의 연봉도 만만치 않다. 유능한 베테랑 기자들을 스카웃하려면 고임금을 지불해야 할 수밖에 없기 때문이다. 사명감과 희생정신을 요구하며 기자들에게 저임금을 제공해 회사를 꾸려나가는 방식은 애초에 설정되지 않았고, 이런 방식이 미국에서 통할 수도 없다. 사무실도 뉴욕 맨해튼 한복판에 위치해 있다.

『프로퍼블리카』는 권력과 자본에 의한 약자의 권리 침탈 현장과 우리 사회의 신뢰가 무너진 현장 등에 집중한다는 점에서 전통적 의미의 '지사형 기자'에 가까운 취재 형태를 보여준다. 주요 탐사 대상은 정부, 기업, 대형 병원, 재단, 언론사, 대학, 노조에 이르기까지 힘을 지닌 곳들이다.[50]

『프로퍼블리카』는 개인독자들의 후원방식을 1회성 후원과 정기후원으로 나누고 있는데, 후원금 최소 단위가 50달러로 꽤 높은 편이다. 탐사 전문 매체라는 매체의 특성을 고려한데다, 열성독자가 많고, 이들 독자들의 경제적 수준이 높다는 점을 감안한 것으로 보인다.

2018년에 소액 기부자들의 기여가 강화되면서 『프로퍼블리카』의 전년 대비 예산이 50% 증가했다. 또한 『프로퍼블리카』는 인구 100만 명 이하 도시들에 있는 7개 뉴스룸의 정규 탐사보도 기자들을 지원하는 프로그램을 본격화했다.

그 밖의 후원제 언론사들

이밖에도 후원제를 운영하는 외국 언론사들은 서구에서도 의외로 꽤

50 권태호, 「미국을 흔든 탐사언론의 힘」, 『PD저널』, 2011.4.27.
http://www.pdjournal.com/news/articleView.html?idxno=31236

많은 편이다. 다만 이들 언론사들은 대부분 규모가 작거나, 특정한 이슈에 천착하거나, 지방의 소규모 언론사들로 주민들과 밀착된 경우가 많다.

사례를 보면 미국 미네소타주에서 2007년 출범해 지역 탐사보도에 주력하는 『민포스트*Minnpost*』가 있다. 회비, 기부금, 지역 광고비 등으로 운영하고 있는데, 재단 등 자선단체로부터 받는 지원을 줄이면서 회원을 늘리는 방식의 지속가능한 후원자원을 확보하는 데 주력하고 있다.

또 2007년 미국의 과학과 환경 커뮤니티 관계자들이 브루클린과 뉴욕에서 서비스를 시작한 『인사이드클라이밋 뉴스*Inside Climate News*』도 독자들의 후원금으로 운영하고 있다. 상근 직원이 7명뿐이지만 2013년 '칼라마주강 기름 유출' 보도로 퓰리처상을 받았다.

이밖에 이베이 창립자가 세운 비영리 미디어 기업 퍼스트룩미디어*First Look Media*가 후원하고 기자들이 2014년 설립한 젊은 온라인 저널리즘 매체인 『인터셉터*The Intercept*』도 주목받는 후원제 매체다. 미국 국가안보국*NSA* 전 직원 에드가 스노든의 내부 고발을 보도해 주목받았다.[51]

2013년 창간한 네델란드의 『데 코리스폰던트*De Correspondent*』도 유료 회원으로 운영하는 후원제로 꾸려나가고 있다. 롱 폼*long form* 저널리즘을 표방하는 『데 코리스폰던트』는 연간 60유로(약 7만6천 원) 또는 월간 6유로의 회원제로 운영하고 있는데, 6만 여 명의 가입자를 확보하고 있다. 『데 코리스폰던트』는 자신들이 세운 '12대 원칙'을 통해, "독립적이고 심층적이며 광고없는 언론"임을 밝히고 있다. "이익 극대화를 위해 노력하지 않는다"는 점도 분명히 밝혀 비영리 언론사임을 표방하고 있다.

2014년 창간한 독일의 『코렉티브*Correctiv*』도 비영리 탐사언론을 표방한다. 독일 브로스트 재단으로부터 100만 유로(약 13억2,100만원)를 3년간 지

51　최은경, 「차별화된 고품질 뉴스 서비스로 지속 성장중 – 해외 비영리 저널리즘 현황」, 『신문과 방송 562호』(2017년 10월호)

원받으면서 출범한 『코렉티브』는 사회 문제들에 대한 주류 매체의 잘못을 바로잡는 역할을 표방하면서 닻을 올렸다.[52] 20명의 기자들이 탐사분야에 집중하고 있다. 출발은 소수 고액 후원으로 시작했으나, 광범위한 소액 기부자들을 늘리는 등 후원제 모델로 운영하고 있다. 특히 이 과정에서 『코렉티브』는 한국의 『뉴스타파』의 후원제 진행 과정을 많이 참고하고 있는 것으로 전해진다.[53] 미국의 NPR, PBS 등 공영방송들도 수입 대부분을 시청자 후원으로부터 공급받고 있다.

---

52 Caroline O'Donovan, 'Germany is getting a data-centric nonprofit newsroom and hoping to build new models for news', *NiemanLab*, 2014.7.17.
https://www.niemanlab.org/2014/07/germany-is-getting-a-data-centric-nonprofit-newsroom-and-hoping-to-build-new-models-for-news/

53 김성수, 「세계 언론생태계의 희망…'비영리 탐사매체'」, 『뉴스타파』, 2015.10.19.

2
한 눈으로 보는 해외 언론사의
뉴스 유료화

디지털 뉴스 유료화에 먼저 나선 미국과 영국의 언론사들은 이처럼 다양한 유료화 방식을 시도해 왔다.

미국에서는 현재 디지털 뉴스 유료화 방식 분류를 다음과 같이 하고 있다. 돈을 내야만 기사를 볼 수 있는 '하드 페이월', 일정한 기사는 무료로 볼 수 있지만 무료 한도를 넘어서면 돈을 내야하는 '미터드 페이월', 그리고 무료 독자와 유료 독자를 구분해 각각 별도의 기사를 제공하는 '프리미엄 모델' 등 크게 3가지다. 학문적 분류라기보다는 시장에서 형성돼 통용되는 구분 방식이다.

미국의 경제전문 사이트인 『비즈니스 인사이더*Business Insider*』는 2016년 미국 언론사의 디지털 뉴스 유료화 모델을 이렇게 3가지 형태로 구분해 특징을 소개한 바 있다.[54] 페이월 방식을 세분화한 것이다.

이 3가지 유형의 공통점은 '돈을 내야 기사를 (온전히) 볼 수 있다'는 점에서 모두 페이월 방식이라 할 수 있다. 이 가운데 미터드 방식은 고객을

---

[54] Margaret Boland, 'The Publisher Paywall Report: Variations, drivers for adoption, examples, and future of the pay-for-content model', *Business Insider*, 2016.8.2.
http://www.businessinsider.com/the-publisher-paywall-report-2016-8

유치하기 위한 일종의 '맛보기 전략' 성격이 짙다. 『뉴욕타임스』가 선두주자다. 미터제를 실시하는 언론사들은 무료로 제공하는 기사의 수를 계속 줄여 나가는 게 일반적 트렌드다. 이는 '하드 페이월'과 '미터드 모델'의 차이를 점점 줄이는 것과 마찬가지가 될 수 있다.

〈표 2-2〉 미국 언론사 페이월 유형 비교

	하드 페이월	미터드 페이월	프리미엄 모델
비구독자 이용	구독 없이 볼 수 없다	매월 몇 건만 무료	무료 독자와 유료 독자의 기사 구분
주요 매체	『WSJ』	『NYT』	『Politico』
적합한 언론사	전문 콘텐츠 보유	일반대중 상대	특화 콘텐츠와 대중성 동시에 다루는 매체
적정 구독료 정책	고가	저가	중가
제도의 맹점	사이트 방문자 감소와 광고매출 감소	무료 기사만 보고 빠져나갈 수 있음	포털 대응 미비

미국 언론연구소American Press Institute도 2015년 이 기준에 의거해 미국 신문사의 디지털 구독 모델 유형을 분류(〈그래픽 2-2〉)했는데, 미터제 62%, 프리미엄제 12%, 하드 페이월 3% 등이라고 발표한 바 있다. 이때 프리미엄(freemium)제는 프리(free)와 프리미엄(premium)의 합성어로, 기본 기능은 무료로 제공하고 고급 기능은 돈을 받고 판매하는 가격 전략을 말한다. 모두 페이월 방식의 분화 형태로 볼 수 있다.

그런데 최근에는 이 유형이 좀더 복잡하게 되고 있다. 집계기관은 다르지만 2015년과 2019년의 미국 신문사들의 디지털 구독 모델 유형을 보면, 구독료를 지급하지 않으면 디지털에서 기사를 읽을 수 없는 '하드 페이월' 시스템은 그때나 지금이나 3%로 똑같다. 또 반대로, 2015년 21%에 이르렀던 홈페이지 완전 무료 형태는 2019년에는 9%(No payment model yet)로 크게 줄어들었다.[55] 미국에서는 신문사들의 디지털 뉴스 유료화 모

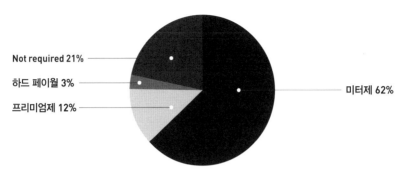

〈그래픽 2-2〉 미국 신문사의 디지털 구독 모델 유형(2015)

Not required 21%

하드 페이월 3%

프리미엄제 12%

미터제 62%

2015년 기준 미국 신문사의 디지털 구독 모델 비율이다. 홈페이지에서 몇 건의 기사만 무료로 제공하고, 그 이상은 구독료를 받는 미터드 제도가 디지털 유료 구독 모델의 62%를 차지하고 있다.

출처 : American Press Institute

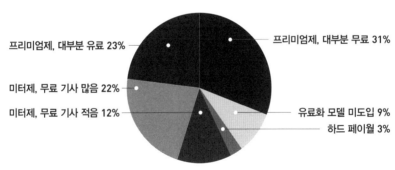

〈그래픽 2-3〉 미국 신문사들의 디지털 구독 모델 유형 세분화(2019)

프리미엄제, 대부분 유료 23%

프리미엄제, 대부분 무료 31%

미터제, 무료 기사 많음 22%

미터제, 무료 기사 적음 12%

유료화 모델 미도입 9%

하드 페이월 3%

출처 : INMA(International News Media Association)

55 Neha Gupta, 'How Gannett drives digital subscriptions', World News Publishing Focus, 2019.6.30.
https://blog.wan-ifra.org/2019/06/30/wnmc19-how-gannett-drives-digital-subscriptions

델이 계속 확산되면서 다양하게 변주되고 있음을 알 수 있다. 또 그 유형도 크게 미터제와 프리미엄제를 결합한 형태가 많고, 오히려 2015년 유행처럼 번졌던 미터제보다 프리미엄제가 오히려 더 확산된 경향을 보이고 있다. 크게 보면, 현재 미국 신문사들 가운데는 절반 이상인 54%의 신문사가 디지털 유료화로 프리미엄제를 실시하고 있다. 이는 4년 전(12%)에 비해 크게 늘어난 것이다. 반면, 당시 『뉴욕타임스』 등이 선두주자로 나서 크게 주목받았던 미터제는 당시 62%에서 지금은 34%로 비율면에서는 크게 줄어들었다. 이에 비춰보면, 최근 미국 언론사에서는 종량제 모델인 미터제보다 오히려 프리미엄제가 더 선호되고 있으며, 특히 다양한 모델이 복합적으로 적용되고 있음을 알 수 있다. 이는 미국 신문사들이 끊임없이 유료화 모델을 놓고 실험, 시도, 실시하고 있다는 방증이다.

하드 페이월과 미터드 페이월의 대표주자는 각각 『월스트리트 저널』과 『뉴욕타임스』였다. 경제 분야라는 특화된 콘텐츠를 다루는 『월스트리트 저널』에는 하드 페이월이 어울리지만, 좀더 일반적인 주제를 다루는 『뉴욕타임스』는 최대한 많은 독자들에게 기사를 노출하고 이 가운데 일부를 미터드 페이월로 끌어들이는 게 더 효과적이다. 미터드 페이월은 온라인 광고 매출과 유료 구독 매출을 다 추구해야 하는 언론사에 적합한 모델로, 다수의 독자를 확보하고, 넓은 주제를 포괄하는 언론사에 적합하다.[56]

영국 『가디언』과 같은 '후원제' 방식은 서구의 디지털 뉴스 유료화 방식에서는 예외적 유형이다. 그래서 『가디언』의 '후원제'를 '유료화'가 아닌 것으로 분류하기도 한다. 또 영미권에서 다양한 형태의 디지털 뉴스 유료화가 실험·시도되고 있지만, 『가디언』과 같은 후원제는 서구에서는 보편적 형태로 확산되고 있지는 않다.

---

56 이정환, 「뉴스 콘텐츠 유료화, 가능성과 현실」, 『관훈클럽 세미나 발표 자료』, 2018.11.2.

이처럼 외국 신문사들이 한결같이 디지털 유료 구독에 뛰어드는 이유는 종이신문 광고가 계속 줄어들고 있기 때문이다. 종이신문 부수 하락과 영향력 감소에 따른 자연스런 현상이다. 외국 신문사들은 이를 디지털 유료 구독으로 광고 수익 하락을 메우려 했고, 현재 상위 언론사들은 어느 정도 그 가능성을 시장에 증명하고 있다. 이에 따라 2016년 세계 신문사들의 디지털 유료 구독자 수는 전년 대비 28% 증가했고, 4년 전인 2012년과 비교하면, 무려 300% 증가했다.

미국, 영국 이외에도 독일, 프랑스, 일본 등 다른 나라에서도 디지털 뉴스 유료화는 속속 희소식이 들리고 있다. 독일에선 프리미엄 모델이 좋은 성과를 올리고 있다. 『빌트^{Bild}』는 프리미엄 모델 '빌트 플러스'로 4년 만에 35만3천 명의 유료 독자를 확보했고, 『자이트^{Zeit}』 그룹도 2018년 유료모델을 이용한 〈Z+〉 서비스를 성공적으로 출시해 매출이 3% 증가했다. 『슈피겔^{Der Spiegel}』은 월 19.11유로인 프리미엄 콘텐츠인 〈슈피겔+〉를 2018년 5월부터 출시했다. 프랑스에서도 『르몽드^{Le Monde}』는 2018년 44% 증가한 온라인 구독률로 몇 년 만에 영업이익이 증가했으며, 디지털 신문 독자가 종이신문 독자 수를 추월했다.

일본은 여전히 『요미우리 신문』이 856만 부, 『아사히 신문』이 626만 부 등의 판매부수를 기록하는 등 종이신문 강국이다. 그러나 전체 종이신문 판매부수는 1년에 100만 부씩 줄어들고 있다. 이 때문에 일본 언론사들은 최근 들어 적극적으로 뉴스 유료화에 나서고 있다. 일본은 이미 『마이니치신문』이 2015년 12월 유료화를 단행하면서 5대 전국 일간신문이 모두 디지털 뉴스 유료화 체제에 들어갔다. 가장 성공적인 사례는 경제신문인 『니혼게이자이신문』으로, 유료 디지털 독자가 56만 명에 이른다.

지난 2017년 기준으로 전 세계 신문사들의 매출총액은 1,550억 달러에 이른다. 이 가운데 종이신문과 디지털 유료 구독을 합친 구독 매출이

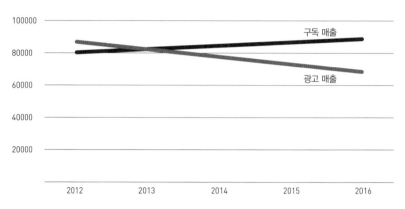

〈그래픽 2-4〉 세계 종이신문 광고수익과 구독수익 추이(2012~2016)

세계 신문사들의 전체 매출액 추이를 보면, 2013년을 기점으로 구독 매출이 광고 매출을 넘어섰음을 알 수 있다.

출처 : World Press Trends

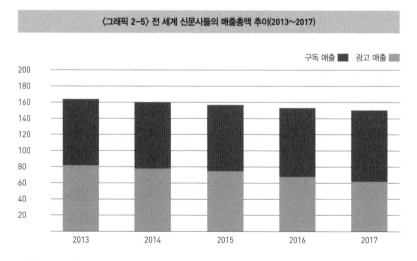

〈그래픽 2-5〉 전 세계 신문사들의 매출총액 추이(2013~2017)

전체적으로는 신문사들의 매출액이 매년 줄어들고 있다. 아랫 부분의 광고 매출이 빠른 속도로 줄고 있고, 이를 구독 매출(종이신문 + 디지털 구독)이 어느 정도 벌충하고 있는 모양새를 보인다.

출처 : WAN-IFRA(세계신문협회)

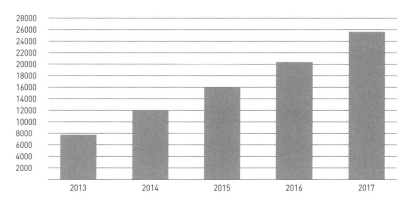

〈그래픽 2-6〉 전 세계 디지털 유료 구독자 수 추이(2013~2017)

출처 : WAN-IFRA(세계신문협회)

872억 달러, 광고 매출(종이신문+디지털 광고)이 678억 달러로 집계됐다.[57] 신문사 매출에서 차지하는 비중이 구독 56.3%, 광고 43.7%였다. 또 디지털 유료 구독자 수 추이를 보면 〈그래픽 2-6〉에서 알 수 있듯, 2013년에 800만 명이 채 안 됐던 전 세계 디지털 유료 구독자 수가 4년 만인 2017년에는 2,600만 명으로 3배가 넘는 등 급속도의 성장세를 보이고 있다. 또 『로이터 통신』에 따르면, 미국의 18~24세 젊은이들이 인터넷 뉴스 구독료를 내는 비율은 2016년 4%에서 2017년 18%로 급증했다. 『뉴요커』는 1년 전 같은 기간에 비해 밀레니얼 세대에 속하는 신규 가입자 수가 2배 이상 증가했고, 『애틀랜틱』의 경우 18~40세 신규 구독자 수가 130%나 늘었다.[58]

---

57 WAN-IFRA, 'World Press Trends 2018: Facts and Figures Global newspaper industry revenues', World Press Trends Database,
http://www.wptdatabase.org/world-press-trends-2018-facts-and-figures
58 티엔 추오·게이브 와이저트, 박선령 옮김, 『구독과 좋아요의 경제학』, 부키, 2019, p.106

제2장 해외 언론사를 통해 배우다 **83**

FIPP는 매년 전 세계 신문사 가운데 디지털 유료 구독자 순위를 조사, 발표한다. 그래프의 왼쪽은 디지털 유료 구독자 수이고, 오른쪽은 디지털 구독료를 주당 평균 가격으로 환산한 것이다.

출처 : FIPP(국제잡지연맹)

2019년 현재 디지털 유료 구독자가 가장 많은 신문사는 『뉴욕타임스』(미국, 330만 명)다. 독자들로부터 받는 평균 디지털 유료 가격은 주당 2달러다. 이어 『월스트리트 저널』(미국, 150만 명)이 그 뒤를 잇는다. 『월스트리트 저널』의 디지털 구독료는 주당 19.5달러의 고가다. 디지털 구독자 수는 『뉴욕타임스』의 절반에 못 미치지만 디지털 구독 수입은 오히려 『뉴욕타임스』의 2배를 넘는다. 『워싱턴 포스트』(미국, 120만 명)가 3위를 차지하고 있다. 『워싱턴 포스트』는 미국의 '빅3' 신문사 가운데 디지털 구독료 기준으로는 4주당 6달러로 가장 저렴한 디지털 구독료를 제시하고 있다. 이어 그 뒤를 영국의 『파이낸셜 타임스』(74만 명)와 『가디언』(57만 명) 등이 잇는다. 『가디언』은 별도의 구독료를 받지 않는다. 〈그래픽 2-7〉에 표기된 구독자 57만 명은 (자발적) 디지털 유료 구독자와 정기후원 회원membership 수를 합한 것이다.

이밖에 세계 10대 디지털 유료 구독자 신문사는 『니혼게이자이신문』

(일본, 56만 명), 『이코노미스트』(영국, 43만 명), 『빌트』(독일, 42만 명), 『타임스 오브 런던』(영국, 26만 명), 『아폰블라뎃』(스웨덴, 25만 명) 등의 순이다.[59] 2019년 세계 10위권 안에 드는 디지털 유료 구독자 신문사들을 보면, 지난 1년간 디지털 유료 구독자 수는 『뉴욕타임스』가 50만 명으로 가장 많이 늘어났다. 그러나 증가율로 보면, 『가디언』이 전년의 30만 명에서 올해 57만 명으로 1년 만에 디지털 유료 구독자 증가율이 47.4%에 이르고 있다. 세계잡지연맹FIPP 자료를 보면, 2018년 기준으로 전 세계에서 종이신문 구독 없이 디지털로만 신문을 보는 유료 구독자 수가 1만 명을 넘는 신문사는 모두 44곳이다. 미국과 독일이 9개로 가장 많고, 이어 영국이 4개, 프랑스와 스웨덴이 각각 3개씩이다. 이밖에 유럽에서는 노르웨이(2개), 핀란드, 덴마크, 네델란드, 스위스(2개), 이탈리아, 스페인, 러시아, 폴란드 등이 있다. 미국과 유럽 외에는 일본, 호주, 브라질, 아르헨티나(2개) 등이다. 아시아권에서는 디지털 유료 구독자 1만 명 넘는 신문사를 가진 나라는 일본이 유일하다. 이들 신문사 가운데 디지털 구독료가 가장 비싼 신문사는 『노이에 취르허 차이퉁Neue Zürcher Zeitung』(스위스, 디지털 유료 구독 2만9천 명)으로, 월 구독료가 58.5달러(약 6만8,700원)였다. 대개 독일권 신문사들의 디지털 구독료가 비쌌는데, 이어 『파츠Faz』(독일, 3만3천명) 54.87달러(약 64,400원), 『슈드 도이치 차이퉁Süddeutsche Zeitung』(독일, 46,500명) 40.95달러 (48,100원), 『한델스블라트Handelsblatt』(독일, 4만2천명) 40.93달러(56,400원), 『월스트리트 저널』(미국, 150만 명) 36.99달러(43,400원) 등의 차례였다. 반면, 『뉴욕타임스』(8.66달러)를 비롯해 『가디언』(영국, 6.70달러), 『르몽드』(프랑스, 9.72달러), 『로스앤젤레스 타임스Los Angeles Times』(미국, 8.62달러) 등 15개

---

59 FIPP and CeleraOne, 'Our Global Digital Subscription Snapshot is getting a quarterly update: include your data', FIPP, 2019.6.3.
https://www.fipp.com/news/insightnews/global-digital-subscription-snapshot-getting-quarterly-update#

사는 월 평균 디지털 유료 구독료가 10달러 미만이었다. 나머지 28개사는 모두 월 평균 디지털 유료 구독료가 10달러를 넘었다. 디지털 유료 독자 1만 명 이상 되는 신문사 가운데 디지털 구독료가 가장 낮은 곳은『클라린 *Clarín*』(아르헨티나)과 『어슬레틱 *The Athletic*』(미국)으로 각각 3.65달러, 3.99달러였다.[60]

60 FIPP and CeleraOne, 'Digital subscription revenue displacing digital advertising as a core revenue stream', FIPP, 2018.6.11.
https://www.fipp.com/news/insightnews/digital-subscription-revenue-displacing-digital-advertising

제3장

국내 언론사는 어디까지 왔나

2018년 2월 독일 미디어 기업 『악셀 스프링어*Axel Springer*』는 '국제 유료 콘텐츠 회담*International Paid Content Summit*'을 열었다. 그리고 회의에 참석한 전 세계 주요 언론사 및 미디어 전문가 80여명을 대상으로 디지털 유료화 전략에 관한 설문조사를 실시한 뒤, 이 내용을 담은 『유료 구독 모델의 미래』 보고서를 발표했다. 조사에서 응답자 70%는 '지난 1년 간 독자들의 디지털 콘텐츠 비용 지불 의사가 높아졌다'며 유료 구독 모델의 미래가 낙관적이라고 응답했다.[61] 1년이 더 지난 2019년 2월 같은 조사에서는 독자들의 지불 의사가 79%로 9%포인트 더 높아진 것으로 나타났다. 또 조사에 참가한 해외 언론인들의 82%가 '디지털 뉴스 유료화가 이미 정착했다고 본다'고 답했다.[62]

실제로 독일 『악셀 스프링어』는 2016년 디지털 부문이 전체 수입의 60% 이상, 광고 수익의 85%를 차지했다. 미국 『뉴욕타임스』의 온라인 구

61 Jessica Davies, 'European publishers look to digital subscriptions to reduce platform dependency', *Digiday*, 2018.2.12.
https://digiday.com/media/european-publishers-look-digital-subscriptions-reduce-platform-dependency/

62 한선, 「온라인 뉴스 유료 구독, 독자 손에 달렸다」, 『한겨레신문』 21면, 2019.4.17.

독수익은 지난 2017년 전년 대비 50% 가량 급증했다. 『뉴욕타임스』는 2017년 총수입이 17억 달러(1조8,500억 원)로 전년 대비 8% 증가했는데, 이중 온라인 구독수익은 3억4천만 달러(3,700억 원)로 전년 대비 46% 증가했다. 온라인 독자 증가로 온라인 광고수익도 늘었다.[63] 2011년부터 디지털 뉴스 유료화를 시행해 온 『뉴욕타임스』는 2019년 1분기 현재, 디지털 유료 구독자가 330만 명에 이른다. 디지털 유료 독자 1명이 연간 최소 225달러에서 450달러를 지불하고 있다.[64] 또 종이신문 독자 및 월 5건의 무료 기사를 보기 위해 들어오는 사람들을 합해 모두 1억5천만 명의 독자들이 매일 『뉴욕타임스』 웹사이트에 접속하고 있다. 마크 톰슨 『뉴욕타임스』 대표 겸 최고경영자[CEO]는 2017년 5월 뉴욕에서 열린 '2017 국제뉴스미디어협회[INMA] 세계총회'에서 "유료 구독자 천만 명 확보" 목표에 대해 "충분히 현실적"이라고 말했다.[65]

이처럼 미국과 유럽에서의 디지털 뉴스 유료화는 초기 어려움을 이겨내고, 점점 안착 단계로 접어들고 있다. 그러나 한국은 상황이 다르다.

〈그래픽 3-1〉과 〈그래픽 3-2〉에서 볼 수 있는 것처럼 한국은 온라인 뉴스 소비는 세계 최고 수준, 인쇄매체 뉴스 소비는 세계 최저 수준이다. 미국도 온라인 뉴스 소비는 73%로 매우 높은 데 반해, 인쇄매체 뉴스 소비는 26%로 낮아 둘 간의 격차가 한국만큼(58%p)은 아니어도 상당하

63 Sydney Ember, 'New York Times Co. Subscription Revenue Surpassed $1 Billion in 2017', *The New York Times*, 2018.2.8. https://www.nytimes.com/2018/02/08/business/new-york-times-company-earnings.html

64 황용석·최윤희, 「기술이 언론을 구할까? 혁신 기술로 무장하는 저널리즘」, 『신문과 방송』 563호(2017년 11월호), p.76~77

65 Newsplexer Projects, 'New York Times CEO: Audience revenue is the future New York Times Co. Subscription Revenue Surpassed $1 Billion in 2017', INMA, 2017.5.23. https://www.inma.org/blogs/main/post.cfm/new-york-times-ceo-audience-revenue-is-the-future

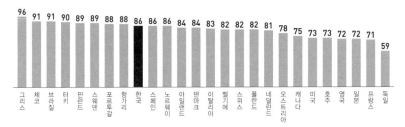

한국 응답자 가운데 온라인으로 뉴스를 본 응답자가 86%에 이르렀다. 이는 디지털 뉴스 유료화가 활발한 미국 (73%), 영국(72%), 독일(59%)보다 훨씬 높다. 디지털 뉴스가 공짜인데다, 온라인으로 뉴스를 보는 게 일반화 됐기 때문이다.

출처 : 『디지털 뉴스 리포트 2016』

〈그래픽 3-2〉 각국별 지난주 인쇄매체 뉴스 소비

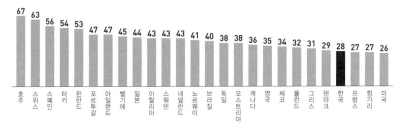

한국 응답자 가운데 1주일 간 한 번이라도 인쇄매체로 뉴스를 본 응답자는 28%로 세계 최저 수준이다. 일본 (44%), 독일(38%), 영국(35%) 등 다른 주요국과도 차이가 있다.

출처 : 『디지털 뉴스 리포트 2016』

다.(47%p) '2016 세계신문동향World Press Trends 2016'을 보면, 지난 5년 사이 일간 종이신문 발행부수는 유럽에서 19.2%, 북미에서 10.9% 줄었다. 그러 나 서구 언론사들은 늘어나는 온라인 뉴스 소비분에 대해 유료화를 실시 해 인쇄매체 소비 감소분, 그리고 이로 인한 종이신문 광고 수익 하락을 일부나마 벌충하고 있다. 2017년 세계신문뉴스발행자협회 총회 자료를 보면, 2012~16년 전 세계 신문사들의 광고 수익이 21% 가량 급감했지만, 대신 구독 수익이 7% 성장했다.[66] 종이신문의 급격한 구독자 감소에도 불구하고 구독 수익이 늘어난 원인은 디지털 뉴스 구독자에 대해 유료화를 실시했기 때문이다.

전 세계적인 디지털 뉴스 유료화 트렌드에서 한국만 비켜나 있는 이유는 포털 사이트가 모든 언론사로부터 기사를 블랙홀처럼 빨아들인 뒤, 이를 포털 사이트 방문자들에게 그대로 내놓으면서 '뉴스는 공짜'라는 인식을 강하게 심어줬기 때문이라는 것은 이미 여러 조사와 연구에서 확인된 바 있다.

〈그래픽 3-3〉을 보면, 영국에선 공영방송인 『비비시^{BBC}』가 중도 수용자를 장악하고 있으면서 『가디언』이 중도와 진보 성향 이용자의 상당수를 흡수하고, 보수 성향 이용자들은 『데일리 메일$^{Daily\ Mail}$』로 모이고 있음을 알 수 있다. 디지털 환경에서도 공영방송이 중간에 자리를 잡고, 신문 매체가 좌우 포지셔닝을 구축하고 있다. 미국에서는 중도 포지셔닝을 검색 플랫폼인 야후가 차지하고 있지만 그 규모가 크진 않다. 정치적 성향 매체 수용자 분포를 보면 『시엔엔^{CNN}』, 『엠에스엔비시^{MSNBC}』 등이 중도진보 성향 뉴스 이용자들을, 『폭스뉴스$^{Fox\ News}$』가 보수 성향 이용자들을 확보하고 있다. 영국에서는 신문이 좌우 균형을 이루고 있다면 미국에선 방송 매체들이 뉴스 시장에서 좌우 균형을 이루고 있다. 그리고 신문에서는 『뉴욕타임스』가 진보 성향 이용자들을 장악하는 등 그 포지셔닝이 굳건하다.

그런데 한국의 디지털 뉴스 시장은 미국과 영국과도 현격한 차이를 보

66 Teemu Henriksson, 'World Press Trends 2017: The audience-focused era arrives', World News Publishing Focus, 2017.6.8.
https://blog.wan-ifra.org/2017/06/08/world-press-trends-2017-the-audience-focused-era-arrives-0

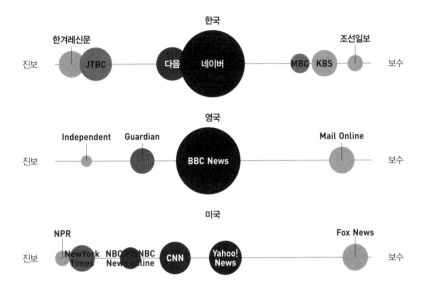

〈그래픽 3-3〉 각국의 매체별 온라인 뉴스 이용률과 이용자 정치성향

출처 : 「2017 한국 뉴스 생태계를 보여주는 7가지 지표」, 『미디어 이슈』 3권 6호, p.8

인다. 중도 성향 이용자들을 네이버가 장악하다시피하고, 중도진보 성향 이용자들은 또 다른 포털 사이트인 다음이 차지하고 있다. 포털 사이트 네이버와 다음의 이용자가 디지털 뉴스 이용자들의 절대다수다. 이는 다른 어느 나라에서도 볼 수 없는 독특한 현상이다. 그리고 〈그래픽 3-3〉에는 선명하게 나타나 있지 않지만, KBS와 보수 종편방송, 『조선일보』가 보수의 한 축을, 그리고 JTBC와 『한겨레신문』이 진보의 한 축을 담당하고 있다.[67] 그러나 모두 네이버, 다음 등 포털 사이트의 영토에 견줄 위치가 전

---

[67] 〈그래픽 3-3〉에서 보수 성향 뉴스 소비자들 일부가 MBC 뉴스를 이용하고 있는 것으로 표시돼 있다. 이는 조사시점이 정권 교체 이전인 박근혜 정부인 당시인 2016년이었음을 감안해야 한다. MBC의 인적 변화와 이후 보도 방향이 급격하게 바뀐 2017년 중반 이후에는 전혀 다른 현상이 나타나고 있는 것으로 예측된다.

혀 못된다.

포털 중심의 디지털 환경에서 수용자는 생산자(매체 브랜드)를 인지하지 못하고, 개별 콘텐츠 단위로 소비하고 있다. 매체 브랜드가 제대로 인지되지 않는 상태에서는 '후원'이든, '구매' 든 어떤 형태의 디지털 뉴스 유료화도 출발부터 벽에 부딪힐 수밖에 없다. 한국의 디지털 뉴스 유료화 환경 토대는 출발선부터 매우 불리한 위치에 있는 것이다.

한국언론진흥재단과 로이터저널리즘 연구소가 매년 공동조사하는 '디지털 뉴스 리포트 2018 한국'을 보면, '검색 및 뉴스 수집 서비스'를 통해 뉴스를 보는 한국인들이 77%(지난 1주일간 디지털 뉴스 이용에 주로 의존했던 경로, 단수응답)로 세계최고 수준이다. 이는 37개국 평균인 30%를 압도적으로 웃도는 한편, 2위인 일본(65%)과도 큰 차이를 나타내고 있다. 한국은 여기에 또 다른 파도가 닥쳐왔는데, 그건 유튜브다. 유튜브를 통한 뉴스 이용에서 한국은 37%로 터키(41%), 대만(38%)에 이어 3위 수준이었다. 37개국 평균은 24%였다. 최근 국내에서 유튜브의 급성장 상황을 보면, 유튜브는 한국의 뉴스 유료화에 또 다른 주요한 변수로 작용할 것이다.

1
국내 상황에 특화된
디지털 뉴스 유료화의 유형

비록 아직 뚜렷한 성과는 이루지 못했지만, 국내 언론사들은 다양한 형태의 디지털 뉴스 유료화를 시도해 왔다.

국내 뉴스 유료화의 모델을 이 책에서는 후원제Donation, 디지털 구독 Digital Subscription, 회원제Membership 등 크게 3가지로 분류해 봤다. 이는 미국 콜롬비아대 저널리즘 스쿨의 부설단체로 디지털 저널리즘 연구기관인 토우 센터의 엘리자베스 한센과 에밀리 골리고스키 연구원이 공동으로 조사한 수용자 수익모델Audience Revenue 정의에 따른 것이다.[68] 후원은 매체가 지향하는 가치와 목적에 동의해 자발적인 지지와 지원을 하는 행위를 뜻하는 것이고, 구독은 생산물 또는 서비스 등 대가에 대한 교환관계를 전제로 한다. 회원제는 매체와 독자가 좀 더 밀접한 관계로 연결되는 상태다. 과거의 구독은 지금 이러한 3가지 유형으로 분화돼 언론사의 디지털 수익을 만들어내는 동력으로 활용될 수 있게 된 것이다.[69]

68 Elizabeth Hansen and Emily Goligoski, 'Guide to audience revenue and engagement', Tow Reporters, 2018.2.8.
https://www.cjr.org/tow_center_reports/guide-to-audience-revenue-and-engagement.php

69 이성규, 「18세기 유행했던 구독이 저널리즘 영역에서 다시 뜬 이유는」, 『뉴스톱』, 2019.4.10.
http://www.newstof.com/news/articleView.html?idxno=1452

국내 언론사에서는 디지털 뉴스 유료화의 초기 모델로 후원제가 가장 넓게 퍼져있다. 이와 함께 한 언론사에서 후원, 디지털 구독, 회원제 형태가 혼합돼 운영되고 있기도 하다.

국내 학계나 언론계 일각에서는 기부 형태의 디지털 뉴스 유료화를 '유료화'에서 아예 제외시키기도 한다. 단어적 의미로도, 상품이나 서비스의 대가를 지불하는 '유료화'와 '후원'은 다르다. 하지만 한국에서는 외국과 달리 디지털 뉴스 유료화 과정에서 현재까진 후원제가 상당히 큰 부분을 차지하고 있다. 또 회원제는 유료화를 시도하는 국내 언론사들이 최종적으로 추구하는 지점이다. 후원제를 실시하는 언론사는 이미 느슨한 형태의 회원제를 실시하고 있는 셈이다. 이 3가지 유형 외에 또 다른 유료화 유형을 더 추가하자면, 특정 주제 등을 제시하고 돈을 모으는 펀딩 형태가 있다.

이 책에서는 앞서 말한 후원제, 디지털 구독, 회원제의 대분류 아래 개별 언론사들의 유료화 상황을 살펴보고 그 특징을 설명한다. 관련자들과의 인터뷰는 지난 2018년 2월께부터 2019년 6월까지 몇 차례에 걸쳐 진행된 것을 종합했다. 하지만 대부분 인터뷰가 이 책이 나오기 직전인 2019년 5~6월에 집중적으로 진행됐다.

언론사 지지 성격의 기부, '후원제Donation, Contribution, Support'

디지털 기사는 무료로 완전 개방하되, 별도 후원자를 모집하는 방식이다. 개별 기사에 대한 후원이라기보다는, 해당 언론사에 대한 지지를 표명하는 서포터supporter들을 규합한다.

이 후원제는 두 가지로 나뉘어 볼 수 있다. 하나는 온라인 매체들이 기사를 해당 사이트에 무료로 공개하면서, 대신 후원을 요구하는 방식이다. 독자 입장에서는 일종의 '자발적 유료화'에 가깝다. 또 다른 하나는 오프라인 매체들의 유료화다. 이들은 종이매체에 대해선 구독료를 받고, 온라인 사이트에서는 기사를 무료로 제공한다. 즉, 구독과 후원을 동시에 시행하는 것이다. 여기에다 광고까지 받는 경우도 많다. 해외 사례에 대입하면 영국 『가디언』을 연상할 수 있다.

국내 언론사들의 경우, 애초 후원제는 소규모 진보 성향 온라인 매체들에서부터 시작됐다. 최근에는 여기에 오프라인 인쇄매체들이 기존의 구독 외에 또 다른 선택지로 후원을 추가하는 형태를 취해 후원제 대열에 동참했다.

『뉴스타파』

현재까지 국내에서는 후원자 수가 가장 많은 언론매체다. 비영리법인인 『뉴스타파』는 오로지 후원자들의 회비(후원금)로만 회사를 운영한다. 다른 언론사들과 달리 광고를 싣지 않는 것이 가장 큰 특징이다. 이는 거대자본으로부터의 독립을 꾀하겠다는 『뉴스타파』의 신념에 따른 것이다.

2012년 1월 전국언론노조 지원으로 해직 언론인들이 중심이 되어 창립된 『뉴스타파』는 처음에는 언론노조가 2,000만 원을 지원한 1년짜리 사업으로 시작됐다. 당시 해직 기자 등 『뉴스타파』 제작진은 급여를 전혀 받지 않았다. '해직 언론인이고, 곧 복직할테니 돈 받으면 안 된다'고 생각한 것이다. 그러다 취재, 운영비용 마련을 위해 2012년 7월부터 후원을 받기 시작했다. 또 그에 앞서 『뉴스타파』의 뉴스를 본 시청자들이 돈을 내겠다는 요청을 지속적으로 해왔다. 광고나 협찬 등 다른 수익 모델은 편집권에 영향을 미칠 수 있다고 우려해 처음부터 고려하지 않았다.

2012년 7월부터 후원회원을 모집했는데, 그해 12월 대선에서 박근혜 후보가 당선되자, 그 직후 2주 만에 2만 명의 회원이 모이기도 했다. 『뉴스타파』 지지자들 중 유명인들의 후원 독려와 많은 사람들의 동참이 이어졌다. 이처럼 특별한 외부 계기 또는 좋은 기사가 나올 때 후원자가 급증하는 경향을 몇 차례 보였다. 전두환 전 대통령 장남의 조세도피처 거액 은닉 사실 보도, 세월호 참사, 삼성 이건희 회장 성매매 동영상 폭로 등 기성 언론이 제대로 알리지 못하는 사실을 보도할 때마다, 후원회원 가입이 급증했다.

반대로 보도로 인해 후원자 이탈이 발생한 경우도 있다. 2014년 7월 당시 새정치민주연합 소속이던 권은희 국회의원 후보의 재산신고 축소 의혹 보도, 2015년 11월 당시 노영민 국회 산업통상자원위원회 위원장의 피감기관 책 판매 보도, 2018년 3월 당시 민병두 더불어민주당 의원의 성추행 의혹 보도 등 특정 정당 소속 정치인에 대한 검증이나 비판 보도가 나올 때마다, 후원회원들이 대거 이탈하는 경향을 보여왔다. 권은희 의원 보도 때는 한 달에 1,000명 가량, 문재인 후보 캠프 검증 보도 때에는 월 2,000명 가량의 후원자들이 이탈하기도 했다. 문재인 정부 출범 이후에도 후원자들이 줄고 있다. 하지만 이는 기사에 대한 불만 때문이라기보다, 정권 교체를 통해 후원 목적이 해소됐기 때문이라는 것이 내부 평가다.

『뉴스타파』는 후원자가 될 수 있는 잠재고객을 10만 명 정도로 추정한다. 후원자 1,000명당 기자 1명을 유지할 수 있다는 계산이다. 현재 직원은 50명 정도다. 2017년 9월26일 기준, 매달 회비를 납부하는 정기후원자가 4만 명을 넘기도 했다.(40,223명) 그러나 2019년 2월22일 현재 정기후원 형태로 후원금을 내는 회원은 33,835명이다. 후원자 1명당 월 평균 11,500원 정도를 낸다. 전체 금액은 월 평균 4억 원에 못 미친다. 회원들의 분포를 보면, 40~50대 남성이 주를 이루며 지역적으로는 수도권에 집중돼 있다. 최근 20~30대 여성들의 후원도 늘고 있다. 『뉴스타파』는 후원

회원들과의 지속적 관계 유지를 위해 정기후원을 적극 유도한다.

후원자들에 대한 리워드^{reward} 서비스는 특별한 게 없다. 후원 회원들에게는 1주일에 한 번 뉴스레터를 보낸다. 또 월 1회 회원들을 대상으로 시사회를 연다. 사전 신청을 받아 50명 정도를 선정해 준비중인 보도를 미리 보여준다. 이런 자리를 통해 후원회원들과 제작진간의 직접 소통을 통해 회원들이 소중한 존재라는 점을 알리려고 한다. 연말에는 회원들을 초청해 송년회를 연다. 2018년 12월19일 연세대에서 열린 '뉴스타파 회원의 밤'에는 400여명의 회원들이 참가했다. 이밖에 연말마다 회원들에게 뉴스타파 달력을 보내주는데, 거의 유일한 물품 선물이다. 그런데 이 달력의 인기가 상당하다. 작지만 『뉴스타파』 회원이라는 공감대와 동질감을 일깨우는 아이템으로 작동하는 셈이다. 꾸준한 회원 유입을 위해 웹사이트 트래픽을 분석하고, 실시간으로 후원 회원들의 의견을 분석하는 등 후원관리에도 정성을 쏟는다. 후원자 서비스를 담당하는 직원은 2명이다. 회원들의 요청에 응대하고, 회원들이 참여할 수 있는 이벤트도 준비한다.

기자들도 후원자들에게 늘 감사하는 마음을 갖고 있다. 정기적 만남을 통해 후원자들을 자주 만나고, 사무실에 달아놓은 모니터를 통해 후원자들이 『뉴스타파』에 전하는 응원 메시지 등도 상시적으로 볼 수 있다. 그래서인지 『뉴스타파』 기자들이 언론상을 수상하면, 늘 수상 소감에 "후원회원들에게 영광을 돌린다"고 말하곤 한다.

후원을 늘리기 위한 특별한 홍보는 하지 않는다. 홈페이지에 후원회원 가입 창을 상시적으로 띄워놓고, SNS로 기사를 내보낼 때, 후원회원 가입 권유를 링크하는 정도다. 다만, 영화 제작 등을 통해 다양한 방법으로 시민들과 만나는 방법을 시도하고 있다. 2017년 당시 최승호 『뉴스타파』 PD가 다큐멘터리 영화 〈공범자들〉을 제작해 개봉한 이후, 두 달 동안 후원자가 3,000명 가량 늘었던 적이 있다. 영화 개봉을 하면 후원자들에게 초대

〈사진 3-1〉『뉴스타파』 후원 화면(2019.7.11.)

장을 보내면서 다른 누군가와 함께 오라고 권유한다. 일종의 후원자 확대 방법이다. 〈자백〉, 〈공범자들〉에 이어 2019년 8월 『뉴스타파』의 3번째 저널리즘 다큐멘터리 영화 〈김복동〉을 개봉한다.

『뉴스타파』는 2018년에 행정안전부의 추천과 기획재정부 지정에 따라 기부금대상 민간단체로 등록됐다. 이에 따라 『뉴스타파』에 후원한 금액은 2018년도 분부터 연말에 세액공제 혜택을 받고 있다. 국내 언론사 가운데 후원제를 실시하고 있는 언론사는 여럿 있지만, 연말에 기부금 세액공제를 받을 수 있는 곳은 현재로선 『뉴스타파』가 유일하다. 기부금액의 15%에 대해 세액공제를 받을 수 있다.

『뉴스타파』 모델 특징과 한계

오로지 후원자들이 보내주는 후원회비로만 운영하기 때문에 후원자와 언론사간 밀착도가 다른 후원제 모델 언론사에 비해 훨씬 높다. 그러나 현재 한국의 인구 및 정치인식 등을 감안할 때, 지금 같은 직원 50명 규모에서는 적절한 모델일 수 있으나, 이보다 더 큰 회사 규모에서도 가능한 모델일지에 대해서는 의문이 있다. 다른 수익 모델이 거의 없기 때문에 만일 회원들의 회비가 꾸준히 늘어나지 않으면 회사의 현상유지가 어려울 수도 있다. 또 젊은 층 후원자가 이어지지 않는다면 시간이 흐를수록 회비 수급에서 어려움을 겪을 수 있다. 민주정부로의 정권 교체 이후 후원자 수가 줄고 있는 점, 민주당 지지세가 높은 후원자들의 정치성향에 어긋나는 민주당 비판 보도에 대한 후원자들의 거부감, 향후 회사 규모가 커질 경우에도 후원제 모델만으로 운영 가능한지 등의 현실적 어려움이 이 모델에 잠재돼 있다.

이 책이 출간되기 직전인 2019년 7월8일 윤석열 검찰총장 후보자의 인사청문회가 열리는 도중, 『뉴스타파』는 윤 후보자가 윤우진 전 용산세무서장에게 변호사를 소개해줬다는 취지의 2012년 12월 기자와의 통화 녹취록을 보도했다. 이로 인해 윤 후보자의 위증 논란이 불거졌다. 『뉴스타파』 보도가 나오기 직전에 윤 후보자는 청문회에서 윤 전 세무서장에게 변호사를 소개해준 적이 없다고 답했기 때문이다. 그러자 문재인 정부와 민주당 지지층으로부터 『뉴스타파』에 대한 비난이 쏟아졌고, 후원자들의 항의 전화와 후원 중단 사태가 또 일어났다. 이에 7월10일 김용진 『뉴스타파』 대표는 보도경위를 상세히 설명하는 한편, 이 보도에 대한 『뉴스타파』의 입장에 대한 장문의 글을 『뉴스타파』 홈페이지에 올렸다.

김용진 대표는 그 공지 글에서 해당 보도로 인해 많은 전화와 항의를 받은 사실을 언급하며 "뉴스타파의 존재 의미는 무엇일까? 뉴스타파는 무엇을 어떻게 취재 보도할 것인가? 이런 질문을 스스로 던져봤다. 7년 전 뉴스타파 출범 이후 지금까지 계속해오던 고민이었지만 이번엔 그 고민의 깊이가 더 컸다"고 말했다. 그러면서 그는 "저희들은 정파성과 이윤동기를 최대한 배제하고 상식과 양심에 따라 최대한 옳고 그름을 판별해서, 오로지 공공의 이익을 위한 취재 보도를 할 수 있는 언론 모델을 적어도

[공지] 윤석열 후보자 청문회 보도와 관련해 말씀드립니다

민국100년 · 갑질타파 · 인사청문회 · 공익신고자 · 김복동

[민국100년 특별기획] 족벌사학과
세습④ 동의학원에 설립자 일가친
척 34명 취업

한국행사저널리즘센터·뉴스타파는 6hz토론회 100년 특별기획, 누가 이 나라

[민국100년 특별기획] 족벌사학과 세
습③ 교육용 매입 18억 주택, 알고보
니 이사장 일가 거주

2019.07.10

[갑질타파] 현대차그룹② 세차인 하
는 억대 연봉 낙하산...글로비스의 하
도급 갑질

2019.07.10

한세대 '부당해고 논란' 장애인 직원
복직

윤석열 2012년 녹음파일... "내가 변
호사 소개했다"

〈사진 3-2〉『뉴스타파』의 윤석열 후보자 보도 관련 공지(2019.7.16.)

하나는 굳건히 만들고 실천하려고 노력하고 있다. 이것이 저희들이 지난 7년 간 가다듬은 뉴스타파의 존재 이유"라고 설명했다.

『뉴스타파』 이전에『오마이뉴스』가 후원제를 먼저 실시했으나, 후원제만으로 운영하는『뉴스타파』는 최근 몇 년 사이에 봇물처럼 생겨난 소규모 진보매체 또는 1인 미디어의 운영방식에 일종의 롤모델로 기능하고 있는 측면도 있다.『뉴스타파』의 향후 움직임과 성과가 한국의 언론사 수익모델에서 차지하는 후원제의 가능성과 잠재력을 보여주는 리트머스 시험지가 될 것이다.

『뉴스타파』는 한 걸음 더 나아가 비영리 독립언론의 협업과 연대를 위한 공간인 '독립언론 협업센터'(가칭, 2019년 7월 기준 명칭 공모중) 건립을 추진하고, 이후 이들 비영리 독립언론들과 보조를 맞춰 함께 나아가겠다는 취지를 밝혔다. 따라서『뉴스타파』의 향후 행보는『뉴스타파』뿐 아니라, 진보 성향의 소규모 언론사, 1인 미디어의 미래와도 관련이 깊을 것으로 보인다.『뉴스타파』는 2019년부터 비영리 독립언론의 협업과 연대를 위

한 공간인 이 센터 건립을 추진해 기존의 광화문 사무실에서 2019년 8월 충무로의 새 사무실로 입주한다. 이 공간은 『뉴스타파』만이 아닌 독립 언론인에게 열린 공간이 될 것이라는 게 『뉴스타파』의 설명이다. 이를 위해 『뉴스타파』는 2019년 이 탐사센터 건립에 필요한 기금 마련을 위한 후원 프로그램을 별도로 진행했다.[70]

[인터뷰]
김용진(『뉴스타파』대표)

김용진 대표는 1987년 〈KBS〉에 입사해 2005년 탐사보도팀장을 역임했다. 탐사보도라는 게 거의 알려지지 않던 때였다. 국내 방송사 탐사보도팀의 시초다. 한국기자상, 한국방송기자상, 안종필언론상 등 50여 건의 대내외 언론 관련상을 수상하며 대표적인 탐사보도 기자로 활약했다. 그러나 2008년 이명박 정부 출범 이후 탐사보도팀이 사실상 해체되고, 부산총국, 울산방송국 등으로 한 달 동안 세 번이나 전보 발령받는 등의 인사 조치를 당했다. 당시 이명박 정부 첫 내각 재산검증, 공기업 인사실태 등 권력비판 탐사보도에 대한 보복이라는 말이 나왔다. 또 이 시기인 2010년 12월, KBS의 주요 20개국(G20) 정상회담 과잉홍보 방송을 비판한 「나는 KBS의 영향력이 두렵다」는 제목의 글을 『미디어오늘』에 기고했다는 이유로 사측으로부터 정직 4개월의 중징계를 받기도 했다.

---

70 김고은, 「뉴스타파, 올해 광복절에 탐사센터 오픈 추진」, 『한국기자협회보』, 2019.2.13.

김 대표는 이후 『뉴스타파』 출범에 힘을 보탰고, 2013년 2월 『뉴스타파』 대표로 선임되자 KBS에 사표를 냈다. 이후 지금까지 『뉴스타파』 대표를 맡아왔다.

〈사진 3-3〉 김용진 『뉴스타파』 대표
2014년 '뉴스타파 회원의 밤' 행사에서 김용진 『뉴스파타』 대표가 인사말을 하고 있다'

출처 : 『뉴스타파』

권태호 먼저, 오는 8월 오픈 예정인 탐사센터에 대해 설명해 달라.

김용진 『뉴스타파』를 벤치마킹해서 설립된 독일의 비영리 탐사보도 매체인 『코렉티브 *Correctiv*』라는 회사가 있다. 역시 후원제로 운영한다. 그 매체는 '독립 언론의 집'이라는 공간 건립을 추진하고 있다. 유럽 지역 독립 매체, 프리랜서들에게 일정 자격만 갖추면 그 공간을 이용할 수 있도록 한다고 했다.

한국에도 1인 미디어들이 많이 생겼는데, 이들이 작업공간도 인터뷰 공간도 제대로 없어 카페를 전전하곤 한다. 그래서 우리도 (가칭) 독립 언론협업센터를 만들어 보면 어떨까 해서 시작한 것이다.

권태호 공간 건립 모금은 언제부터 했나?

김용진 2월부터 했다. 돈을 모으는 것도 중요하지만 이런 사실을 널리 알리고 언론이 단독보다 연대와 협업으로 가는 걸 보여주고 싶다. 현재(6월)까지 1억8천만 원 정도 모였고, 1,500여 명이 후원했다. 8월 말까지 목표액(3억 원)에 도달할 것 같다. 일시후원 개념인데, 1인당 약 10만 원 가량을 냈다. 센터는 8월 14일 오픈 예정이며, 5개층이다.

권태호 처음 『뉴스타파』를 시작할 때 애초부터 광고 모델은 배제했나?

김용진 처음에는 매체를 하겠다는 생각도 없었다. 대선도 있고 하니까 연말까진 해보자. 또 시민들이 먼저 후원을 하겠다고 하니, 한시적으로 몇 개월이라도 후원을 받아보자고 한 것이다. 정교한 후원모델을 미리 만들고 시작한 게 아니다.

처음부터 일체 광고를 받지 말 것을 결의했다. 만일 광고를 받아야 할 정도로 재원이 쪼들리면 문을 닫으면 된다고 했다.

권태호 『뉴스타파』의 후원자 수와 후원금액이 후원제를 실시하는 다른 언론사보다 현격하게 높은 이유가, 광고를 하지 않는 것에도 있다고 보나?

김용진 웹사이트에 접속하면 광고가 계속 떠있는데, 후원도 받겠다고 하면 독자들이 모순을 느낄 것이다. 『뉴스타파』는 유튜브 화면에도 광고를 안 싣는다. 그게 후원자들의 마음을 일정부분 움직인 측면도 있다고 본다.

권태호 국내 미디어 전문가들은 수익모델로서 후원제는 보조적 수단은 될 수 있지만, 상시적 수익모델로는 힘들다고 말한다. 어떻게든 독자들을 대상으로 유료화 훈련을 시켜야 한다고 말한다.

김용진 유료화가 이론적으로 제일 분명하고 합리적인 게 사실이다. 그러나 개별 언론사마다 선택지는 다르다고 본다.

권태호 40~50대가 후원자의 절반 가량이다. 젊은층 유입이 늘어나지 않으면, 후원금액은 점점 줄어들 수밖에 없는 구조다.

김용진 지금의 20~30대들이 30~40대가 되면, 자연스럽게 사회에 기여하고 싶다는 생각이 생길 수 있다. 낙관적으로 본다.

권태호 다른 수익은?

김용진 영화 제작이다. 〈공범자들〉(2017)은 관객 26만 명이 들어와 꽤 수익이 났다. 다큐멘터리 영화 제작에는 통상 1억~1억5천만 원의 제작비가 들어가는데, 극장 관객 3만 명 정도면 손익분기점이 된다. 올해도 8월에 〈김복동〉을 개봉한다. 영화 〈김복동〉의 수익금은 전액 위안부 문제 해결을 위해 쓸 것이다.

권태호 앞으로도 영화 제작은 계속하나?

김용진 기존 콘텐츠로 영화나 책을 만드는 것은 계속 할 예정이다. 올해 11월에도 원전 관련 영화인 〈월성〉을 개봉할 예정이다.

권태호 후원자를 늘리기 위한 캠페인을 따로 하진 않나?

김용진 조심스런 부분이 있다. 후원 캠페인을 하려면 '우리는 차별화돼 있으니, 우리한테 후원하라'는 것을 강조할 수밖에 없다. 모두 다 어려운 (진보 쪽) 언론판에서 그런 게(캠페인) 바람직한가 하는 의문이 들기도 한다. 그래서 괜찮은 보도가 나갈 때, '우리가 이런 걸 하고 있습니다. 회원 덕분입니다'라고 한다. 굉장히 점잖게 하고 있는 것이다.

권태호 현재 회원 수는?

김용진 3만3천 명~3만4천 명 정도다.

권태호 2017년 한때 후원자 수가 4만 명이 넘었다. 그러나 문재인 정부 이후, 그리고 공중파 방송사의 정상화 이후, 『뉴스타파』의 후원자 수는 줄어들었다. 과거에 비해 후원 동기, 시청 동기가 다 줄어든 측면이 있다.

김용진 그렇다. 이전에 『뉴스타파』가 잘해서라기 보다는 다른 매체들이 방송에서 제대로 못했던 부분 때문에 반사이익을 누린 측면이 분명히 있다.

권태호 그러면 앞으로는 어떻게 해야 하나?

김용진 기존 그대로 해서는 힘들다. 우리가 해오던 비슷한 일들을 KBS, MBC 탐사보도팀이 하는데, 『뉴스타파』가 그들과 차별화된 저널리즘을 제시하지 못한다면 우리는 있을 필요가 없는 것이다. 우리 존재가치가 얼마나 있는지 답을 모색해 가는 과정, 그런 시기를 지나고 있다.

권태호 시민들은 이런 생각을 할 수도 있다. 'KBS, MBC는 정부가 다시 바뀌면 또 어떻게 될지 모른다. 하지만 『뉴스타파』는 망할지는 몰라도 변하지는 않을 것'이라는 믿음을 가질 수도 있다.

김용진 (시민들이) 그렇게 생각해 주면 고마운 일이다. 그래서 독립언론과의 협업센터도 만들어서 언론판을 좀 바꿔야 되지 않겠나. 진보매체에서 『한겨레신문』, 『경향신문』이 고군분투하고 일부 인터넷 매체들도 있지만, 여전히 주류시장은 상업언론과 족벌언론들이 장악하고 있다. 그리고 종편 등을 통해 점점 영향력을 키워나가고 있다. 이런 분위기에서 고립분산적으로 '나만 잘하면 돼'라고 해선 같이 힘들어진다. 1인 미디어들도 많이 나오는데 그런 힘들을 규합해 언론진영에서 새로운 모색을 해보자는 것이다. 그래도 안 되면 접는 것이다. 존재 자체는 큰 의미가 없다. 뭘 하느냐가 중요한 거지.

권태호 『뉴스타파』의 성공 이유에는 품질도 한몫 한 것 같다. 일부 소규모 미디어들의 경우, 보도 방향성은 옳지만 때론 품질이 조악한 경우도 많다. 그런데 『뉴스타파』는 기존 공중파 방송에서 오랫동안 있던 분들이 온 탓인지 품질이 기존 방송에 비해 큰 손색이 없었다.

김용진 일단, 전혀 성공하지 않았다. 아직은. 그리고 품질관리는 철저히 해야 된다고 늘 강조한다. 아마츄어들이 아마츄어 제품을 내놓고, 시청자들에게 '지갑을 열어달라'고 하는 건 염치없는 것이다.

권태호 우리나라에서 언론사 후원은 저널리즘을 후원하는 게 아니라, 자신과 같은 정치적 지향에 대한 지지 성격이 더 크다. 그래서 한쪽 진영으로 쏠릴 수밖에 없고, 포퓰리즘적 저널리즘이 만연할 수도 있다는 우려가 있다.

김용진 그런 부분이 분명히 존재한다. 일정 부분 경험도 했다. 현재 우리나라 시민들의 정치 지형이 진보와 보수로 나눠져 있고, 『뉴스타파』 지지자들의 정치적 성향도 진보 쪽인 것은 분명하다.

지난해(2018년) 국회의원들의 예산 오남용 사례를 보도했다. 보도기준만 정해놓고 당은 전혀 고려하지 않았다. 그때 회원들의 반응이 꽤 좋았다. 이런 (보도) 경험이 쌓이면, '뉴스타파는 정치적 고려 없이 다 보도하는 곳이구나'라고 인정받게 된다. 우리의 이런 취지에 공감하는 수요도 있다고 본다. 한쪽 진영을 위한 매체로 간다면, 굳이 『뉴스타파』가 그걸 할 필요는 없다고 본다. 그러나 매번 디테일하게 그때그때 잘 따져봐야 된다.

권태호 『뉴스타파』 후원자들 중에는 진보 성향 지지자들이 많다. 그래서 진보 쪽을 비판하려면 팩트 착오 등 작은 실수도 경계하고, 논리적 근거도 잘 살펴보고, 표현도 좀 더 신경 써야 하는 건 아닌가.

김용진 (진보, 보수) 어느 쪽이든 다 꼼꼼하게 봐야 한다. 그러나 양쪽을 모두 단일한 잣대로 보는 것 자체가 편향일 수도 있다. 각각의 역사적 맥락이 있고 그간의 행위들이 있는데, 현 시점에서 끊어서 판단하는 것은 역사적 배경이 제거된 것이다. 그걸 공정하다고 보긴 힘들다.

권태호 수익모델 측면에서, 다른 언론사들도 이 후원제를 채택할 수 있을까?

김용진 우리나라에서 100만 명의 후원자를 지닌 아동보호단체도 있다. 유니셰프의 연 모금액이 천억 원대다. 그런데 기부금 단체 순위에서 3위다. 한국 국민들이 경제적 지원을 통해 사회에 기여함으로 보람을 얻고자 하는 잠재성이 많다고 본다.

지금까지는 언론에 후원한다는 개념이 없었다. 앞으로 올바른 언론을 지원해 언론 생태계를 바꾸겠다고 하면, 공감을 끌어낼 수 있다고 본다. 아프리카 어린이를 돕기 위해 돈을 선뜻 내는데 국내 언론을 바로 잡기 위해서도 돈을 내자고 말하는 것이다. '기레기'라고 욕만 하지 말고, 좋은 기사 쓰게 하고, 좋은 기자 양성하도록 하기 위해서. 이런 생각이 널리 퍼지면 후원제 시장이 확대될 수 있다고 본다.『뉴스타파』가 하나의 특별한 사례라기보다는 보편적 사례가 되길 바란다.

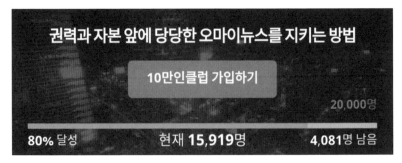

〈사진 3-4〉 2016년 말 『오마이뉴스』 후원 화면

2016년 말 광화문에서 촛불혁명이 진행되면서 『오마이뉴스』 후원자들이 급속도로 늘어났다. 당시 『오마이뉴스』
는 후원자 2만 명을 목표로 후원모집을 적극적으로 내걸었다.

『오마이뉴스』

국내 언론사 가운데 후원제를 가장 먼저 실시한 곳이다. 이명박 정부 당시인 2008년 5~6월에 『오마이뉴스』는 광화문 촛불집회 현장에 나가 생중계를 했다. 당시 『오마이뉴스』는 생중계 경비 마련을 위한 '자발적 시청료 내기' 캠페인을 벌여 1억5천만 원 가량을 모금했다. 이때의 후원제는 일시적이어서 크라우드 펀딩 성격이 강했다. 『오마이뉴스』는 이때의 경험을 바탕으로 이듬해인 2009년에 '10만인클럽'이라는 이름의 매체 후원제를 본격적으로 띄웠다. 콘텐츠 파워, 정치상황, 그리고 진보종편 등 명분이나 목표를 내걸었던 것이 주효해 후원자들이 계속 늘었다.

박근혜 정부인 2016년에는 후원자가 1만7천 명에 이르렀다. 탄핵 촛불 당시에는 후원자가 4천 명 가량 폭증한 적도 있었다. 그러다 2017년 민주당 대선 경선 때부터 회원 감소세가 시작됐고, 2017년 상반기 '한경오(한겨레 경향 오마이뉴스) 프레임'에 휩쓸리면서 회원들이 많이 빠져나갔다. 당시 『오마이뉴스』 기자가 온라인 상에서 일반인 네티즌들과 설전을 벌이면서 상황이 악화된 측면도 있다.

〈사진 3-5〉 『오마이뉴스』 후원 화면(2019.7.12.)

『오마이뉴스』는 후원 화면을 통해 전체 후원자 수를 실시간으로 공개하고 있다.

문재인 정부 출범 이후에도 후원자 수가 계속 줄어들었다. 2018년 5월 7일 12,173명, 2019년 3월 7일 10,295명, 2019년 7월 12일 9,723명으로, 1만 명 이하로 떨어졌다. 박근혜 정부 말기인 2016년 말에 2만 명을 바라봤던 것에 비하면 차이가 크다.

『오마이뉴스』의 후원자는 서울 경기 등 수도권이 많고, 연령대는 40~50대가 주축이다. 『뉴스타파』와 구성이 비슷하다. 후원자가 빠져나간 자리를, 기존 회원들에 대한 증액 캠페인으로 일부 메꿔나가고 있다. 후원자들의 평균 가입 기간은 2년 6개월 가량이다.

후원자들을 위한 혜택으로는 2019년 현재, △10만인클럽 다이어리북 증정 △광고 없는 지면 서비스 △시민기자학교 강의 할인 △꿈틀 비행기(오마이뉴스 주관 덴마크 패키지) 여행 할인 △10만인클럽 특강 등이다. 특히 '10만인클럽 특강'은 후원자들을 대상으로 매월 무료로 진행하고 있다. 2009년 8월 첫 회를 시작으로, 2019년 4월까지 111회 열렸다.

후원자 혜택은 때마다 조금씩 바뀌는데, 2018년에는 △지역 상점을 소개하고 할인해주는 '오십쇼' △서교동 마당집 공간 제공 등 다양하고 독특하다. 후원제를 실시하는 매체 가운데 『오마이뉴스』가 후원자들에 대

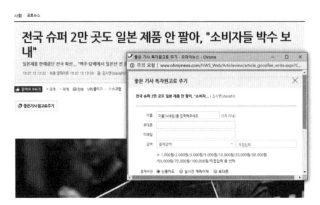

전국 슈퍼 2만 곳도 일본 제품 안 팔아, "소비자들 박수 보내"

〈사진 3-6〉「오마이뉴스」의 '좋은기사 원고료' 주기 화면(2019.7.16.)

「오마이뉴스」 모든 기사의 상단과 하단에는 왼쪽에 보이는 '좋은기사 원고료 주기' 배너가 붙어있다. 이를 클릭하면 오른쪽에 보이는 결제창이 뜬다. 천 원부터 십만 원(직접입력도 가능)까지 원하는 금액을 줄 수 있다.

한 리워드에 가장 많은 공을 들이고 있는 편이다. 필요한 이들에게는 적절한 서비스이긴 하지만, 후원자들의 후원 이유가 서비스 제공과는 무관한 것으로 파악된다. '10만인클럽'과 '좋은기사 원고료'로『오마이뉴스』수익의 30%를 넘는 게 목표였으나, 10만인클럽의 후원자가 줄어들어 현재는 20% 정도 수준에 머물고 있다.

『오마이뉴스』는 매체 후원을 유료화 모델 간판으로 내걸고 있다. 그러나 동시에 개별 기사 후원(자발적 후불제 형식) 형태인 '좋은기사 원고료 주기' 제도도 함께 진행한다. '좋은기사 원고료'는『오마이뉴스』소속 기자에게는 지급하지 않지만, 시민기자에게는 8:2의 비율로 분배한다. 시민기자에게는 일종의 인센티브처럼 운용되는 셈이다. 장기적으로는 시민기자의 스타화를 염두에 두고 이 제도를 만들었다.

『오마이뉴스』 모델 특징과 한계

『오마이뉴스』는 후원제를 실시하고 있긴 하지만, 수익의 상당 부분은 기존의 다른 언론사들과 마찬가지로 광고 모델에 의존하고 있다. 『뉴스타파』와 달리 후원제를 유료화의 부분 모델로 차용한다. 『뉴스타파』 후원자가 3만여 명인 데 반해, 회사 규모가 더 큰 『오마이뉴스』의 후원자가 1만명 아래인 것은 '절박함'에 대한 차이를 후원자들도 느끼고 있기 때문인 것으로 여겨진다. 『뉴스타파』에 비해 『오마이뉴스』는 후원제가 애초부터 수익의 보조 성격이 짙다는 것을 후원자들도 인지하는 것이다.

그러나 이런 점을 감안하더라도, 기존 언론사들이 후원제를 고심할 때 현실적으로 광고를 않는 『뉴스파타』보다는 광고도 하고 후원도 받는 『오마이뉴스』 모델에 더 주안점을 둘 수밖에 없을 것이다. 『가디언』도 광고와 후원을 모두 받고 있다.

매체 후원제와 함께 기사에 대한 자발적 후불제 형식을 동시에 취하고 있는 『오마이뉴스』는 해당 기사에 대해 현재까지 쌓인 후원액을 그대로 공개한다. 수많은 시민기자들을 두고 있어 후원제와 후불제(좋은기사 원고료)의 동시 운영이 불가피하다. 지금까지의 운용 결과를 보면 후원제와 후불제가 서로 충돌하는 것으로 보긴 힘들다. 『오마이뉴스』처럼 여러 형식의 유료화 모델을 동시 채택하는 방안을 검토하는 다른 매체들에게도 시사점이 될 것으로 보인다.

『오마이뉴스』의 시민기자들은 대부분 자기 영역에서 전문 업종에 종사하고 있다. 이들은 자기가 추구하는 가치에 대해 목소리를 내고 있는 시민들이고, 일정 부분 그 집단의 이해를 대변하기도 한다. 그러나 시민기자로 참여하는 사람들 대부분은 자기 업종과는 별개로, 자기 개인의 정치적-사회적 가치를 구현하려는 목소리를 내고 싶어 하고 때로는 자기 주변의 소소한 일상과 정보를 나누려 한다. 시민기자들은 기사 생산자(기자)이자, 소비자(독자)이고, 유통자이자, 때로는 후원자(10만인클럽 회원의 20%)이기도 하다. 또한 시민기자 제도를 통해 매체와 독자들과의 일상적 스킨

십이 가능한 구조이기도 하다. 직업 기자들에게만 의존하지 않고 자기 목소리를 낼 수 있는 플랫폼을 더욱 확대해 후원 모델과 연동하는 방안으로, 국내 언론사의 후원형 모델 가운데에서도 독특한 형태다.

[인터뷰]
김병기(『오마이뉴스』 선임기자, 전 10만인클럽 본부장)

2008~12년 『오마이뉴스』 편집국장을 역임했고, 2013~18년 10만인클럽 본부장을 맡아, 『오마이뉴스』 후원자들에 대한 관리 및 정책을 담당했다. 2017년에는 부사장직도 맡았다. 또 4대강 문제를 끈질기게 추적해 온 김종술 시민기자와의 협업으로 지난 2월부터 6월까지 27회 연작시리즈 기사로 4대강 오염 실태 등을 보도한 『오마이뉴스』 특별기획 '삽질의 종말'로 민주언론시민연합으로부터 2019년 4월 '이달의 좋은 보도상'을 받았다. 〈삽질〉은 다큐멘터리 영화로 만들어져 2019년 5월 전주국제영화제에 출품됐고, 김병기 기자가 감독을 맡았다.

권태호 『오마이뉴스』가 초기에 후원자들을 크게 모을 수 있었던 이유는 뭔가?

김병기 두 가지다. 하나는 『오마이뉴스』의 콘텐츠 파워. 그리고 편집국과 후원조직간의 네트워킹도 잘 했다는 평을 들었다. 또 두 번째는 이명박, 박근혜 정부라는 당시 정치 상황이 가미돼 『오마이뉴스』에 대한 응원 열기가 더해졌다.

〈사진 3-7〉 김병기 「오마이뉴스」 선임기자

김병기 「오마이뉴스」 선임기자(전 10만인클럽 본부장)가 「오마이뉴스」 사무실 앞에서 활짝 웃고 있다.

출처 : 『오마이뉴스』

권태호 최근 후원자 수가 계속 빠지고 있다. 그 이유는 뭔가?

김병기 2017년 민주당 대선 경선 때부터 빠지기 시작했다. 박근혜 대통령이 탄핵되고 나자 후원 열기가 다소 식은 측면도 있었는데, 경선이 시작되면서 기사가 나갈 때마다 한쪽 후보 진영에서 불만을 터뜨리게 되는 구조였다. '한경오 프레임' 영향이 컸다.

'10만인클럽' 탈퇴자에게는 탈퇴 이유를 물어본다. 당시 '기사가 마음에 들지 않아서'라는 답변이 매우 많았다. 지금은 그런 (정치적 이유에 의한) 상황이 어느 정도 마무리 됐는데도 후원자들이 계속 빠진다. 지금 이유는 조금 바뀌었다. '경제적 어려움'과 '개인 사정'을 많이 든다. 이전 정부에서는 '『오마이뉴스』가 대신 싸워주고 있구나' 하는 기대감이나 부채의식이 있었는데 그게 희석화 됐다.

권태호 후원자들이 빠져나가는 데 대해 어떻게 대응하고 있나?

김병기 후원이 빠져나가도 적극적으로 대응하진 않았다. 대신 기존 회원들을 대상으로 증액 캠페인을 벌였다. '사정이 어려워지고 있으니 조금 더 후원 해달라'고 요청했다.

권태호 후원자들의 평균 가입 기간은 얼마 정도인가?

김병기 2년 6개월 정도다. 2017년 초에 빠져나간 이들은 4개월 정도로 더 짧았다. 촛불기간에 들어온 후원자들 가운데, 기사에 대한 불만으로 다시 나간 것으로 보고 있다.

권태호 후원자들에 대한 리워드는 어떤 것들이 있나?

김병기 최근에는 매월 열고 있진 못 하지만, '10만인클럽 특강'을 매달 개최해 왔다. 온라인 영상도 회원에게만 공개한다. 또 회원에게는 아이디를 발급해 광고없는 화면을 볼 수 있도록 했다. 후원자들에게 가급적 뭐라도 하나 더 주려고 했다.

권태호 매체 후원 외에 개별 기사에 후원하는 형태의 '자발적 후불제' 형식도 동시에 진행하고 있다.

김병기 '좋은기사 원고료' 제도다. 2010년에는 연간 4억 원 가량 들어왔다. 매체 후원과 별도로, 모든 기사에 원고료 후원 배너를 달았다.

권태호 사람들은 어떤 기사에 후원하나?

김병기 큰 특종에 후원금이 쌓이는 건 아니다. 가슴을 울리는 기사에 사람들이 반응한다. 4대강, 세월호 후원 등의 기사에도 원고료가 많이 붙는다. 또 대체로 정치적 주장이 강한 글에 '좋은 기사 원고료'가 많이 들어온다.

권태호 후원회원 관리 인력은?

김병기 모두 5명이다. 탈퇴와 가입 등 회원관리, 페이스북 관리, 교육사업 등을 처리한다.

권태호 한국 언론 상황에서 후원 모델이 정착될 수 있다고 보나?
김병기 후원제의 경우 환경 요인이 많이 작용한다. 정치적으로 팽팽하게 대립할 때는 후원의 가치가 정치적 견해에 따라 좌우되는 경향이 있다. 어느 한쪽이 정치적으로 압도하거나 정치적 긴장이 완화되면, 후원의 가치가 독자들의 개인 기호나 이해 관계에 따라 분화된다. 후원 동기가 정치적 견해에서 자기의 경제활동과 삶에 대한 가치로 이동하게 되는 경향이 있다.
따라서 안정적인 후원 모델은 특정 영역에 특화된 정보를 제공해 독자들의 이해를 충족시키거나, 차별화된 심층적인 콘텐츠를 꾸준히 제공하는 것이라고 본다.

권태호 『오마이뉴스』가 후원을 늘리기 위한 또 다른 계획이 있나?
김병기 『뉴스타파』가 한 것처럼, 『오마이뉴스』도 영화를 제작해 상영을 준비하고 있다. 4대강 다큐멘터리 영화 〈삽질〉이다. 이를 통해 새로운 후원 모델을 실험해 보려 한다. 펀딩을 통해 제작비를 마련하고, 상근 기자와 시민기자가 취재해 온 보도물을 종합해 영화를 만들어 '시민기자제'의 의미를 되새기고, 이를 통해 후원을 유치하자는 것이다. 10만인클럽 회원들에게는 시사회 초대권을 보낼 예정이다. 영화는 10월에 개봉한다.

『프레시안』

　국내 언론사 가운데 협동조합 형태로 운용하고 있는 곳은 현재 『프레시안』과 『국민TV』 등 두 곳이 있다. 2001년 5억 원 가량의 펀드레이징을 통해 출범한 『프레시안』은 2002년부터 후원제를 실시해 왔다. 온라인에 뉴스는 무료로 내보내면서, 자발적인 후원을 받는 형태. 2002년 6월엔 자발적 유료화 개념인 '후원회원제'(연 3만 원, 평생 회원 30만 원)를 도입했다. 이들 후원회원을 '프레시앙'이라 불렀다. 초기에 손석희, 김미화씨 등이 이 후원 캠페인에 동참하면서 후원회원이 단숨에 2,000명을 웃돌았다. 『오마이뉴스』가 '뉴스 게릴라'를 표방하며 누구나 기사를 쓸 수 있다는 개념의 시민기자를 주축으로 했다면, 『프레시안』은 전문가, 전문기자 20여 명이 기사와 고정칼럼을 싣는 전문가형 네트워크로 출범했다.

　이처럼 후원 모델로 운영해 오던 『프레시안』은 2013년 6월 경영악화로 다양한 운영 모델을 검토하다 협동조합으로 전환했다. 기존의 후원회원들을 조합원이라는 신분으로 변경해 좀 더 적극적인 참여를 주문한 것이다. 2019년 5월 현재 조합원은 2,100여명, 후원 회원은 1,900여명이다. 후원 회원에서 조합원으로 전환하는 것을 부담스러워 했던 후원자들은 '후원자'로 그대로 남겨둬, 조합원과 후원자라는 이원화 체제를 유지하고 있다. 따라서 『프레시안』은 현재 협동조합과 후원 모델을 동시에 운영하고 있는 셈이다. 조합원의 경우 출자금은 3만 원 이상이고, 월 1만 원 이상의 조합 회비를 낸다. 후원회원도 매월 1만 원의 후원금을 낸다. 회비나 후원금은 큰 차이가 없으나, '조합원'으로 묶일 경우, 『프레시안』과의 유대감과 긴밀감이 더해져, 탈퇴 비율이 현저히 떨어지는 것을 기대하고 있다.

　『프레시안』 협동조합은 소비자와 직원 조합원으로 구성된다. 소비자 조합원은 3좌(1좌 1만 원) 이상시 출자 자격이 있고, 직원 조합원은 300좌 이상을 출자해야 한다. 조합원들은 대의원 총회와 이사회, 편집위원회 등을 통해 경영 전반에 참여할 수 있다. 협동조합의 중요한 의사결정은 대의원 총회를 통해 이뤄지며, 매년 1회 개최된다. 대의원은 100명 이하의 소비자 대의원과 임직원 대의원으로 구분해 선출하며 임기는 4년이다. 또 실질적인 운영은 직원 조합원과 소비자 조합원이 5대5 비율로 구성된 이사회에서 결정된다.[71]

『프레시안』의 조합원, 후원자들도 『뉴스타파』, 『오마이뉴스』와 마찬가지로 대부분 40~50대 남성들이 주를 이루고 있다. 조합원, 후원자들의 연령을 낮추기 위해 20~30대 조합원·후원자들만 구분해 번개팅을 하기도 하고, 20~30대가 좋아할만한 '북콘서트' 등을 별도로 열기도 했다. 하지만 이런 노력에도 큰 변화는 없었다.

『프레시안』은 조합원들에게 2주에 한 번 꼴로 조합 소식지와 프레시안 기사를 큐레이션한 뉴스레터를 발송한다. 또 조합원/후원자 모두 홈페이지에서 로그인을 하면 광고 없는 페이지를 볼 수 있도록 했다. 그러나 일부 조합원들은 '프레시안이 광고를 받아야 한다'며 일부러 로그인을 않고 기사를 보는 이들도 많다고 한다. 경영에 동참하는 형태인 조합원과 해당 언론사와의 결합 정도와 애정을 짐작케 한다. 『프레시안』 출범 당시에는 조합원과 후원회원을 합쳐 1만 명을 모으면 광고를 없애겠다고 했지만, 아직 그 인원이 절반도 차지 않아 『뉴스타파』처럼 광고를 없애는 결정을 내리진 못하고 있다. 정작 조합원들은 『프레시안』의 광고 게재에 별다른 불만이 없는 것으로 전해진다.

조합원 행사에는 『프레시안』 소속 기자들 대부분이 참여한다. 조합 커뮤니티를 통해 조합원들이 보내오는 기사 관련 의견을 모니터링하고, 개별 기자들에게 전달하는 등 조합원과 기자와의 긴밀한 관계가 형성돼 있

---

71 강진아, 「프레시안 협동조합으로 '제2창간'」, 『한국기자협회보』, 2면, 2013.6.5.

다. 매년 3월 조합 정기총회를 실시하고, 이 총회에서 4년 임기의 임원과 대의원을 뽑는다.

조합과 『프레시안』의 관계가 긴밀하지만, 편집국의 편집권은 총회와도 별개로 완전히 독립돼 있다. 애초 조합을 출범시킬 때 『프레시안』 내부에서 견지한 입장이다.

『프레시안』은 협동조합과 후원모델 외에 개별 기사에 대해 후원하는 '기사 후불제'도 2017년 4월부터 병행, 실시하고 있다. 그러나 '후불제'의 경우, 상징적 의미는 있으되 실질적 결제금액은 많지 않은 것으로 전해진다.

『프레시안』 모델 특징과 한계

엄밀히 말해, 협동조합 모델은 직접적으로 뉴스 유료화와는 관련이 없고, 일종의 경영 모델이라 할 수 있다. 그래서 이를 비교하려면 7만 여 명으로 분산돼 있는 소액주주 모델인 『한겨레신문』과 우리사주조합이 대주주인 『경향신문』 경영모델 등과 주주 구성, 경영방식 등을 비교하는 것이 더 적합할 수 있다.

언론사가 주도하는 협동조합 모델은 후원자들을 언론사 경영 멤버로 참여시키는 것이다. 그러나 이때 언론사가 언론사 바깥에 있는 조합원들에게 요구하는 것은 실질적 경영이나 편집방향에 대한 관여보다는, 해당 언론사에 대한 경영 책임과 유대를 확대하기 위한 방향으로 진행될 가능성이 높다. 이는 언론사가 외부 세력이나 목소리에 휩쓸리지 않고 고유의 편집방향을 유지하려는 데에는 필요불가결한 요소로 여겨진다. 하지만 이는 해당 언론사에 대한 후원에서 한 걸음 더 나아가, 해당 언론사 협동조합원의 일원으로 참여하는 조합원들에게는 일종의 '배제'로 느껴질 가능성도 적지 않다. 해당 언론사 편집 방향에 적극 동의했기에 조합원 참여를

〈사진 3-8〉 프레시안 협동조합 총회 모습

2013년 6월 1일 서울 서교동 본사에서 열린 『프레시안』 협동조합 창립총회에서 박인규 대표가 협동조합 추진과 정을 설명하고 있다.(강진아, 「프레시안 협동조합 창립총회 개최」, 『기자협회보』, 2013.6.5.)

결정했겠으나, 향후 개별 기사에 대한 불만이 발생할 경우 조합원들이 입는 심적 타격은 단순 독자나 후원자들보다 더 클 수 있다. '정봉주 전 의원 성추행 의혹' 사건 관련 기사를 『프레시안』이 주도적으로 보도할 때, 일부 조합원들이 강한 항의 표시를 하고, 일부 조합원은 탈퇴하기도 한 것으로 전한다.

또 편집권에 대해 일종의 '펜스'를 치는 것은 은연 중 조합원 숫자와 출자금 확대의 장애 요인으로 작용할 수도 있다. 물론, 그렇다고 해서 이런 이유 때문에 해당 언론사가 수많은 조합원들에게 편집권을 분산허용하고, 편집 방향을 조합원들의 총의에 따라 결정하는 것은 현실적으로 불가능하고, 언론사의 독립성을 침해한다는 점에서 바람직하지도 않다. 일종의 대안으로는 정례 조합원 총회에서 정식으로 편집방향에 대한 검증과 조합원 재청 동의 절차를 밟는 등 부분적이지만 형식적 동의 요건을 갖추는 것도 한 방법이라 하겠다.

『프레시안』은 이에 대해 "총회를 통해 차기년도 편집방향 등에 대해

'보고'하고, 이전 년도의 '보고'에 대해 검증하는 과정을 협동조합 창립 이후 계속 진행하고 있다"며 "따라서 협동조합의 최고의사결정기구인 대의원 총회를 통해『프레시안』의 언론 독립성을 훼손하지 않는 선에서 조합원의 편집 참여를 최대한 보장하고 있다"고 밝혔다.

협동조합 모델이 더욱 성공하려면, 조합원과 해당 언론사의 긴밀성이 증대되어야 한다. 단순히 조합원을 '좀 더 적극적인 후원자' 개념으로 묶어두려 한다면, 이 모델을 통한 언론사의 수익 증대는 한계가 뚜렷할 것으로 예상된다. 따라서 조합원들의 적극성과 참여, 관여도를 지금보다 어떻게 더 끌어냄과 동시에 조합원의 확대를 가능하게 할 것이냐 하는 것이 이 모델의 향후 관건이다. 조합원의 관여도를 끌어내기 위해선 영역을 좁히거나 특정 주장을 강화하는 편이 더 이롭다. 그러나 조합원 확대를 위해선 보다 보편적이고 대중적인 정서에 호소하는 편이 더 낫다. 적절한 수준을 찾는 게 쉽지 않은 문제다.

[인터뷰]
박인규(『프레시안』이사장)

1983년『경향신문』에 입사해 워싱턴 특파원을 거친 박 이사장은 1989년 한화그룹이『경향신문』을 인수할 때, 노조 활동으로 해직을 당했다. 이후 1990~92년『기자협회보』편집국장을 지내기도 했다. 2001년『프레시안』창간을 주도했다.『프레시안』편집국장을 거쳐 2003년 대표이사 사장을 맡은 이래, 지금까지 줄곧『프레시안』을 이끌어 왔다.

〈사진 3-9〉 박인규 『프레시안』 협동조합 이사장

출처 : 『프레시안』(김대현 기자)

권태호 처음 『프레시안』을 창간할 때, 콘텐츠 유료화를 할 생각은 하지 않았나?

박인규 콘텐츠를 돈 내고 보는 건 부적절하다고 생각한다. 기사는 공공적 성격을 갖고 있을 뿐 아니라, 나만 독점적으로 보는 건 의미가 없다. 또 창간 당시에는 콘텐츠 무료가 대세였기 때문에 유료화는 논외였다.

우리 언론시장은 '시장 실패'라고 생각된다. 즉 양질의 정보를 제공하는 언론이 반드시 시장의 승자가 되는 것은 아니더라. 이것은 한국 언론의 고질적 병폐, (현실적으로 언론의 물적 토대가 되는) 정부 및 대기업과 언론의 유착 때문이 아닐까 생각한다.

권태호 국내 독자들에 대한 실망감이 짙은 것 같다.

박인규 말하는 사람은 많은데, 듣는 이가 없다. 리더leader가 되겠다는 사람은 많은데, 리더reader는 매우 미약하다.

권태호 후원제를 할 때, 잠재 독자층을 어느 정도로 봤나?

박인규 우리 사회에 정치적으로 활동적인 사람들이 얼마나 될까. 5만? 20만? 『프레시안』은 애초 진보개혁적이면서도 비판적으로 생각하는 사람을 끌어내려 했다. '입장보다는 깊이', '이분법으로 세상을 재단해선 안 되겠다'는 생각으로 시작했다. '대기업은 항상 틀리고, 노조는 항상 옳다'는 식은 틀린 것이라 생각했다. 공공적 지향의 전문가들이 깊이있게 보여주면, 불필요한 논쟁을 피할 수 있는 것 아니냐는 생각을 했다.

권태호 후원제를 진행해 오다, 협동조합으로 바꾼 이유는?
박인규 2013년 네이버부터 들어오던 트래픽 수입이 크게 줄어들면서 경영이 어려워졌다. 그래서 협동조합으로 바꿔 새로운 계기를 만들어 보려 했다. 후원자들을 조합원으로 유도하려 했다.

권태호 현재 조합원과 후원자의 수는 어떻게 되나?
박인규 2019년 5월 기준 조합원은 2,100여명, 후원 회원은 1,900여명 가량 된다.

권태호 후원자가 1만 명이 되면 광고를 중단하겠다고 했는데, 아직 거기에까진 이르지 못한 것 같다.
박인규 전체 수입에서 조합비와 후원금의 비중이 점점 줄어들고 있다. 2018년 3월 정봉주 전 의원 성추행 의혹 보도 때에는 500여명이 탈퇴하기도 했다.

권태호 2017년 4월부터는 매체후원 뿐 아니라 개별 기사후원제도 병행했다. 그 성과는 어떤가?

<u>박인규</u> 개별 기사에 대한 후원이 제대로 되려면 기사가 다소 극적이어야 한다. 『프레시안』이 기사를 선정적으로 쓰진 않아서인지 성과가 그리 크진 않다.

<u>권태호</u> 조합원, 후원자, 그리고 일반 독자 등의 다양한 요구가 많을 것이다. 『프레시안』은 광고주보다 오히려 그들로부터의 압박과 부담도 클 것 같다.

<u>박인규</u> 소신껏 쓰라고 한다. 그리고 사실관계를 정확하게 할 것을 요구한다. 롱텀 크레더빌러티Long term credibility(장기 신뢰성)를 지향한다. 단기 신뢰도가 아니라, 장기적 흐름으로 봤을 때 믿을 수 있는 언론을 추구한다. 강한 것을 따를 것인가, 옳은 것을 따를 것인가 하는 숙제가 늘 있다. 고 신영복 교수가 생전에 "우리 사회에는 신뢰 집단이 없다"고 했다. 파당적 싸움으로부터 떨어져서 공정한 목소리를 내는 언론이 필요하다고 본다.

〈사진 3-10〉 김용진 『뉴스타파』 대표와 박인규 『프레시안』 이사장(2013.6.21.)
지난 2013년 박인규 『프레시안』 이사장이 『뉴스타파』를 방문해 김용진 『뉴스타파』 대표를 인터뷰 하고 있다.
출처 : 『프레시안』(최형락 기자)

『시사IN』

주간지 『시사IN』의 후원제는 『뉴스타파』, 『오마이뉴스』와는 또 다른 특징을 띈다. 『뉴스타파』, 『오마이뉴스』는 애초 무료 온라인 매체로 출발한 상태에서 후원제를 더했다. 이는 어떤 의미로는 그동안 무료로 보던 뉴스 콘텐츠에 독자들이 '후원'이라는 형식으로 유료화를 선택하는 것으로 볼 수 있다. 그런데 오프라인 주간지를 발행하는 『시사IN』은 이미 수만 명의 독자들을 확보하고 있고 이들로부터 구독료를 받고 있다. 이는 독자들이 연간 18만 원 구독료로 후원을 하고 있는 것과 마찬가지다. 여기에 더해 매체 후원을 또 받는다는 것은 다소 어색하게 비칠 수도 있다. 그럼에도 불구하고, 『시사IN』이 큰 부작용이나 독자 또는 후원자들로부터의 거부감 없이 후원제를 2년 여간 이어올 수 있었던 데에는 여러 가지 요인이 작용한 것으로 보인다. 삼성 관련 기사에 대한 압박으로 인해 『시사저널』에서 나와 새롭게 출발한 『시사IN』의 창간 스토리, 주진우라는 걸출한 기자의 역할, 그리고 '안종범 업무수첩', 'MB 프로젝트' 등의 특종, 무엇보다 '우리가 지켜주지 않으면 힘들어질 것'이라는 시민적 부채의식 등이 더해졌기 때문인 것으로 보인다.

『시사IN』은 2016년 말부터 후원제를 실험적으로 실시하다가 2018년부터 후원 캠페인을 본격적으로 시작했다. 후원금은 온전히 탐사보도에만 쓰겠다는 캐치프레이즈를 내걸었다. 2019년 4월 30일 기준으로 『시사IN』 후원 독자는 모두 1,056명이며, 이 가운데 정기 후원자가 58.5%, 일시 후원자가 41.5%다. 아직 시작 단계다. 『시사IN』 후원 홈페이지를 보면, 후원을 희망하는 이들이 기획취재, 소외계층 매체 지원, 시민 저널리즘 지원 등 3가지 중 하나를 선택할 수 있도록 했다. 그리고 해당 후원금은 그 목적으로 분류돼 사용된다. 『시사IN』은 후원 첫해인 2018년에는 후원금을 사내유보금으로 그냥 쌓아두기만 하고, 쓰지 않았다. 그리고 2019년부터

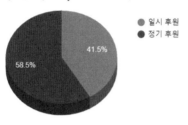

후원자 : **1,056명** (2019년 4월 30일 기준)

● 일시 후원
● 정기 후원

41.5%

58.5%

〈사진 3–11〉 「시사IN」 후원 화면(2019.7.11.)

「시사IN」은 후원 권유 화면에 현재 후원자 수를 공개한다. 다만, 「오마이뉴스」처럼 실시간으로 공개하지는 않고, 몇 달에 한 번씩 업데이트 하는 형태를 취한다.

이 후원금을 탐사보도 취재비로 쓰기로 했다.

후원 독자에게 주는 혜택은 특별한 게 없다. 연말에 『시사IN』 탁상달력을 보내주고, 2만 원 이상 정기후원 독자에게는 매주 발행되는 『시사IN』 전자책을, 1만 원 정기후원 독자에게는 단행본 전자책 『다시 기자로 산다는 것』을 보내준다. 이밖에 『시사IN』 주최 각종 행사에 초대, 할인혜택 등을 준다. 기존 정기독자의 경우 18만 원으로 1년간 잡지를 우편배달 받을 수 있는데 반해, 2만 원 후원독자의 경우 연간 24만 원을 내고도 잡지를 받지 않고 온라인 PDF판으로만 받아보게 되는 셈이다. '구독'이 돈을 지불하고 유형의 상품을 사는 개념이 강하다면, '후원'은 가치에 지원하고 이를 통해 무형의 만족감과 보람을 얻는다는 차이점이 엿보인다.

『시사IN』도 『뉴스타파』, 『오마이뉴스』와 비슷하게 문재인 정부 이후 구독자가 줄어드는 현상으로 어려움을 겪고 있다. 잡지의 경우, 매년 한

〈사진 3-12〉『시사IN』홈페이지 화면(2019.7.22.)

홈페이지 첫 화면 오른쪽 위에 구독과 후원 안내를 동시에 제시한다. 또 별도의 금전적 지불 없이 연락처만을 남기면 『시사IN』관련 소식 등을 제공해 주는 '회원' 항목도 있다.

차례씩 연장을 해야 하는데, 이전보다 재구독률이 낮아지고 있다. 후원자의 경우, 줄어들지 않고 조금씩 늘고 있기는 하나, 이는 『뉴스타파』, 『오마이뉴스』에 비해 『시사IN』의 후원제는 초기 단계여서 후원자들의 수가 상대적으로 작기 때문인 것으로 보인다.

영국 『가디언』현지 취재에도 나섰던 『시사IN』은 『가디언』의 후원support 모델을 『시사IN』에서 구현할 수 있는 방안을 모색중이다.

『시사IN』모델 특징과 한계

종이 잡지는 돈을 내지 않으면 기사를 볼 수 없다는 의미에서 가장 확실한 페이월 방식의 선불제 모델이다. 또 주로 후불제로 지불하는 신문과 달리, 잡지는 미리 돈을 내고 받아보는 형태가 더 많다.

『시사IN』은 온라인 매체인 『뉴스타파』, 『오마이뉴스』와는 달리, 전통적 인쇄매체를 지닌 상태에서 별도의 온라인상 후원제 도입 모델을 추가로 더했다. 그래서 더 어려울 수 있다. 아직은 성공, 실패를 판단할 단계는 아니지만 기존 인쇄매체가 실시하는 온라인 콘텐츠 유료화 모델로, 전통 매체의 방향성에 대한 좋은 실험이 될 것으로 보인다.

[인터뷰]
김은남(『시사IN』출판사업국장)

김은남 국장은 『시사저널』에서 기자생활을 하다, 2007년 『시사저널』 사태 때 다른 『시사저널』 기자들과 함께 『시사IN』 창간 작업에 참여 했다. 2010~12년 『시사IN』 편집국장을 거쳐 『시사IN』의 온오프라인 콘텐츠 분야 마케팅과 전략을 총괄하는 콘텐츠사업단장을 맡으면서 2018년부터 『시사IN』 후원 모델을 본격화 했다. 2019년 7월 현재는 『시사IN』 출판사업국장을 맡고 있다.

권태호 주간지는 이미 구독 형태의 유료화를 실시하고 있는데, 여기에 추가로 매체에 후원을 하라고 한다. 독자들에게 이중부담을 안겨준다 는 느낌을 주진 않나?

김은남 처음 내부에서 비슷한 고민을 했다. 하지만 후원은 구독과는 또 다른 형태로 독자들이 『시사IN』과 관계를 맺을 수 있는 과정이라 생 각했다.

권태호 후원제가 정기구독자 하락을 촉진하는 요인으로 작동하지는 않 나? 내부 우려는 없었나?

〈사진 3-13〉 김은남 『시사IN』 출판사업국장

김은남 반대가 있었다. 정기구독자가 후원으로 옮겨가고, 결과적으로 정기구독 부수가 떨어지는 것 아니냐는 걱정이었다.

권태호 후원제를 본격화한 지 1년 반 가량 됐다. 뚜껑을 열어보니 실제 결과는 어떤가?
김은남 데이터상으로 명확하게 추적이 안 된다. 현재까지는 기존 독자들이 후원도 하는 확장 효과를 얻고 있다. 또 반대로, 사정상 구독을 끊으려는 분들에게는 후원을 권유하기도 한다.

권태호 후원자들은 누구인가? 독자들이 후원도 하는 것인가? 독자가 아닌 분들이 후원만 하는 것인가?
김은남 두 가지 형태가 모두 존재한다. 초기에는 정기구독자들이 후원도 하는 경우가 많았다. 시간이 흐를수록 구독은 하지 않지만 후원만 하는 이들이 늘고 있다. 특히 잡지를 받기 힘들어 『시사IN』 홈페이지에서 (무료로) 『시사IN』을 보던 분들이 후원에 동참해 주고 있다.

권태호 후원을 늘리기 위한 별도의 대응책이 있나?

<u>김은별</u> 특별히 하는 건 없다. 지면과 웹페이지에서 상시적으로 광고를 통해 알리고 있고, 메시지 관리에 신경 쓰는 정도다. 부정기적으로 뉴스레터를 기존 『시사IN』 독자들에게 보내 후원을 요청하는 정도다. 또 SNS에서 지속적으로 후원제를 소개한다.

<u>권태호</u> 후원 중에서도 1회성 후원이 아닌 정기 후원이 중요하다고 본다. 정기 후원을 늘리기 위해 어떤 노력을 하고 있나?

<u>김은별</u> 『시사IN』의 강의나 여행 프로그램 등 참여시 할인 혜택을 정기 회원들에게만 주고 있다. 월 2만 원 이상 정기 후원자에게는 『시사IN』 전자책을 무료로 증정하는 리워드도 실험하고 있다.

<u>권태호</u> 후원자들이 취재후원 외에 정보소외 계층에게 『시사IN』 구독료를 대신 내주는 '나눔 IN' 후원도 선택하도록 하고 있다. 각각의 비중이 얼마나 되나?

<u>김은별</u> 90% 이상이 취재후원 쪽을 택한다. 나눔 캠페인 선택은 5% 정도 된다. '나눔 IN' 캠페인은 후원제와 별도로 연말에 집중 캠페인을 벌인다.

<u>권태호</u> 후원금에 대한 회계 처리는 어떻게 분류하고 있나?

<u>김은별</u> 2017~18년 2년간 들어온 후원금을 일종의 사내 유보금으로 쌓아두기만 했다. 2019년부터 이 후원금 중 일부를 탐사취재비로 쓸 예정이다.

<u>권태호</u> 『시사IN』은 구독자들을 대상으로 기자들과 소통하는 '중림동 다이내믹 프로젝트' 프로그램을 운영해 왔다. 후원자들을 대상으로 하는

별도의 프로그램이 있나?

김은별 『시사IN』의 여러 행사에 후원자들을 초청하고 있다. 그러나 아직 후원자들만을 대상으로 하는 별도의 프로그램을 운영하고 있진 못하다. 앞으로는 '후원자들과의 만남' 등의 행사도 기획해 보려 한다.

『미디어오늘』

1995년 창간한 『미디어오늘』은 2013년부터 후원 모델을 운영해 왔다. 『미디어오늘』도 『시사IN』과 마찬가지로 주간 단위의 오프라인 종이신문을 발행하고 구독료를 받고 있다. 이 구독료와 별도로 후원제를 병행하게 된 건 경영상 이유 때문이기도 하지만, 초창기 『미디어오늘』은 주로 언론계에서만 보는 종이신문이었다. 언론사 노조 등을 통해 한 회사가 대량 구독하는 형태였다. 그런데 2000년대 중반 이후, 『미디어오늘』이 온라인을 통해 일반인들도 많이 접하는 대중매체로서의 위상을 갖게 되면서 괴리가 생겼다. 현재 기사 열람을 기준으로 『미디어오늘』 독자의 99%가 온라인에서 기사를 보고 있다. 종이신문으로 『미디어오늘』을 보는 독자는 언론계 종사자 외에는 거의 없다. 이에 『미디어오늘』은 온라인 무료 기사에 대한 유료화의 일환으로 후원 프로그램을 시작했다.

『미디어오늘』은 후원 방식을 4가지로 분류하고 있다. 매월 1만 원 이상씩 결제하는 '정기후원', 결제금액 기준으로 연간 10만 원의 '정기구독'과 100만 원의 '평생 독자', 그리고 건당 천 원부터 시작하는 '소액 후원'까지 다양하다. 즉, 후원과 구독의 경계가 모호하다.

『미디어오늘』은 모든 기사 아래에 후원 배너를 붙이는데, '일시후원', '정기후원', '정기구독', 그리고 해당 기사에 대한 '소액 결제' 등 이 역시 다양한 선택지를 통합적으로 알리고 있다. 독자층 대부분은 40~50대다.

〈사진 3-14〉『미디어오늘』 후원 화면

『미디어오늘』의 '후불제'는 기자 후원을 문구로 내세우는 방식이다.

후원 독자들에게는 원하는 경우 신문을 보내주고 있다. 그 외의 다른 보상은 없다. 『미디어오늘』은 후원 모델로 월 600만~700만 원 가량의 수익을 거두고 있다. 전체 후원자 수는 1,500명 가량이다.

『미디어오늘』은 2017년도에 처음 흑자 경영실적을 기록했다. 전체 매출은 22억 원으로, 영업 이익은 2억 원 정도 기록했다. 편집국 전체 인력은 기자 18명, 경영직 5명 등 모두 23명이다.

『미디어오늘』은 2019년 들어 새로운 실험을 하고 있다. 5월부터 매주 월요일마다 후원자와 독자 대상으로 강좌를 열고 있다. "오픈 저널리즘 스쿨이면서 미디어오늘의 취재 현장을 공유하는 프로젝트"다. 독자와 후원자가 아닌 이들에게는 유료로 운영한다. 이 행사로 인해 『미디어오늘』의 후원자들이 꽤 늘었다. 이와 함께 2019년부터 정기적인 뉴스레터 서비스, 부정기적인 스페셜 리포트 등도 독자와 후원자들에게 제공할 계획을 갖고 있다.

『미디어오늘』모델 특징과 한계

『미디어오늘』은 회사 규모에 비해 적지 않은 금액을 후원받고 있다. 미디어 전문지라는 매체 특성은 초기에 어느 정도의 후원자를 얻는 데 유리한 구조다. 반면, 확장성에서는 일정한 정도의 한계를 지닐 수밖에 없다. 홈페이지를 통해서는 『미디어오늘』이라는 '매체 후원'을 앞세우고, 개별 기사에서는 해당 기사를 쓴 '기자 후원'을 앞세우는 등 유료화와 관련한 적절하고 다양한 시도를 지속적으로 추진하고 있다. 또한 『미디어오늘』이 최근 개편한 후원 화면 홈페이지를 보면, 후원과 구독을 굳이 강하게 구분하지 않고 구독도 후원의 또 다른 형태로 독자들의 선택지에 동시에 포함시켜 제시하고 있음을 알 수 있다.

[인터뷰]
이정환(『미디어오늘』대표)

이정환 대표는 편집국장(2015~16)을 거쳐 2017년부터 대표이사 사장을 맡고 있으며, 『미디어오늘』에서 후원제, 후불제, 프리미엄제 등 다양한 유료화 모델을 실험해왔다. 또 국내외 디지털 뉴스 유료화 모델을 폭넓게 연구하고 언론전문지 등에 다양한 기고를 하고 있다. 미디어 관련 강연의 단골 초빙강사이기도 하며 유료화와 관련해 몇 안 되는 국내 미디어업계의 전문가이기도 하다.

__권태호__ 『미디어오늘』은 후원자 관리를 어떻게 하나?

__이정환__ 2018년까지는 딱히 후원자 관리라고 할 만한 게 없었다. 명단조

차 제대로 취합되지 않았다. 대단한 리워드^{reward}를 주지도 않았다. 미디어오늘을 지지하고 응원하는 독자들이라고 고맙게 생각했을 뿐 특별히 관리를 해야 한다는 생각을 하지 못했던 것이다. 그러다 보니 지지부진하게 특별히 늘지도, 줄지도 않는 상태가 계속됐다. (하지만 자세히 들여다보면 계속해서 이탈하고 일부 추가로 들어오면서 겨우 현상 유지를 하고 있다는 게 정확한 분석일 것이다.) 신문고시가 정하고 있는 대로 손수건이나 수첩 정도는 보내주기도 했지만 감동을 주지는 못했던 것 같다. 현행 신문고시는 구독료의 최대 20%까지 경품을 줄 수 있도록 규정하고 있다. 연간 구독료가 10만 원이라면 소비자가 기준으로 2만 원 이하의 선물을 줄 수 있다는 이야기다. 신문고시는 한때 자전거 경품을 남발하면서 구독 경쟁을 벌이던 시대에 만든 제도지만 종이신문이 사양산업이 되고 디지털 콘텐츠로 옮겨가는 시대에는 제도가 변화를 따라지 못하는 측면이 있다고 본다.

내 생각에는 독자가 10만 원을 후원할 경우 절반 이상을 리워드로 돌려주는 것도 가능하다고 본다. 소비자 가격 기준으로는 더 낮겠지만 대량 구매나 공동 구매 형태로 구매 단가를 낮춰서 후원자들에게 실질적인 혜택을 돌려주는 것이다.

권태호 『미디어오늘』은 매체 후원, 개별 기사 후원(기자 후원), 정기구독 등 다양한 형태의 후원제를 모두 진행하고 있다. 이 제도들이 서로 충돌하진 않나?

이정환 우리는 신문을 파는 게 아니라 뉴스와 콘텐츠를 판다. 그래서 장기적으로 봤을 때 후원과 구독에 큰 차이가 없다고 본다. 실제로 후원을 한 사람에게 신문을 받아볼 수 있는 옵션을 준다. 반면, 구독을 신청하고는 신문을 받아보지 않겠다는 분들도 많다. 정기 후원을 하는 사람들은 최소 이틀에 한 번 꼴로 『미디어오늘』을 방문하는 충성 독자들이지만 기사 후원을 하는 분들 중에도 역시 충성 독자들이 많은 것으로 보고 있다. 돈을 내는 사람들이 인게이지먼트가 더 높다. 결국 돈 내는 충성 독자들에게 무엇을 줄 것인가가 관건이다.

세계적으로 뉴스 유료화를 논의할 때 거론하는 화두지만, 나는 그게 'Mission & Value(사명과 가치)'라고 생각한다. 신문이 필요해서 돈을 내는 게 아니라 그 신문의 사명과 가치에 동참하기 위해 돈을 내는 것이다. 신문 구독은 갈수록 커뮤니티 가입과 같은 성격으로 진화하고 있다고 본다.

권태호 후원자들에 대한 정보는 갖고 있나?

이정환 독자 데이터베이스는 매우 중요하다. 많은 신문사들에게 이름과 주소, 계좌번호, 이 정도 정보 밖에 없다. 여기에 전화번호가 있을 때도 있고 없을 때도 있다. 돈을 내면 신문을 보내주고 돈을 안 내면 신문을 끊는 구조다. 우리도 '클린 데이터베이스'를 만들기 위해 독자 관리 시스템을 다 갈아엎고 있다. 제일 중요한 것은 전화번호도 집주소도 아닌 이메일 주소라고 생각한다. 우리가 독자들과 소통할 수 있는 가장 강력한 수단이 뉴스레터다. 문자 메시지나 카카오톡도 한계가 있다. 날마다 메일함을 열었을 때 찾아 읽을 수 있는 브랜드와 습관을 만들 수 있다면 그것만으로도 독자들과 관계를 강화하는 채널을 확보하는 것이다. 그래서 이메일 주소를 아이덴티티로 하는 독자 데이터베이스를 다시 구축하고 있다.

지로용지를 툭 던져주는 것에 그치지 않고 독자를 여러 세그먼트로 분류하고 세분화된 전략을 세워야 한다. 절독할 확률이 높은 독자 그룹에는 6개월마다 한 번씩 바나나우유 기프티콘을 보내줄 수도 있을 것이다. 하다못해 결제 영수증을 이메일로 보낼 때도 어떤 메시지를 담느냐에 따라 연장 비율이 달라진다. 고객에게 계속해서 말을 건네고 가치를 일깨우고 소속감을 만드는 전략이 필요하다. '우리는 이렇게 좋은 기사를 쓰니까 우리를 후원하는 게 당연하다?' 그런 식으로는 독자를 다 잃게 될 것이다. 이제 공짜 뉴스에 광고를 끼워 파는 시대가 끝났다면, 우리의 핵심 고객인 독자들과 소통하는 방식, 가치를 공유하고 확산하는 방식을 연구하고 완전히 새로운 플랫폼을 고민해야 할 것이다.

권태호 후원제를 실시하는 『뉴스타파』, 『오마이뉴스』 등에 비해선 후원자 수가 많지 않다.

이정환 후원자가 왜 안 늘어날까에 대한 분석을 하고 있는데 일단 우리 콘텐츠가 재미가 없다는 분석이 나왔다. 또 우리는 보수와 진보 양쪽에 다 쓴 소리를 하기 때문에 후원이 늘어나는 데 한계가 있다. 우리끼리 농담으로 도처에 적이 널려 있다고 말하는데, 감시와 비평을 업으로 하는 매체의 숙명이라고 생각한다. 하지만 비관하지는 않는다. 뉴스가 뉴스의 중심이 되는 경우가 늘어나고 있다. 뉴스가 넘쳐날수록 진짜 뉴스에 대한 갈망이 크고 뉴스가 작동하는 방식과 뉴스의 맥락에 대한 이해가 더 중요한 시대다.

『미디어오늘』이 할 역할이 있다고 생각한다. 내가 늘 이야기하는 건 테이블 위의 1만 원은 그냥 1만 원이지만 월 1만 원씩 내는 독자 한 명에는 연 12만 원을 넘어 수백만 원의 가치가 있다는 것이다. 한 명, 두 명 꾸준히 늘려가는 게 최선의 접근이고 장기적으로 티핑 포인트를 만들어 낼 수 있을 것이란 기대가 있다. 5년 안에 구독 매출 비율을 50% 이상으로 끌어올리는 게 목표다.

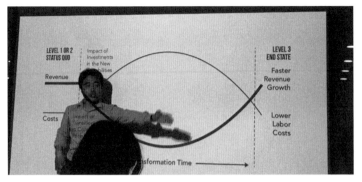

〈사진 3-15〉 이정환 『미디어오늘』 대표(2019.7.10.)

이정환 『미디어오늘』 대표가 기자들을 대상으로 진행하는 한국언론진흥재단의 '2019 디지털 저널리즘 아카데미'에서 '구독 경제와 독자 데이터베이스 관리'라는 제목으로 강연을 하고 있다.

사진 권태호 기자

<u>권태호</u> 『미디어오늘』은 미디어 전문지 성격이 있으니, 전문성 있는 기사에 대해 가격을 높게 받는 '프리미엄 서비스' 등도 가능하지 않나?

<u>이정환</u> 2012년에 '미오친구'라는 이름으로 유료 서비스를 시작했다가 실패한 바 있다. 기사의 일부를 유료화 하는 부분 페이월 시스템이었는데 기사 내용은 볼 수 없고 제목만 노출하는 시스템이었다. 그런데 2년도 안 돼서 실패를 선언할 수밖에 없었다. 유료 회원이 300명 정도에 그쳤고 수익 확대보다 매체 영향력 감소가 더 컸다. 이른바 하드 페이월이나 프리미엄 방식의 유료화는 안 되겠다는 생각을 하게 됐다.

운용의 문제도 있었다. 좋은 기사를 유료 기사로 묶으면 도달률이 떨어지게 된다. 매체 브랜드도 약화되고 충성도도 떨어진다. 좋은 기사를 더 많은 독자들에게 읽힐 수 없다는 건 심각한 딜레마다. 자연스럽게 페이월에는 읽으나마나한 기사가 올라가기 시작했고 아주 전문적이거나 '마니악'한 주제의 기사만 유료로 분류됐다. 좋은 기사가 있는데 그런 기사가 있는 줄도 모르면 어떻게 구입을 하겠나. 결국 로그인

을 할 유인이 크지 않았고 유료 기사 비중이 자연스럽게 줄어들면서 2년 만에 '미오친구'를 접게 됐다.

권태호 '미오친구'의 실패 이후 전략을 수정한 것인가?

이정환 『뉴욕타임스』가 무료 기사를 월 5건으로 제한한 이후, 사람들은 단지 6번째 기사를 보기 위해 돈을 내는 것이 아니다. 이것은 기사가 공짜가 아니라는 사실을 일깨우고 기사의 가치를 강조하고 자연스럽게 『뉴욕타임스』의 지향에 동참하도록 이끄는 전략이다. 유료 콘텐츠를 구매하는 게 아니라 공적 콘텐츠를 후원하는 성격으로 가입하는 것이다. 한국 언론도 이런 전략을 고민할 필요가 있다고 본다. 우리의 사명과 가치를 브랜딩해야 한다. 왜 신문에 돈을 내야 하는가, 이 신문에 돈을 내는 것으로 무엇을 바꿀 수 있는가, 설명할 수 있어야 한다. 그래서 장기적으로 뉴스 콘텐츠 판매는 커뮤니티 모델로 가게 될 거라고 본다. 가치를 공유하는 사람들의 연대, 이 사람들이 돈을 내게 만들려면 무엇이 필요한가를 고민해야 한다. 좋은 기사는 당연한 것이고 이걸 팔기 위한 전략이 필요하다.

권태호 굿즈Goods 등 온라인 쇼핑몰도 활발하게 운영했다.

이정환 생각보다 영업이 잘 되지는 않는다. 한때 잘 팔렸던 물건은 박근혜 정부 당시 '김장겸 물러나라'는 문구를 새긴 팔찌였다. 4개 1만 원 세트로 팔았는데, 4천 개를 모두 완판 했다. 『미디어오늘』 수첩은 1만 원에 판다. '침몰한 언론, 진실을 인양하라'라는 문구가 새겨진 손수건은 7천 원에 판매했다. 미국 『CNN』이 방송국 유료 견학 프로그램을 만들고 머그잔 같은 굿즈를 파는데 잘 팔리더라. 거기에서 얻은 아이디어였다. 머그잔이 예뻐서 사겠나. 사람들은 그 브랜드를 소비하고 싶은 것이다.

『워싱턴포스트』가 "진실은 어둠속에서 죽는다Truth dies in darkness"라는 문구를 새긴 티셔츠를 파는데 나도 사고 싶더라. 판매하는 것은 머그잔과 티셔츠가 아니라 여기에 담긴 메시지다. 『미디어오늘』 손수건을 사는 사람은 손수건이 좋아서 사는 게 아니라 『미디어오늘』의 가치를 지지하기 때문에 사는 것이다. 쇼핑몰 사업을 하려고 통신판매를 사업 목적에 추가하는 정관 변경까지 마쳤다. 건강한 저널리즘을 지원하는 건강한 비즈니스 모델이 더 필요하다.

권태호 『미디어오늘』이 검토 중인 수익사업으로는 어떤 것들이 있나?

이정환 미디어 리터러시 사업을 본격화 하려고 한다. 『미디어오늘』을 리터러시 교재로 활용할 수 있을 거라고 본다. 기업체를 중심으로 관심이 높아지고 있는 브랜드 저널리즘에 대한 교육과 컨설팅을 실시하는 사업도 생각 중이다. 『미디어오늘』이 주최하는 저널리즘의 미래와 콘텐츠의 미래 등의 컨퍼런스는 기업 후원이 거의 없이도 등록비만으로 상당한 수익을 낸다. 기업 후원에 의존하는 경제지들의 포럼과는 다르다. 컨퍼런스든 세미나든 이제 매체의 확장 전략을 고민해야 할 때라고 본다. 우리의 지향이 텍스트에 갇히지 않고 동영상과 소셜로 확장하고 오프라인과 커뮤니티로 진화할 수 있도록 독자들과의 접점을 넓혀야 한다는 생각이다.

권태호 후원제가 아닌 온라인 콘텐츠 유료화를 계속 구상중인가?

이정환 한국적 특성상 기사를 못 보게 하는 페이월 시스템을 적용하긴 힘들다. 다만 과거 기사의 검색을 제한하고, 유료회원들에게만 허용하는 방법 등을 구상중이다. 『미디어오늘』은 미디어 전문지의 특성상 돈을 내고서라도 예전 기사를 꼭 봐야하는 분들이 꽤 있으리라 본다. 기사가 공짜가 아니라는 인식을 심어주는 것이 관건이다.

네이버에 널려 있는 기사들과 우리 기사는 다르다는 걸 알게 만들어야 한다. 기술적으로는 네이버에 과거 기사 검색 제한을 요청한 상태다. 일단 1년 전 기사를 데이터베이스에서 삭제하는 것부터 시작해서 최근 3개월 기사까지 좁힐 계획이다. 『미디어오늘』의 전문 분야를 더욱 강화할 것이다. 우리 스스로 가치를 높이지 않으면 독자들이 알아주지 않는다.

권태호 유료화를 결단하는 데 어떤 어려움이 있나?

이정환 유료화에 따라줄 것인가 하는 독자들에 대한 믿음이 부족한 것도 있지만, 아이디어를 구현할 기술력에서 늘 갈증을 느낀다. 언론도 이제는 장치 산업이다. 노르웨이 미디어기업 『십스테드*Schibsted*』가 다이내믹*Dynamic* 페이월을 실험하는 대표적인 미디어 기업이다. 100명의 독자에게 똑같은 하나의 페이지를 보여주는 게 아니라 100개의 다른 페이지를 리얼타임으로 조합하고 계속해서 페이월을 실험하고 유료 전환을 유도하는 것이다. 머신러닝과 데이터 분석, 개인화 전략이 필요하다. 막대한 기술 투자와 시행착오와 노하우가 필요하다. 국내에서는 이 정도 투자를 할 여력이 있는 언론사가 많지 않기도 하고 뉴스 독자의 80% 이상이 포털 사이트에 갇혀 있는 현실에서 유료화 전략이 근본적인 한계가 있다. 다이내믹 페이월과 반응형 개인화 편집, 머신러닝 기반의 독자 데이터베이스, 복잡해 보이지만 또 엄청난 기술력이 필요한 분야는 아니다. 정확한 시스템에 대한 이해와 시행착오를 감수할 수 있는 조직의 우선순위 설정, 최고의 인력을 독자 관리와 인터랙션에 투자할 수 있는 경영진의 의지가 중요하다고 본다. 좋은 기사를 쓰는 것 못지 않게 뉴스의 미래를 위한 중요한 투자라고 본다.

권태호 최근『미디어오늘』은 후원자, 독자 대상 특강인 '미디어 먼데이'를 실시하고 있다. 반응이 어떤가?

이정환 매주 월요일 저녁, 같은 시간 같은 장소에서 워크숍과 세미나, 토론회, 강연 등의 프로그램을 진행하려고 한다. 1년에 50번, 독자들에게 습관을 만드는 것이다. 5월과 6월에 진행했던 유튜브 저널리즘 연속 세미나는 한 회당 약 50~70명이 참석했다. 지금은 후원자와 정기 독자들에게만 특강을 개방하고 있어, 특강을 처음 시작한 첫 달에만 44명의 후원자가 새로이 늘어났다. 앞으로 계속 확대해 나갈 생각이다. '미디어 먼데이'의 콘텐츠는 오프라인 지면에만 실린다. 네이버에도 송고되지 않는다. 뉴스레터로 내보내고 이북으로 묶어서 정기독자들에게만 배송할 계획이다. 우리는 '미디어 먼데이'를 오픈 저널리즘의 실험이라고 부른다. 기자가 누군가를 만나서 대신 전달해주는 게 아니라 취재원을 불러서 같이 토론하고 질문하고 답을 찾아나가는 과정을 공유하는 것이다. 그리고 풀 텍스트를 그대로 담아서 유료 콘텐츠로 제공한다. 나는 감히 이런 오픈 저널리즘이 뉴스 산업의 미래 가운데 하나라고 생각한다.

권태호 한국에서 유료화가 가능하다고 보나?

이정환 『뉴욕타임스』는『뉴욕타임스』니까 가능한 것이다.『월스트리트저널』역시 마찬가지다. 근본적으로 차별화된 콘텐츠가 필요하다. 네이버에 널려 있는 비슷비슷한 기사로는 안 된다. 일단은 완전히 다른 콘텐츠. 그리고 이를 지원하는 콘텐츠 플랫폼에 대한 투자가 필요할 것이다.

<u>권태호</u> 언론사의 뉴스 유료화와 관련해 가장 중요한 게 뭔가?

<u>이정환</u> 디지털 콘텐츠 유료화의 핵심은 '가치'와 '관계'다. 왜 이 매체가 계속 존속해야 되는지를 알 수 있게끔 계속해서 기사로 독자들을 일깨우고, 그리고 오프라인 등을 통해 독자와 관계를 계속 맺도록 하는 것이 중요하다.

『민중의소리』

『민중의소리』도 『미디어오늘』과 마찬가지로 '매체 후원'과 '기자 후원'이라는 2가지 유료화 모델을 동시에 진행하고 있다. 후원제는 정기후원과 일시후원으로 나뉘어져 있고, 결제금액은 2만 원, 3만 원, 5만 원 및 직접 입력 등 4단계로 구분된다.

또 개별 기사 아래에는 '기사 후불제' 형식으로 1만 원, 2만 원, 5만 원, 10만 원으로 구분해 제시하고 있다. 『미디어오늘』과 마찬가지로 홈페이지 화면을 통해서는 '매체 후원'을, 개별 기사를 통해서는 기사 후불제 방식

〈사진 3-16〉 『민중의소리』 매체 후원 화면(2019.3.10.)

〈사진 3-17〉『민중의소리』 기자 후원 화면(2019.7.18.)

이완배 기자는 『민중의소리』에서 가장 대표적인 기자로, 경제 전문기자다. 『민중의소리』에서 그의 기사에 붙는 후원액이 대체로 가장 많다. 『한국 재벌 흑역사』(2015), 『경제의 속살』(2018) 등의 저서를 갖고 있다.

인 '기자 후원제'로 이원화 시키고 있다.

　그러나 『미디어오늘』의 기사 후불제가 매체 후원의 한 방식인데 반해, 『민중의소리』는 개별 기사에 붙은 기자 후원을 통해 들어온 후원금을 전액 해당 기자에게 전달한다는 점에서 구별된다. 일종의 '메리트 시스템'의 변형이기도 하다. 개별 기사 아래에 해당 기자의 얼굴 사진과 함께 해당 기자의 이달 후원금액 총액까지 명시하고 있다.

　『민중의소리』는 또 정기후원 전화를 개설하는 등 후원 절차를 간편하게 하는 데에도 많은 신경을 쓰고 있다.

『민중의소리』 모델 특징과 한계

　『민중의소리』는 2000년 출범 당시부터 후원제를 실시하는 등 후원의 역사가 꽤 오래됐다. 처음에는 언론매체보다는 민중운동 단체의 기관지처럼 인식되기도 했다. 그러다 점점 언론으로서의 정체성을 강화시키고 있다. 처음에는 후원제만으로 회사를 운영했지만, 광고를 받는 쪽으로 바뀌었다.

따라서 먼저 광고와 구독으로 회사를 운영하다 나중에 후원제를 채택해, 후원제가 회사 수익에서 보조적 역할을 하는 일부 언론사들과는 상황이 많이 다르다. 『민중의소리』는 '후원'이 회사 운영에서 차지하는 비중이나 중요성이 매우 높다. 또 후원제 시스템 확립과 후원자 관리에도 많은 공을 들이고 있다. 현재 『민중의소리』가 매체력에 비해 후원자 수가 꽤 많은 것은 이런 점들이 모두 어우러진 결과다.

『민중의소리』는 후원제와 후불제를 동시에 진행하면서도 둘의 회계 체계를 완전분리하고 있다. 금액은 크지 않지만, 기사 후불제인 '기자 후원제'로 들어온 금액을 기자들에게 지급하는 형태다. 후원제와 후불제의 충돌 효과가 예상되기도 하지만, 후불제가 '기자 후원' 성격이 강해 '매체 후원'에 직접적인 피해(?)를 미치지는 않는 것으로 파악된다. 다만, 아직까지는 기자 후원제 금액이 크지 않고 후원금이 특정 기자에게 집중되는 현상을 보이고 있다. 향후 어느 정도 유의미한 기자 후원이 될 수 있을 때까지는 다소 시간이 필요할 것으로 예상된다.

[인터뷰]
김동현(『민중의소리』 뉴미디어국장)

김동현 『민중의소리』 뉴미디어국장은 2000년 『민중의소리』 창간 당시부터 이 후원제에 관여해 왔다. 편집부장을 거쳐, 지금은 방송과 후원제 시스템을 전반적으로 기획, 운영하고 있다.

권태호 언제부터 후원제를 실시했나?

〈사진 3-18〉 김동현 「민중의소리」 뉴미디어국장

출처 : 『미디어오늘』(이치열 기자)

^{김동현} 2000년 설립 이후 한동안 광고 없이 100% 후원제로 운영했다. 2006년부터 배너 광고 시스템을 적용해 광고를 받았다.

^{권태호} 후원금이 수익에서 얼마만큼의 비중을 차지하고 있나?

^{김동현} 후원자들은 약 9천 명 가량 된다. (후원자 1명이 1만 원씩만 낸다고 가정해도) 월 1억 원 가량의 후원금이 들어오게 된다. 회사 전체 수익의 40~50% 가량을 차지한다.

^{권태호} 후원자들은 어떤 분들인가?

^{김동현} 45~55세 남성들이 많다.

^{권태호} 매체 후원과 기자 후원을 동시에 진행하고 있는데, 충돌은 없나? 또 기자들 사이에 후원금 편차가 크다. 이에 대한 불만이나 위화감은 없나?

^{김동현} 크게 느끼지 못했다. 『민중의소리』가 직원들에게 임금을 많이 주지 못해서 임금 보전 차원에서 실시했다. 금액은 들쭉날쭉하지만, 기

자 개인당 매달 얼마라도 가져갈 수 있다.

권태호 후원자들에 대한 리워드는 어떤 것들을 진행하고 있나?

김동현 특별히 없다. 한때 선물박스 같은 걸 보낸 적이 있는데, 지금은 폐지했다. 후원독자들 중에 '굳이 이런 데 돈 쓰지 말고 기자들에게 주라'는 의견을 많이 보내주셔서 폐지했다. 다만, 후원금이 들어올 때마다 감사문자를 발송하고 있다.

권태호 후원자 입장에선 처음에는 보람을 느끼겠지만 나중에는 다소 덤덤해 지고, 오히려 감사문자를 받게 되면 거꾸로 후원 사실을 상기시켜 후원을 끊는 요인으로 작용하진 않나?

김동현 그래서 식상함을 느끼지 않도록 하려고 애쓴다. 매월 감사문자 문구를 다른 기자들이 작성하기도 한다. 어떤 형태로든 후원자와 기자들이 소통하고 관계를 맺도록 하기 위한 차원이다. 앞으로 여유가 되면, 후원자들을 대상으로 하는 폐쇄적인 행사를 하고 싶다.

권태호 한국 언론에서 후원제가 아닌, 디지털 유료 구독모델도 가능하다고 보나?

김동현 쿨^{cool}해져야 한다고 본다. 뉴스는 이미 무료로 어디에나 만연해 있다. 한국에서 매체 브랜드로 돈을 받을만한 언론사가 과연 있겠는가. 또 뉴스를 돈 주고 사 본 마지막 세대가 50대다. 90년대 학번 세대도 동아리방이나 과방에서 『한겨레신문』을 본 적은 있지만, 자신이 돈을 내고 신문을 사 본 경우는 그리 많지 않다. 인터넷 신문이 자리 잡은 게 약 15년 정도 된다. 이미 뉴스는 무료라는 게 일반적 인식이다. 다만, 멤버십 개념은 가능하지 않을까 하는 생각은 해본다. 그러려면 구독을 한다는 자체가 사람들에게 뿌듯함을 줄 수 있어야 한다. 예를 들어, 해당 매체의 뱃지나 스티커 등 굿즈goods를 갖고 싶게 만든다든지. 결국 각 매체가 권위 있는 뭔가를 창출해 내야 한다.

<u>권태호</u> 개별 매체사가 아닌, 공공적 해결 방법은 없을까?
<u>김통현</u> 한국언론진흥재단 등이 다양한 언론진흥 사업을 하고 있다. 매체 후원 사이트를 개설하고 다양한 사람들에게 자신들이 원하는 매체에 손쉽게 후원할 수 있도록 하는 시스템을 열어두고, 재단은 이를 받아서 해당 매체에 나눠주는 형태의 방식도 생각해 볼 수 있을 것 같다.

『한겨레신문』

한겨레신문은 2017년 2월부터 심층성과 현장성이 돈보이는 뉴스를 중심으로 하루 평균 4~5건의 기사에 대해서만 후불제 배너를 노출했다. 일종의 기사 후원제로, 자발적 후불제 형태다. 본격적인 후원제를 실시했다기 보다는, 뉴스 유료화 가능성을 바라보고 하나의 실험으로 실시한 것이다.

해당 기사에 대한 후원은 1천 원, 5천 원, 1만 원, 3만 원 이상 등 4단계로 구분했다. 2018년 1월 26일까지 모두 1,286건의 기사를 통해 1,543만 원의 부가수익을 거뒀다. 기사 한 건당 후원받은 금액이 평균 11,930원으로 금액상 많지는 않다. 기사 1,286건 가운데 532건(41.3%)에 대해선 후원 금액이 0원이었음을 감안하면, 후원금이 몰리는 기사가 제한적이라는 것을 알 수 있다.

흥미로운 점은 바로 이것이다. 파일럿 프로젝트 초기에 2개월 동안 '기자를 응원'하는 방식으로, 나머지 2개월은 '한겨레를 응원'하는 방식으로 나누어서 진행했는데, '기자 응원' 방식의 후원금액이 훨씬 많았다. 기자 응원 배너 문구는 '박 대통령 대리인단의 '기행'을 정리해 준 정00 기자에게 씁니다.' 등으로 '기자'를 부각시켰다. 매체 응원 배너에는 '이 뉴스가 당신의 마음을 움직였다면 한겨레를 응원해 주세요'란 문구를 달아『한겨레』를 강조했다. 기자 응원 방식으로 올린 217건의 기사에 500여만 원이 들어왔는데, 매체 응원 방식에는 214건의 기사에 300여만 원이 들어왔다. 기자 응원 방식 배너에 상대적으로 더 많은 후원금이 모인 것이다. 그러나 '기자 응원' 방식의 문구를 달았던 기간이 박근혜 대통령 탄핵, 구속 등 핫 hot한 기사가 집중된 시기였다는 요인도 영향을 미친 것으로 보여 상관관계를 확신하기에는 다소 미흡하다.

이 후원금은 전액 회사로 귀속되고 기자에게는 지급하지 않는다. 그래서 독자들이 그 기자에게 해당 후원금이 돌아가는 것으로 오해를 살 수 있다는 지적이 나왔다. '기자 후원'에 대한 의견도 엇갈렸다. 그래서 이후 기자를 내세우는 문구는 삭제했다.

해당 기간 동안 가장 많은 금액이 모인 기사는 민중가수 윤민석씨의 사연을 인터뷰를 섞어 작성한「삶으로 내 노래 책임지고 싶었으나…더는 못 버티겠다」(김종철 기자, 2017.11.18.)로, 45만3천 원이 모였다. 이 기사는 『한겨레』사이트 외에 페이스북 등을 통해서도 널리 전파됐는데, 기사에 공개되지도 않았던 윤민석씨의 개인통장 계좌에 후원금이 쏟아지기도 했다. 이밖에도 전반적으로 심층분석이나 휴머니즘적 색채가 짙은 기사 등에 독자들이 지갑을 열었다. 반면 단독 스트레이트 등은 언론계에서는 높은 평가를 받았지만, 독자들의 '자발적 후불제' 결제금액 면에서는 큰 차별성을 보이지 못했다.

『한겨레』는 하루 4~5건의 기사에만 후원 배너를 붙이는 것으로는 데이터 효용성에 한계가 있다고 보고, 2018년 6월부터『한겨레』편집국이

〈사진 3-19〉『한겨레신문』 기사 후원 화면(2019.3.10.)

생산하는 모든 뉴스, 그리고 사설과 사내 칼럼 등에까지 후원 배너를 붙이고 있다. 저작권 논란 여지가 있는 외부 칼럼과 연합뉴스 전재 기사는 제외했다. 또 후원자들의 선택 폭을 넓히기 위해 가장 높은 후원금 구간을 '3만 원 이상'에서 '2만 원 이상'으로 낮췄다. 배너 확대 첫 달인 2018년 6월, 온라인에 게재한 2,349개 기사 가운데 후원금이 들어온 기사는 157건으로 전체 기사의 6.7% 정도였다. 후원금의 40% 가량이 1,000원 소액 결제다. 사회 섹션으로 분류된 기사에 후원금이 가장 많이 몰렸다. 모두 81건 (52%)으로 가장 많았다.[72] 특히 토요판 피처 스토리와 인터뷰, 뉴스 분석, 정치부의 기획성 분석, 칼럼 등에 적극적으로 반응했다.

『한겨레신문』은 기사 후원제로 들어오는 후원금을 디지털 매출로 분류한다. 디지털 매출로 회계처리 하면, 해당 후원금에 대해 10%의 부가세를 물게 된다.

『한겨레신문』 모델 특징과 한계

『한겨레신문』의 유료화 모델은 언론학계 용어로는 '자발적 후불제 PWYW, Pay What You Want'라고 불려진다. 『오마이뉴스』의 '좋은기사 원고료 주

---

[72] 임석규, 「한겨레의 유료화 사례」, 『뉴스콘텐츠 유료화 실험 사례-관훈클럽 세미나』, 2018.11.2.

기'와 같은 것이다. 온라인 사이트에서 기사를 본 뒤, 해당 기사가 맘에 들면 기사 아래 있는 결제창을 클릭해 돈을 지불하는 형태다. 매체 후원에 비해 소액일 가능성이 높다.

『한겨레신문』은 이 후원제 모델을 본격적인 후원제 또는 회원제를 실행하기 위한 전초적 성격으로 도입했다. 이 모델은 매체의 브랜드가 널리 알려져 있지 않은 신생매체도 도입해 볼 수 있는 모델이다. 매체 브랜드에서 다소 뒤지더라도, 개별 기사의 경쟁력만 있다면 후원금을 받을 수 있는 여지가 상대적으로 높기 때문이다. 그러나 이런 방식만으로는 후원금액의 볼륨이 제한적일 가능성이 크고, 1회성 성격이 짙어 지속적이고 독립적인 유료화 모델로는 한계가 많다. 『한겨레신문』도 지금의 후불제 방식 후원제로 독자 데이터를 수집, 분석하는 한편, 매체 후원제 또는 전면적이고 다양한 형태의 회원제 등을 준비하는 전단계로 인식하고 실험적 차원에서 진행하고 있다.

[인터뷰]
임석규(『한겨레신문』 디지털미디어국장)

임석규『한겨레』 디지털미디어국장은 1991년 한겨레신문사에 입사해 정치부장, 편집국 부국장, 논설위원 등을 거쳐 2018년부터 디지털미디어국장을 맡고 있다. 『한겨레신문』의 디지털 전략 전반을 총괄하고 있다.

권태호 『한겨레』의 유료화 성과를 어느 정도로 보나?

〈사진 3-20〉 임석규 『한겨레』 디지털미디어국장

임석규 후원금 금액 자체에 큰 의미를 두진 않았다. 누가 『한겨레』에 후원하는 지, 어떨 때 후원하는 지를 알기 위한 차원이었다. 이른바 한겨레 독자들에 대한 데이터인 HA^{Hani Analytics} 구축을 추진했다. 이를 통해 특정 독자군 타깃 마케팅, 디지털 최적화 매체 전략 등이 가능하리라 봤다. 아직까지는 계속 실험하는 단계다.

권태호 이전에 4~5개의 기사에만 선별적으로 '후불제 배너'를 붙이던 것에서, 모든 기사에 붙이는 쪽으로 바꼈다. 성과는?

임석규 금액상으로는 두 배 가량 늘었다.

권태호 후불제 배너 전면 확대시, 애초 목적은 누가 후원하는지에 대한 독자 데이터 확보였다. 그건 제대로 진행됐나?

임석규 잘 되지 않았다. 독자 데이터를 확보하려면 로그인을 기반으로 해야 되는데, 이는 후원의 장벽으로 작용할 수 있다. 더 큰 이유는 향후 『한겨레신문』이 광고, 구독에 이은 또 다른 수익 모델로 후원, 유료화(디지털 구독), 회원제 등 다양한 선택지를 놓고 각각의 장단점을 비교하면서 실무적으로 당장 할 수 있는 일부터 준비를 해가고 있다. 전

〈사진 3-21〉 임석규 국장의 강연

2019년 1월 25일 서울 강남구 대치동 오토웨이타워에서 열린 '구글이니셔티브 포럼'에서 임석규 국장이 '가디언 모델과 한겨레의 실험'이라는 주제로 강연을 하고 있다.

체적인 큰 그림을 바탕으로 진행해야 될 사항이지, 현재의 '후불제 배너'를 어떻게 운영하느냐가 중요한 사항은 아니다.

권태호 앞으로 이 후원제도를 어떻게 발전시킬 계획인가?

임석규 신문독자가 감소하고, 광고도 줄어들고 있는 상황에서 새로운 수입처를 찾는 일은 불가피하다. 후원만으로는 한계가 있다고 본다. 또한 현재 『한겨레신문』 디지털 기사에 대한 후원은 매체 후원도 아닌 기사 후원으로, 후원제 안에서도 첫 걸음을 뗀 수준이다. 그렇다고 당장 유료화를 하기도 힘들다. 앞으로 매체 후원, 그리고 장기적 관점에서 회원제 형태의 유료화로 나아가는 방향을 연구중이다.

권태호 기사를 무료로 공개한다면 회원제라는 것도 후원제와 마찬가지 아닌가?

임석규 온라인 독자들에게 가치있는 상품이라는 인식을 심어줘야 한다. 지불할만한 가치 창출은 콘텐츠 외에 다른 것도 가능하다. 가치있는 상품과 서비스를 만들어야 한다.

『한겨레21』

『한겨레21』은 2019년 3월 17일 후원제를 발족시켰다. 『한겨레신문』이 이미 개별 기사 아래에 후원 배너를 붙이는 형태의 기사 후원제(자발적 후불제)를 실시하고 있지만 『한겨레21』의 후원제는 매체에 대한 지지를 표방하는 것으로, 기사 후원제보다 한 걸음 더 나아간 것이다.

발족시킨 지 3개월이 지난 6월 25일까지 정기후원과 일시후원을 합쳐 881건의 후원이 들어왔다.[73] 100만 원 등 거액 후원자들도 있지만, 건수 기준으로는 1만~3만 원 구간에 전체 후원금의 3분의 2 가량이 몰려 있다.

『한겨레21』은 후원자들에게 일일이 편집장 명의의 감사편지를 보내는 한편, 연말까지 소정의 사은품을 리워드로 보낼 계획을 갖고 있다. 상품은 7월 현재까지 아직 결정하지 않았으나 『한겨레21』의 특성을 지닌 일종의 굿즈 상품을 검토하고 있다.

또 지난 2017년부터 매년 1회 가량 실시하는 '독자들과의 만남' 행사 외에 소규모로 '후원자들과의 만남' 행사도 정기적으로 열 예정이다. 기자들과 후원자들이 직접 만나 관계성을 강화하고 후원자들의 목소리를 귀기울여 듣겠다는 차원이다. 애초 『한겨레21』이 후원제를 시작할 때도, 후원금 금액보다 독자, 후원자들과의 관계성을 강화하자는 게 첫 번째 목적이었다.

이 후원제는 1년 가까운 예열 기간을 거친 작품이기도 하다. 『한겨레21』은 2018년 7월부터 '독자편집위원회(독편) 3.0'을 출범시켰다. 『한겨레21』의 독자편집위원회는 이전부터 꾸려왔는데, 독자편집위원들을 선정한 뒤 정례적으로 이 위원들과 만나 『한겨레21』 기사에 대한 피드백과 향후 편집 방향이나 바라는 기사 등을 듣는 방식이었다. 2018년 출범시킨 '독

---

73   변지민, 「『한겨레21』 후원이 더 쉬워졌습니다」, 『한겨레21』(1269호), 2019.7.8.

편 3.0'은 오프라인을 넘어 온라인으로 확대해 독자편집위원회의 수를 대폭 늘렸다. 그리고 단체 카톡방을 통해 수시로 편집장이 독자들과 직접 소통할 수 있도록 했다. 200여 명의 독편위원들에게 설문조사를 벌이기도 했다. 이전 기사에 대한 피드백 차원을 넘어, 다음 주 표지 그래픽 선정을 독편 위원들과 직접 논의했다. 한두 달에 한 번꼴로 독편 3.0 독자들과 오프라인 모임도 갖는다. 2018년 11월 9일에는 #독자와함께 라는 행사를 했다. 독자들과 더 많이 소통하면서 독자들과 뭔가를 함께한다는 것이 자연스러워졌다. 그러면서 『한겨레21』 뉴스룸에서 독자들에 대한 '믿음'이 생겨났고, 후원 이야기도 자연스럽게 독자들로부터 먼저 목소리가 나오기 시작했다. 즉, 『한겨레21』의 후원제는 회사 차원에서 추진된 게 아니다. '아래', 특히 '독자층 일부'에서부터 조금씩 이야기가 나오면서 이를 『한겨레21』 조직이 추진하고 한겨레신문사가 회사 차원에서 수용하는 등 상향식으로 진행됐다.

『한겨레21』모델 특징과 한계

『한겨레21』이 시행하는 후원제는 같은 주간지인 『시사IN』을 벤치마킹한 측면이 강하다. 오프라인 주간지인 『한겨레21』은 구독이라는 가장 확실한 유료화를 실시하고 있는데, 거기에 대가없는 형태인 매체 후원제를 더한 것이다.

『한겨레21』은 후원 측면에서 『뉴스타파』, 『오마이뉴스』, 『시사IN』 등 다른 진보매체에 비해 장점과 단점을 동시에 지니고 있다. 장점은 다른 매체들보다 인지도가 더 높다는 점이다. 이는 후원금을 유치하는 데 브랜드파워 측면에서 훨씬 유리하다. 2019년 기준으로 31년의 역사를 지닌 『한겨레』, 그리고 25년의 역사를 지닌 『한겨레21』이 후원제를 한다고 할 때, 최소한 어떤 매체인지를 설명하는 데 큰 애를 쓰지 않아도 된다. 독자들과

〈사진 3-22〉「한겨레21」 후원 안내 화면(2019.7.12.)

후원자들로부터 신뢰도 얻고 있다. 또 독자들의 애정의 깊이가 남다를 수 있다. 지난 1988년 『한겨레신문』이 창간할 때 국민주를 모집한 것 자체가 일종의 후원제라 할 수 있다.

반면, 이처럼 널리 알려진 매체라는 점이 약점으로 작용할 수도 있다. 다른 신생매체들과 달리, 한겨레신문사는 이미 30년이 넘는 역사를 지녔다. 광고 등 기존 대형 언론사들과 똑같은 수익 모델도 취하고 있다. 후원을 또 해달라는 것에 대한 명분이 약할 수 있다. 처음 후원제를 준비한 『한겨레21』 쪽에서도 이런 부분을 염려했다. 그래서 애초 기대치를 낮게 됐다. 많은 후원금을 기대하기 보다는 일종의 시스템을 구축하고, 독자들과의 관계성을 강화하자는 뜻이 짙었다. 영국 『가디언』이 구독과 후원이라는 두 축으로 운영되고 있는 것을 일종의 롤모델로 잡은 측면도 있다.

류이근(『한겨레21』편집장)

류이근 편집장은 2000년에 한겨레신문사에 입사해 경제부, 사회부 등에서 일했다. 탐사취재에 특장점을 지니고 있으며 2016년 박근혜-최순실 게이트 당시 특별취재팀의 일원으로 활약했다. 2018년 4월부터 『한겨레21』 편집장을 맡고 있다.(필자는 『한겨레』 출판국장이며, 『한겨레21』은 출판국 산하에 있다. 따라서 류이근 편집장과는 같은 조직에서 일하며 상황을 공유하고 있다. 그러나 인터뷰는 객관성을 유지하려 했다.)

〈사진 3-23〉 류이근 『한겨레21』 편집장

출처 : 『한겨레21』(박승화 기자)

권태호 『한겨레 21』 편집장으로 올 때부터 후원제를 할 생각을 했나.

류이근 아니다. 그런데 편집장이 된 이후 『시사IN』의 후원제를 눈여겨봤고, 2018년 11월 9일 있었던 '2018 #독자와 함께' 행사도 발화제 구실을 했다. 당시 한 독자가 "현재 잡지 값 4천 원을 5천 원으로 올려도 기꺼이 내겠다"고 했다. '『한겨레21』이 어렵다면, 독자들도 돕겠다'는 뜻이다. 사실상의 후원이었다. 그런데 후원이라는 것이 독자에게 기존 구독 외에 또 손을 벌리는 것으로 인식되진 않을까, 구독도 어려운데 하물며 후원이 가능할까 등을 우려했다.

권태호 매체 생존을 위해서라면 구독자를 늘리는 방법도 있지 않나.

류이근 매체 지속가능성을 담보할 수 있는 수준으로 종이 구독자 수를 늘리는 일은 이제 불가능하다. 사람들은 뉴스에 돈을 내지 않는다. 광고도 디지털로 이동하고 있다. 과거처럼 종이 구독자를 늘리는 일은 한계가 있다. 외국 언론은 이제 더 이상 종이매체 구독 확대에 매달리지 않는다. 대신 디지털 유료 구독을 늘리거나,『가디언』처럼 후원제로 개편한다.『한겨레21』은 구독 외에 후원이란 새로운 방법을 독자들에게 알리는 일을 시작하려 한다.

권태호 『한겨레21』은 수지 측면에서 지금 당장 큰 적자가 나는 건 아닌데 후원제를 실시하고 있다.

류이근 지금은 그럭저럭 괜찮을지 몰라도 이런 상황이 지속되면 양질의 저널리즘, 양질의 매체가 소멸할 것이 너무나 분명하다. 그건『한겨레21』이라는 매체 하나가 사라지는 수준을 넘어 사회의 위기다. 후원제 도입은 이런 상황을 미연에 막자는 뜻도 있다.

권태호 사내에서 후원제 시행을 걱정하는 의견도 있다.

류이근 독자에게 이중부담을 주는 방식으로 받아들일 수 있다. 또 당장 거창한 성과가 안 날 수도 있다. 그러나 후원액수 목표치를 상정하고 이를 달성하기 위해 애쓰는 그런 방식은 지양하고 싶다.『한겨레21』 후원제는 1회성 이벤트가 아니다. 장기적으로 꾸준히 지속가능한 모델로 자리 잡기를 원한다.

〈사진 3-24〉『한겨레21』독자와의 밤(2018.11.9.)

2018년 11월 9일『한겨레21』이 독자들을 초청해 식사를 대접하고 함께 이야기를 나누는 '2018 #독자
와 함께' 행사가 열린 뒤,『한겨레21』기자들과 독자들이 함께 사진을 찍고 있다. 이날 행사는『한겨레
신문』주주들이 협동조합 형태로 운영하는 서울시 종로구 '문화공간 온'에서 열렸다.

출처 :『한겨레21』(박승화 기자)

권태호 (6월 말까지) 지난 3개월 간 후원제 성과에 대해 어떻게 평가

하나?

류이근 지금까지는 기대 이상이다. 실망할까봐 기대치를 낮춰 잡았는데,

예상을 크게 넘어섰다. 액수보다 참여자 숫자가 많았던 게 고무적이

다. 후원으로만 운영되는『뉴스타파』나, 이전부터 후원제를 실시해 온

다른 곳에 비하면 금액상으로는 여전히 미약한 수준이지만.

권태호 후원자들은 왜『한겨레21』을 후원한다고 보나?

류이근『한겨레21』기사를 읽고 후원하겠다는 이들도 있고,『한겨레21』

의 존재 자체에 의미를 부여하는 이들도 있는 것 같다. 과거『한겨레

21』독자였거나, 한겨레에 대한 인연, 한겨레의 가치 등을 생각했던 사

람들인 것 같다.

권태호 혹 후원 확대가 독자 축소로 연결될 가능성을 우려하진 않나?

류이근 아직까지는 그런 조짐을 못 봤다. 오히려 얇아져 가는 독자층의

뿌리를 더 깊게 하는 측면이 있는 것 같다. 독자, 후원자와『한겨레21』의 연대감이 더 강해진 것 같다.

권태호 『한겨레21』 후원제와 관련한 현재의 고민은?

류이근 얼마 전 독자와의 모임에 갔는데, 그 독자가 저더러 '(한겨레21을) 떠나느냐'고 물었다. 답을 못했다.『한겨레21』은 한겨레신문의 인하우스 매체다. 여기 기자들도 인사이동을 통해 언젠가『한겨레신문』편집국으로 이동한다. 대개 2년이 지나면 떠나기 때문에 구성원이 계속 바뀐다. 지금의 편집장, 출판국장이 바뀌고 새로운 진용이 꾸려졌을 때도 이 후원제가 지속적으로 유지, 발전될 수 있느냐에 대한 우려가 있다. 또 하나는 지면, 퀄리티에 대한 부담감이다. 후원을 받았으니 더 좋은 지면과 퀄리티를 보여줘야 할 텐데, 거기에 대한 중압감이 더 커졌다. 후원자들을 실망시키지 않아야 한다는 생각이 크다.

『국민TV』

미디어협동조합『국민TV』는 2013년 설립됐다. 출자금을 낸 조합원 간의 협동조합 체제로 운영된다. 2012년 대선 직후, 각계 전문가 좌담회에서 언론보도의 문제점 등을 지적하며 김용민 PD가 협동조합 방식의 텔레비전 방송을 제안했다.

당시 박근혜 대통령 당선 이후, 대안 언론의 필요성을 느낀 시민들이 자발적으로 '국민주권방송협동조합' 카페를 개설해 미디어협동조합『국민TV』방송 구성에 나섰다. 이후 2013년 3월 창립총회를 통해 초대 임원진을 선출하고, 그해 4월 12시간 생방송 라디오 방송 개국으로 첫 방송을 시작한다. 그리고 이듬해 4월 텔레비전 방송을 시작하고, 평일 오후 9시

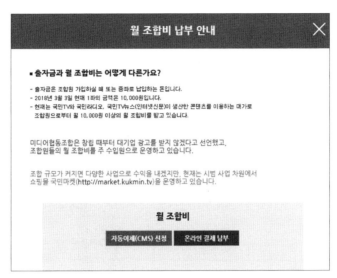

■ 출자금과 월 조합비는 어떻게 다른가요?

- 출자금은 조합원 가입하실 때 또는 증좌로 납입하는 돈입니다.
- 2018년 3월 3일 현재 1좌의 금액은 10,000원입니다.
- 현재는 국민TV와 국민라디오, 국민TV뉴스(인터넷신문)가 생산한 콘텐츠를 이용하는 대가로
  조합원으로부터 월 10,000원 이상의 월 조합비를 받고 있습니다.

미디어협동조합은 창립 때부터 대기업 광고를 받지 않겠다고 선언했고,
조합원들의 월 조합비를 주 수입원으로 운영하고 있습니다.

조합 규모가 커지면 다양한 사업으로 수익을 내겠지만, 현재는 시범 사업 차원에서
쇼핑몰 국민마켓(http://market.kukmin.tv)을 운영하고 있습니다.

〈사진 3-25〉 『국민TV』조합비 안내 화면(2019.7.18.)

'뉴스K'를 편성해 방송을 하고 있다.

『국민TV』는 출범 당시부터 협동조합 모델을 천명하면서 창립 때부터 대기업 광고를 받지 않겠다고 선언했다. 출자금은 1좌(1만 원) 이상, 그리고 조합원들로부터 매월 조합비 1만 원 이상씩을 받고 있다. 2019년 7월 14일을 기준으로, 2만3,697명의 조합원을 두고 있다. 조합원들의 월 조합비를 주 수입원으로 운영하고 있으면서, 시범사업으로 쇼핑몰 국민마켓을 운영하고, 대기업 광고는 배제하지만 사이트 등에서 일반기업의 광고도 받고 있다.

표로 읽는 후원제 비교

국내에서 언론사에 대한 후원은 최근 들어 디지털 뉴스 유료화와 맞물려 자주 거론되고 있지만, 사실 국내의 매체 후원 역사는 꽤 깊다. 언론사에 대한 매체 후원의 최초 기록은 2000년 5월 창간한 『민중의소리』다. 『민

	창간	후원 시작	후원 방식	후원자 수	연간 후원금(추정)	리워드	회계
『민중의소리』	2000. 5	2000. 5	매체, 기자 후원	9천여 명	11억~12억 원 (전체 수익의 40~50%)	감사문자	디지털 口
『프레시안』	2001.9	2002.6 (2013.6 협동조합 전환)	협동조합, 매체 후원, 기사 후불제	4천 명 (조합원 2,100명, 후원회원 1,900명)	7억~8억 원	뉴스레터 (2주 단위), 달력	영업외수
『오마이뉴스』	2000.2	2009	매체 후원, 기사 후불제 (좋은기사 원고료)	9,719명 (2019.7)	12억~15억 원	다이어리, 특강	디지털 口
『뉴스타파』	2012.1	2012.7	매체 후원	3만3835명 (2019.2)	50억 원	매월 시사회, 달력	기부금 (소득공제
『미디어오늘』	1995.5	2013	매체 후원, 기사 후불제	1,500명	8천만~9천만 원	매주 강좌	영업외수
『국민TV』	2013.3	2013.3	협동조합	23,697명 (2019.7)	약 3억 원(2017)	사업 및 이벤트 우선 참가	조합비
『시사IN』	2007.9	2018.1	매체 후원	1,056명 (2019.4)	1억5천만 원 (1년 6개월간)	『시사IN』 전자책, 행사 초대, 달력	영업외 수 (취재비로
『한겨레신문』	1988.5	2017.2	기사 후불제	–	2천만 원		디지털 口
『한겨레21』	1994.3	2019.3	매체 후원	500명	4천만 원(3개월간)	후원자 초청행사, 사은품 제공	미정

후원제 실시순. 연간 후원자와 후원금액은 비공식 추정치. 『프레시안』, 『오마이뉴스』, 『시사IN』, 『국민TV』 등은 후원자 수를 상시 공개하고

중의소리』는 현재 광고를 받고 있지만, 창간 초기에는 후원금으로만 운영
했다. 직원 50명 가량의 소규모 언론사임에도 후원 역사가 오래인데다, 페
이스북 등 SNS 등 뉴미디어를 적극적으로 활용한 탓에 후원자 수가 매체
력에 비해 꽤 많은 편이다. 『민중의소리』에 이어 2002년 창간한 『프레시
안』도 후원제를 내걸고 출범했다.

　매체 후원제를 가장 널리 알린 것은 『오마이뉴스』다. 『오마이뉴스』
는 2000년 창간 이후, 간헐적으로 이벤트성 후원 모금 행사를 벌여왔다.
2008년 5~6월 광화문 촛불집회 생중계 경비 마련을 위해 '자발적 시청료

내기' 캠페인을 벌인 게 대표적이다. 『오마이뉴스』가 이 캠페인을 통해 모금한 1억5천만 원에 대해 당시 『동아일보』는 '불법 후원금 모금'에 해당될 수 있다며 문제를 제기했다. 그 근거는 '기부금품 모집 및 사용에 관한 법률'에 의한 것이었다. 현행 기부금품법은 '반대급부 없이 취득하는 금전이나 물품'을 기부금으로 명시하고 있다. 또 기부금(후원금)은 종교단체 헌금, 제3자 기부 목적 모집 금품 등이 해당되고, 1천만 원 이상일 경우에는 지방자치단체에 등록해야 한다. 결론적으로, 언론사들이 실시하는 후원제를 통해 들어온 후원금은 기부금품법에 해당되는 기부금이 될 수 없다. 따라서 현재 후원제를 실시하는 대부분 언론사 중에서도 기부금품법 적용을 받아 후원금을 운용하는 곳은 거의 없다. 비영리법인인 『뉴스타파』가 유일하게 행정안전부에 기부금단체로 등록되어 있다. 그러나 『뉴스타파』를 제외한 나머지 언론사들은 대개 광고나 판매 등을 영위하는 영리법인이어서 기부금단체 등록이 불가능하다.

또 『민중의소리』, 『프레시안』, 『오마이뉴스』, 『뉴스타파』 등은 온라인 매체다. 온라인에서 기사는 누구나 무료로 볼 수 있도록 하고 대신 독자들에게 후원을 요구하는 방식이다. 그런데 비교적 최근에 후원제를 출범시킨 『시사IN』과 『한겨레21』 등은 모두 오프라인 매체로, 유료 구독을 실시하고 있다. 이들 매체의 후원은 앞선 온라인 매체들의 후원에 비해 조금 색채를 달리 한다. 온라인으로 기사를 내보내고 있지만, 무게중심은 어디까지나 오프라인에 두고 있기 때문이다. 이들 매체의 독자들에게는 '구독'이라는 후원 통로가 이미 존재하고 있는 상황이어서 자칫하면 독자들에게 이중부담을 안겨줄 수 있다. 그래서 이들 오프라인 매체는 정도의 차이는 있지만, 후원제를 실시할 때 대부분 비슷한 고민을 했다. 독자들에게 내세울 명분 부족과 자칫 후원제 확대가 구독 축소로 연결되지는 않을까 하는 염려였다. 그럼에도 불구하고, 시사주간지 양대 매체인 『시사IN』과

『한겨레21』이 2018년과 2019년에 각각 후원제를 실시했다는 것은 의미심장하다. 종이매체의 전반적인 하락세는 이미 꽤 오랜 일이지만, 시사 잡지 시장은 그 정도가 더 가파르다. 특히 2017년 이후, 구독자 급감 현상은 심각한 수준이다. 여기에 광고시장도 신문에 비해 시사주간지가 훨씬 열악하다. 특히 기업이 광고비를 축소할 때 신문보다 상대적으로 영향력이 작은 잡지 시장부터 줄이는 경향이 더해졌다. 이런 상황에서 진보매체로 분류되는 『시사IN』과 『한겨레21』이 후원제를 도입한 것은 우연이라고 보긴 힘들다.

이들 오프라인 매체들의 후원제가 아직까지는 걸음마 단계여서 향후 후원제가 구독 축소와 어떤 상관관계를 갖는지 파악하는 것은 조금 더 지나야 한다. 그러나 현재까지 나타난 상황을 보면, 후원제가 구독에 심대한 부정적 영향을 미쳤다고 보기는 힘들다. 오히려 기존 구독자들이 후원을 추가하는 경우가 늘어나, 운영만 잘 이뤄진다면 후원제가 독자들과의 관계성을 강화하는 수단으로 작동할 여지도 있어 보인다.

〈표 3-2〉 후원제 실시 언론사들의 후원 방식

	매체 후원	개별 기사 후원	기자 후원
『민중의소리』	○	○	○
『프레시안』	○(협동조합)	○	×
『오마이뉴스』	○	○	○
『뉴스타파』	○	×	×
『미디어오늘』	○	○	○
『국민TV』	○(협동조합)	×	×
『시사IN』	○	×	×
『한겨레신문』	×	○	×
『한겨레21』	○	×	×

후원제를 실시하는 매체들은 매체 후원 외에도 개별 기사 아래에 후원 배너를 달고 '기사가 마음에 들었다면 응원해 주십시오' 등의 문구를 내거는 형태로 기사 후원제를 실시하기도 한다. 『뉴스타파』, 『시사IN』, 『한겨레21』 등 매체 후원에 중점을 두거나, 별도의 오프라인 매체를 운영하는 곳을 제외하곤 매체 후원과 기사 후원을 동시에 실시하는 곳이 많다. 이때 매체 후원금은 해당 언론사로, 개별 기사 후원은 기사를 쓴 해당 기자에게 전달하는 경우도 많다. 따라서 개별 기사 후원은 개별 기자에 대한 후원이 되기도 한다. 『민중의소리』, 그리고 시민독자 제도를 운영하고 있는 『오마이뉴스』가 이를 폭넓게 활용하고 있다.

후원제 실시 언론사들의 수익원은 크게 보면 광고, 구독료, 후원금 등 3가지로 나눠볼 수 있다. 이 가운데 『뉴스타파』는 광고를 받지 않고 오로지 후원금만으로만 운영되는 유일한 미디어 기업이다. 그리고 온라인으로만 운영하는 『민중의소리』, 『프레시안』, 『오마이뉴스』 등은 별도의 구독료를 받지 않기 때문에, 후원금이 일종의 자발적 디지털 뉴스 유료화에 해당하는 성격도 지니고 있다. 그러나 『미디어오늘』, 『시사IN』, 『한겨레신문』, 『한겨레21』 등 오프라인 매체를 발행하고 있는 언론사들은 광고, 구독에 이어 후원금 등 3가지 수익원을 모두 운영하고 있는 셈이다.

독자 입장에서 보자면, 오로지 후원에만 회사 수익을 의존하는 『뉴스타파』에 마음이 더 쓰일 수밖에 없다. 『시사IN』, 『한겨레21』과 같은 주간지 매체는 지금도 '구독'이라는 형태로 일종의 후원을 받고 있다고도 볼 수 있다. 이 두 매체가 최근 실시한 후원제가 어떤 형태로 자리 잡을 것인지, 그리고 구독에 미치는 영향, 독자와 후원자들의 반응 등이 향후 국내 미디어업계의 주요한 관심사가 될 것으로 보인다. 이들 오프라인 언론사의 후원은 수익에서 차지하는 비중이 후원제를 실시하는 다른 온라인 매체에 비해 매우 미약한 수준이다. 현재 이들 회사의 수익을 양분하고 있는

<표 3-3> 후원제 실시 언론사들의 수익원

	광고	구독	후원
『민중의 소리』	○	×	○
『프레시안』	○	×	○(조합비)
『오마이뉴스』	○	×	○
『뉴스타파』	×	×	○
『미디어오늘』	○	○	○
『국민TV』	△(대기업 배제)	×	○(조합비)
『시사IN』	○	○	○
『한겨레신문』	○	○	○(개별 기사)
『한겨레21』	○	○	○

광고와 구독에서 후원이 차지하는 비중이 앞으로 얼마나 늘어나느냐 하는 것은 한국 미디어업계에서 『가디언』과 같은 미디어 후원제가 자리잡을 수 있을 것인가에 대한 해답을 찾는 과정이기도 하다.

후원금을 어떻게 회계 처리하느냐는 것도 후원제를 실시한 매체들의 또 다른 고민이다. 『뉴스타파』를 제외한 나머지 언론사들은 광고, 판매 등을 영위하는 영리법인이어서, 매체에 대한 후원금을 회계상 후원금으로 처리할 수 없다. 매출과 관련해 후원제를 실시하는 언론사들은 대개 디지털 판매 매출로 처리하거나, 아니면 영업외 수익으로 처리하는 두 가지 중의 하나를 택하고 있다. 디지털 매출은 온라인 기사에 대해 독자들이 자발적으로 원하는 만큼의 구독료를 지불하는 형태의 유료화로 간주하는 셈이다. 후원금을 디지털 매출로 분류하면 이 금액에 대해서는 10%의 부가세를 내야 한다. 영업외 수익으로 회계처리를 하면, 후원금에 대해 별도의 세금을 물지 않아도 된다. 후원금은 영업외 수익 성격이 더 짙다. 『민중의 소리』는 창간 초기, 수익의 대부분을 후원금에 의지했기에 디지털 판매 매출로 분류했다. 『오마이뉴스』는 후원제를 처음 실시하던 때가 이명박 정부 시기여서, 후원금 모금이 자칫 불법 또는 탈세 혐의로 표적 수사를 받게 될 지도 모른다고 우려했다. 그래서 내부 회의를 거쳐 아예 후원금을 영업매출로 잡아서 적극적으로 세금을 내는 쪽을 택했다. 이 때문인지, 10년이 지날 때까지 『오마이뉴스』의 후원제에 대해 이후 세무당국과의 별다른 마찰은 없었다. 지금은 후원제를 실시하는 언론사라 하더라도 후원금이 해당 언론사의 매출 규모에 비해 매우 미약한 수준인 경우가 대부분이다. 그러나 이론상으로는 향후 국내 언론계에 후원제가 확산돼 후원금이 언론사 수익의 상당 부분을 차지하게 될 경우, 세무 처리 문제가 대두될 가능성도 없지 않다.

한편, 후원제 실시에는 후원금이라는 수익만 있는 게 아니라 부대비용이 소요된다. 후원금을 받는 과정에서 페이팔 등 민간결제사^{PG}에 후원금의 1~2%를 지불해야 한다. 또 후원자들에게 드리는 선물, 초청 행사 등의 비용도 필요하다. 후원금을 디지털 매출로 회계처리한 곳은 비용도 영업비용으로 처리한다. 후원금을 영업외 수익으로 회계 처리한 언론사들도 관련 비용은 기존 마케팅 비용에 합산하는 경우가 많다. 이런 경우, 후원금이 늘수록 영업외 수익은 늘어나지만 영업이익에는 포함되지 않고, 비용은 영업비용으로 처리해 회계상 영업수지는 오히려 악화되는 경우도 일어난다.

광고 모델 변형 탈피 못한 '디지털 구독Digital Subscription'

디지털 구독이란, 오프라인의 구독 행위를 온라인으로 바꾸는 것이다. 즉, 기사를 보기 위해 먼저 구독료를 지불하는 형태를 뜻한다. 『뉴욕타임스』, 『월스트리트 저널』 등 미국 언론사들의 디지털 뉴스 구독 시스템이 이에 해당된다. 외국 언론사들은 이를 '하드 페이월', '프리미엄', '미터제' 등으로 세부 분류한다. 기사에 대한 대가를 지불한다는 게 이 구매 유형 디지털 유료화 모델의 개념이다.

디지털에서 기부 유형(후원제 등)과 구매 유형(구독제 등)의 가장 큰 차이점은 온라인 기사를 모두에게 무료로 공개하느냐, 돈을 지불하는 사람에게만 제한적으로 공개하느냐이다. 한국에서 기부 유형의 후원제도 완벽한 성공 모델을 찾은 단계는 아직 아니지만 그래도 여전히 가능성을 두고 있는 데 반해, 구매 유형의 디지털 구독제를 실시한 언론사들은 대부분 실패했거나, 아니면 사실상의 광고 모델로 변칙, 운용되고 있어 큰 대조를 보이고 있다.

외국에서도 그러하지만, 한국에서도 구매 유형의 디지털 구독은 현재 페이월(선불제)과 프리미엄 형태로 나뉜다. 한국에서는 구매 유형의 유료화라 하더라도 프리미엄 기사에 한해 과금하는 프리미엄 방식이 대부분이다. 조금 더 들여다보면, 직접 일반 독자를 상대로 뉴스 유료화를 제대로 실행하고 있는 곳은 더욱 찾기 힘들다. 현재 진행 중인 프리미엄 형식의 뉴스 유료화도 아직 유료화라는 제 자리를 잡았다고 보긴 어렵다.

『내일신문』

『내일신문』은 현재까진 국내에서 거의 유일하게 '하드 페이월' 방식의 디지털 뉴스 유료화를 실시하고 있는 언론사다. 『내일신문』도 개별 사이트를 통해 상당수 기사를 무료로 공개하고 있기 때문에 온전한 페이월 시스템이라고 하긴 어렵다. 그러나 포털 사이트에 자사 기사를 제공하지 않고 오로지 자사 사이트에서만 기사를 볼 수 있도록 하는 등 현재까진 국내 언론사 가운데 『내일신문』이 페이월에 가장 가까운 형태다.

『내일신문』의 디지털 뉴스 유료화는 포털 사이트인 네이버와의 갈등에서 출발했다.『내일신문』은 네이버와의 뉴스 전재료 협상이 결렬된 뒤, 2013년 11월 자사 기사의 포털 전송을 중지하고 온라인 사이트인『e-내일신문』을 전면 유료화했다. 국내 언론사 가운데는 처음으로 온라인 전면 유료화를 시행한 것이다.[74]

　종이신문 구독자에게는 무료인 이 서비스의 요금(디지털 구독료)은 월 1만 원, 연간 10만 원이다.『내일신문』은 처음과 달리 나중에 풀기사 등 일부 기사는 무료로 전환했고, 지금은 사이트에서 유료기사보다 무료기사가 훨씬 더 많다. 그러나 지금도 칼럼과 심층 분석 기사 등은 회원 가입을 해야만 볼 수 있도록 하고 있다. 월 단위 구독이 아닌 개별 기사 단위로도 이용할 수 있는데, 녹색 표시가 된 기사는 건당 500원, 빨간색 표시가 된 칼럼 등은 건당 1,000원을 책정해 놓았다.

　내일신문은 5년이 지난 2019년 7월까지도 온라인 유료화를 꾸준히 고집하고 있다. 지금도 홈페이지에서 칼럼과 내일신문 고유 기사 등 상당수 기사는 결제를 해야만 볼 수 있다.

『내일신문』 모델 특징과 한계

　『내일신문』은 한국에서 종합 일간지 가운데 가장 먼저, 그리고 2019년 현재까지진 형태상으로는 디지털 뉴스 유료화에 가장 가까운 모습을 보이고 있다. 현재『내일신문』은 디지털 유료회원 수를 밝히고 있지 않지만, 이전에 포털 사이트에 기사를 제공하고 받았던 전재료보다는 더 많은 매출을 올리고 있다고 전한다.

　『내일신문』의 디지털 온리[only] 연간 유료회원 수는 비공식적으로 대략 7,500명 정도로 추산된다. 월 구독료 1만 원으로 계산하면 디지털 기사 유

74　문현숙,「온라인 뉴스 잇단 유료화 성패 주목」,『한겨레신문』19면, 2013.11.8.
　　http://www.hani.co.kr/arti/society/media/610300.html

〈사진 3-26〉 내일신문 홈페이지 화면(2019.7.18.)

료화를 통해 연간 7억 원 이상의 매출을 기록하고 있는 셈이다. 그러나 이 매출의 상당 부분이 일반 독자가 아닌 기업 독자인 것으로 전해진다. 이는 광고 모델의 변형으로 볼 수도 있다. 디지털 유료화를 선언한 지 5년이 지났지만, 아직까지 B2C 모델로 완전히 안착진 못한 것이다. 그러나 『내일신문』 내부적으로는 지금까지 진행해 온 유료화 모델에 대해 실패로 규정하진 않는다. 수익 면에서 이전에 포털 사이트로부터 받던 전재료 수익을 앞서고 있다는 것도 한 이유다.

『내일신문』은 자사의 뉴스 홈페이지를 이원화하고 있다. 하나는 일반적인 홈페이지로, 풀기사 등 일반적인 기사는 무료로 공개하고 칼럼이나 주요 기획 기사 등은 유료화하고 있다. 이러한 일반 홈페이지에는 광고가 붙어있다. 그러나 비용을 지불하고 회원가입을 하면 회원 전용 뉴스 홈페이지인 『e-내일신문』으로 들어갈 수 있는데, 이곳에서는 모든 기사를 자유롭게 볼 수 있을 뿐 아니라, 광고도 없다. 유료화 모델로만 분류하자면, 하드 페이월 방식과 프리미엄 모델 방식의 결합이라 할 수 있다.

그러나 『내일신문』 모델을 다른 신문사들이 따라가기는 쉽지 않아 보인다. ABC 인증부수를 보면, 2017년 기준으로 내일신문의 발행부수는

51,974부, 유료부수는 44,456부다.[75] 또 1993년 창간돼 2019년 현재 26년에 이른다. 시장에서의 지위가 어느 정도 확보돼 있고, 특히 수익 구조는 매우 탄탄하다. 매년 상당한 규모의 순이익을 거두고 있으며, 2012~16년 5년 간 연평균 당기순이익이 90억 680만 원에 이른다.[76]

이런 안정적 수익구조에 비해 『내일신문』의 여론주도적 영향력은 상대적으로 낮다. 디지털 사이트를 통해 『내일신문』의 기사가 대중적 관심을 끄는 경우가 일상적으로 일어나진 않고 있다.

『내일신문』보다 규모가 작은 언론사가 『내일신문』처럼 디지털 유료화 수익모델을 추구할 경우 디지털 구독료 수익을 얻기도 힘들지만, 디지털 광고 수익마저 잃고 존재 자체가 사라질 가능성이 없지 않다. 반대로 『내일신문』보다 규모가 크고 온라인 사이트에서 활발하게 기사를 내보내고 있는 대형 신문사의 경우에는 스스로 온라인 트래픽을 줄이는 효과를 불러오고, 특히 포털 사이트를 통한 기사 확산이 줄어들 경우, 매체 영향력을 크게 잃을 가능성도 없지 않다.

『내일신문』의 디지털 유료화는 유료화에 매우 열악한 한국의 언론지형, 그리고 이 속에서 『내일신문』이라는 독특한 수익구조와 매체의 위상 등이 결합한 결과로 볼 수 있다. 지금의 형태로는 개별 언론사가 『내일신문』처럼 단독으로 전면적인 디지털 유료화를 실시하는 게 그만큼 어렵고 힘들다는 뜻이다.

75 한국 ABC, 「2017년도 일간신문 발행 유료부수」, 『한국 ABC협회』, 2018.5.10.
http://www.kabc.or.kr/about/notices/100000002541
76 『2017 신문산업 실태조사』, 한국언론진흥재단, 2018, p.158

2008~15년 편집국장을 역임했다. 『내일신문』은 국내에서 유일하게 페이월 모델을 실시하고 있는데, 2013년 그가 편집국장으로 있을 때 도입을 결정했다.

〈사진 3-27〉 남봉우 「내일신문」 정치 편집위원(전 편집국장)

출처 : 『기자협회보』(장우성 기자)

권태호 처음 유료화를 한다고 했을 때, 내부 반대는 없었나?

남봉우 회의론이 컸다. 그러나 장명국 사장이 강하게 추진했다. 종이신문의 한계를 극복하기 위해선 이 방법으로 나가야 한다는 주장이 강했다. 네이버와의 협상이 결렬되면서 유료화로 곧바로 나아가게 됐다. 이후 네이버로 기사를 보내지 않았고, 그래서 현재 다른 언론사와 달리 네이버로부터 받는 수익이 전혀 없다.

권태호 스포츠신문도 네이버와의 갈등으로 다른 길을 택했었다. 그러나

172

스포츠신문들은 결과적으로 급격한 쇠락의 길로 접어들었다. 『내일신문』은 달랐던 이유는 뭔가?

남봉우 『내일신문』은 배달료가 비쌌다. 한 부당 월 배달 비용이 5천 원 ~1만 원 정도 했다. 월 구독료가 1만3천 원인 것을 감안하면 배달 비용이 너무 컸다. 디지털 구독은 별도의 배달료가 들지 않으니 비용 측면에서 절감되는 게 많았다. 수지 측면에서 괜찮았던 거다.

권태호 디지털 구독이 7,500부까지 늘었는데, 신문 구독부수가 줄어들진 않았나?

남봉우 크게 영향 받은 바 없다. ABC 협회 쪽에 유료 구독부수를 집계할 때, 디지털 구독부수를 합산해 줄 것을 요청했으나 받아들여지지 않았다. 향후 국내 언론사들의 디지털 구독이 점차로 늘어나면 ABC의 유료부수 실사에 디지털 구독부수도 포함시켜야 한다고 생각한다.

권태호 디지털 구독의 상당수가 기업 부수이지 않나?

남봉우 디지털 구독에서 기업 부수가 차지하는 비중이 큰 건 사실이다. 기업 외에 단체나 법인도 꽤 된다. 가정 구독이나 개인 부수는 많지 않다. 그러나 디지털 구독에서 개인 부수도 조금씩은 늘고 있다.

권태호 매월 구독(1만 원)과 연간 구독(10만 원)의 비중은 어떻게 되나?

남봉우 70~80%가 연간 구독이다.

권태호 개별 기사를 500원, 1,000원을 내고 볼 수 있도록 하기도 했다.

남봉우 직접 관련이 있는 이가 해당 기사를 구매하는 경우가 있긴 하지만, 개별적인 기사를 보기 위해 돈을 내는 금액은 미미하다.

권태호 유료화를 하기 위해선 포털 사이트에 기사를 제공하지 말아야 한다. 『내일신문』이 결과적으로 수익 측면에서 디지털 구독으로 방향을 잡은 게, 네이버 전재료보다 수익이 많아졌다고 하긴 했지만, 매체의 영향력 측면에서는 줄어든 건 아닌가?

방봉우 그런 측면이 있는 건 사실이다. 처음에 기자들이 반대한 이유 중의 하나도 그것 때문이다. 그러나 최근에는 포털 사이트 외에 오히려 페이스북 등 SNS, 유튜브 등에서 기사를 보는 경우가 많다. 개인 기자, 그리고 회사 차원에서 이런 수단을 적극 활용하려 한다.

『매경e신문』, 『모바일한경』

2013년 9~10월 『매일경제』와 『한국경제』는 거의 동시에 PDF판과 프리미엄 정보, 기존 뉴스 등을 모두 묶은 별도의 '프리미엄 사이트'를 구축한 뒤 유료화하는 마케팅 전략을 취했다. 이는 기존의 무료 온라인 사이트인 『매일경제』(www.mk.co.kr), 『한국경제』(www.hankyung.com)와 별도로 유료 프리미엄 사이트를 운영하는 방식이다.

『매일경제』는 '매경e신문'을 통해 '프리미엄 입시 상담', '프리미엄 채용-IR', '여행 버킷리스트' 등을 내놓았다. 『한국경제』는 2013년 10월부터 '한경 플러스' 서비스를 시작했다. 『한국경제』는 프리미엄 사이트인 『모바일한경』 사이트를 통해 프리미엄 기사로 뉴스 뒷이야기인 '뉴스 인사이드' 등을 내놓고 있다. 이들 서비스는 초기에 가시적 성과를 보였는데, '매경e신문'은 2014년 9월 기준으로 회원 수가 4만여 명(누적치)에 이르렀고, 『한국경제』는 1년 사이에 20~30% 유료 가입자 수 증가를 보이기도 했다. 『매일경제』와 『한국경제』는 일반인들의 자발적 유료 이용자 유입을 독려하고 있으나, 성과는 미미한 상태다.[77] 두 회사 모두, 프리미엄 회원이 되기 위해선 2019년 6월 현재 매월 1만5천 원의 디지털 구독료를 내야 한다.

업계에서는 이 프리미엄 사이트의 회원 수를 『매경e신문』은 5만 명, 『모바일한경』은 3만 명 정도로 추산하고 있으나 정확하지는 않다. 두 회사는 정확한 회원 수를 밝히고 있지 않다. 다만, 실제 회원들의 90% 이상이 기업 회원들인 것으로 전해진다. 일각에서는 95% 이상일 것으로 추산하기도 한다. 대학생들에게는 월 7,500원의 할인가격을 제공하는 등 일반독자들을 모으기 위한 노력을 하지 않는 것은 아니나 역부족으로 보인다. 대부분은 기업이 일종의 구좌를 구매하듯 여러 개의 회원번호를 구입하는 형태로 이뤄지고 있다. 애초 『매일경제』는 자매사인 일본 『니혼게이자이 신문』의 사례를 벤치마킹해 이 모델을 시작했다. 그러나 일반 독자들을 대상으로 하는 마케팅이 활발하지 못해, 현재까진 광고 모델의 확장형처럼 비춰진다.

『매경e신문』, 『모바일한경』 모델의 특징과 한계

국내 언론사들이 실시한 유료화 가운데 수익만 보자면 가장 큰 성공 모델이라 할 수도 있다. 『매경e신문』, 『모바일한경』 모델은 기존의 무료 사이트와 분리된 유료 사이트를 운용해 '프리미엄 모델' 형태를 띠고 있다. 또 이 프리미엄 사이트를 통해 무료 사이트에 노출하지 않는 '매경 프리미엄', '뉴스 인사이드' 등 프리미엄 기사를 제공하는 등 미국의 대표적인 프리미엄 유료화 모델인 『폴리티코』나 『샌프란시스코 크로니클』 유형을 그대로 취한 듯 보인다.

그러나 수익 면에서 이 사이트의 실질적 마케팅 포인트는 이런 프리미엄 기사가 아닌 PDF 지면보기다. 이 PDF 지면보기 서비스는 『매일경

---

77 정동훈·곽선혜·김희경·오은석·이남표·정형원, 『국내 디지털 콘텐츠 유료화 실패 사례 연구』, 한국언론진흥재단, 2017, p.65

〈사진 3-28〉 『매경e신문』 홈페이지 화면(2019.6.10.)

〈사진 3-29〉 『모바일한경』 구독신청 화면(2019.6.10.)

제』, 『한국경제』 외에도 종합지를 포함해 여러 일간지들이 기업 대상 B2B 위주의 마케팅을 하고 있는 영역이다. 과거 광화문에서 저녁 무렵 배포되는 신문 초판의 디지털 형태인 PDF판 유료화 서비스는 『매일경제』, 『한국경제』 외에도 여러 종합지, 경제지들이 소규모 단위로 운영하고 있다. 이 PDF 지면보기는 '디지털 뉴스 유료화 모델'이라기 보단 '부가 서비스 모델' 성격이 더 짙다. 『매경e신문』과 『모바일한경』이 다른 신문의 PDF 서비스와 다른 점은 여기에 '프리미엄 기사' 형태를 덧붙이고 B2C 마케팅에도 정성을 쏟았기 때문이다. 그러나 '프리미엄 모델'과 '부가 서비스 모델'이 결합된 두 경제지의 '프리미엄 모델' 실험은 순수한 '프리미엄 모델'이라고 보긴 어렵다. 만일 PDF 초판 지면보기 서비스를 제외하고 '프리미엄 기사'만으로 지금 같은 프리미엄 사이트를 계속 운영할 수 있을지는 의문이다. 또 이 PDF 서비스는 기업 위주의 B2B 서비스에 치중할 수밖에 없어, 대부분 언론사들이 추구하는 B2C를 염두에 둔 일반적인 디지털 뉴스 유료화 모델과도 차이가 크다. 결론적으로, 이『매경e신문』,『모바일한경』은 '프리미엄 모델'로 분류하기도 쉽지 않고, 또 다른 언론사들이 이 모델을 쫓아서 모방하기도 힘들다. 두 신문사의 프리미엄 사이트가 '프리미엄 기사' 보단 매체력에 의한 기업 마케팅 효과에 의해 유지되고 있기 때문이다.

[인터뷰]
한 경제지 프리미엄 서비스 담당자

이 담당자는 자신의 매체와 신분을 밝히기를 원치 않아, 익명으로 전한다. 프리미엄 서비스 내용에 대해서도 공개를 꺼려했다.

권태호 기업 가입자를 제외하면, 일반 가입자 수는 어느 정도인가?
○○○ 매우 미미할 것이다. 기업 가입자가 90%를 넘어 95%라고도 이야기한다.

<u>권태호</u> 2013년부터 실시해 왔는데, 애초부터 B2B 위주로만 생각한 건가? 아니면 B2C로의 확장을 염두에 뒀나?

<u>○○○</u> B2C도 분명 생각했다. 대학생들에게 50% 할인 혜택을 주는 것도 그 일환이다. 그러나 여의치 않았다.

<u>권태호</u> 현재 이 시스템을 적용하고 있는 곳은 『매일경제』, 『한국경제』두 곳 뿐이다. 혹 국내 다른 언론사에서도 이 모델을 적용할 수 있다고 보나?

<u>○○○</u> 권하고 싶지 않다. 『매일경제』, 『한국경제』 정도의 매체력과 마케팅 토대가 없다면, 들이는 노력에 비해 성과는 아주 미약할 수도 있다.

<u>권태호</u> 취재 뒷이야기 등 프리미엄 기사는 지금도 잘 진행되고 있나? 독자 반응은?

<u>○○○</u> 프리미엄 기사는 그럭저럭 잘 운영되고 있다. 편집국에서 프리미엄 사이트에 수록할 프리미엄용 기사를 쓰도록 요구한다. 독자 반응은 나쁘지 않을 것으로 생각되지만 숫자로 측정되진 않는다.

<u>권태호</u> 이런 프리미엄 기사가 디지털 구독 확대에 도움이 되고 있나?

<u>○○○</u> 도움이 된다고 믿고 싶다.

『아웃스탠딩』

2015년 1월에 창간한 IT분야 인터넷 신문으로 독자 우선, 온라인 중심을 표방한다. 속보 위주의 기사는 쓰지 않으며 깊이 있는 업계 분석 기사를 기자 아이콘 등과 사진, 그래픽 등을 많이 사용해 독자에게 대화하며

〈사진 3-30〉 「아웃스탠딩」 구독신청 화면(2019.6.10.)

해설해주는 투의 독특한 기사체를 도입했다. 2015년 7월 패스트인베스트먼트로부터 2억 원의 투자를 받았다.[78]

　IT 분야 전문 콘텐츠를 다루지만 정보의 질에 중점을 둬, 프리미엄 기사로 시장에서 높은 평가를 받고 있다. 『아웃스탠딩』은 2016년 8월에 프리미엄 모델 형태로 유료화를 실시했다. 기사에 광고를 붙이지 않고 일반 기사도 무료로 제공하면서, 오직 프리미엄 회원들에게만 별도의 돈을 받는 부분적 유료화를 시도한 것이다. 아웃스탠딩은 기사당 평균 제작시간이 15~20시간에 이른다고 밝히고 있다. 창간 4개월 만인 2015년 5월 월간 순방문자 20만 명에 이르러 성공 모델로 평가받고 있다. 일반 기사는

78　임정욱, 「미디어 스타트업 어디까지 왔나」, 『관훈저널 2018년 가을호』(통권 148호), 관훈클럽, p.135

무료로 공개하지만 프리미엄 기사는 월 9,900원을 받으며, 매달 10~15개의 프리미엄 기사를 제공한다. 연간 결제로는 11만8,800원을 받는다. 프리미엄 회원에게는 토크콘서트 20% 할인권을 제공하기도 한다.

『아웃스탠딩』 모델 특징과 한계

『아웃스탠딩』은 IT분야라는 한정된 부문에서 전문성을 추구하는 동시에 대화체 기사, 본문 내 이모티콘 및 아바타 삽입 등 젊은층의 기호에 맞는 새로운 시도로 좋은 반응을 얻고 있다. 2015년 12월 한국온라인저널리즘 어워드 '뉴스 및 콘텐츠 운영' 부문을 수상하기도 했다. 『아웃스탠딩』은 IT 분야의 전문 콘텐츠를 다루지만, 시의성보다 정보의 질에 더 많은 가치를 두고 있다.[79]

『아웃스탠딩』은 '프리미엄 모델'의 전형성과 함께 '프리미엄 모델'이 성공하기 위해서는 어떠해야 하는가를 보여준다. '프리미엄 모델'은 속보나 빠른 정보보다 깊이 있는 기사와 전문성이 전제가 되어야 하는 것이다.

그러나 『아웃스탠딩』의 초기 성공 요인을 '전문성'만에만 두기는 어렵다. IT 전문지 중에는 『아웃스탠딩』을 능가하는 전문성을 지닌 곳이 적지 않다. 『아웃스탠딩』은 종합지나 경제지보다는 전문성을 지녔고, IT 전문지들보다는 적정한 수준의 대중성을 겸비한 것이 시장에서 맞아떨어졌던 것으로 보인다. 『아웃스탠딩』의 프리미엄 독자 대부분이 IT업계 종사자들이다.

『아웃스탠딩』은 여러 번의 오프라인 행사를 벌이면서 독자와의 소통에 많은 신경을 썼다. 그리고 『아웃스탠딩』은 2018년 12월, 리디북스에 인수된다. 『아웃스탠딩』은 미디어 스타트업계에서, 그리고 뉴스 유료화 측

---

79 정동훈·곽선혜·김희경·오은석·이남표·정형원, 『국내 디지털 콘텐츠 유료화 실패 사례 연구』, 한국언론진흥재단, 2017, p.65

면 양쪽 모두에서 성공 모델로 주목받고 있다. 그러나 최용식 아웃스탠딩 대표는 한 기고에서 "처음 2명이었던 멤버(직원)는 현재 7명까지 늘어났고, 올해(2019년) 기준으로 비용구조는 손익분기점 상태다"라고 밝혔다.[80] 유료화 성공 모델이라고 박수를 받았지만 언론사에서 광고 없는 유료화가 얼마나 어려운 지를 짐작케 한다. 하물며 직원이 수백 명에 이르는 대형 언론사들의 경우는 그 어려움은 더할 것이다.

최용식『아웃스탠딩』대표는 지난 6월 필자와의 전화통화에서『아웃스탠딩』이 광고 모델이 아닌 콘텐츠 유료화 쪽을 택한 이유에 대해 "광고 영업을 하고 싶지 않았다. 광고주들을 상대로 아쉬운 이야기를 하기 보단 그 시간에 콘텐츠에 집중하고 싶었다. 그래서 광고 모델을 배제하고 유료화를 시작했다"고 밝혔다. 그러나 이런 광고 모델 배제가 모든 언론사에 통용되지는 않을 것이다. 광고모델 배제는 최 대표의 개인적 호불호 차원이 아닐 수 있다. 광고 매출이 광고 영업에 들이는 인건비 등 관련 비용을 크게 웃돌지 않는다면, 광고 네트워킹이 미약한 스타트업 기업이『아웃스탠딩』처럼 광고주가 아닌 독자들에게 수익을 얻겠다는 다른 선택을 할 수도 있다. 다만 이때, 일반대중이 만족할 만큼의 콘텐츠에 대한 자신감이 있어야 가능하다. 최 대표도 초기 성공 요인에 대해 "콘텐츠의 독보성"을 들었다. 또 "형식의 신선함, 전문성과 대중성을 두루 갖춘 방향성 등도 주효했다"고 말했다.

『프리미엄 조선』

『조선일보』는 2013년 11월 4일 '심층적이고 차별화된 고급정보'를 내세우며『프리미엄 조선』사이트를 개설했다.『프리미엄 조선』은 디지털뉴

---

80 최용식, 「보기드문 유료화 실험 성공, 관련업계 인정받은 첫 사례」, 『신문과 방송』(578호, 2019년 2월호), p.26

스 유료화를 염두에 둔 전초적 성격을 지녔다. 처음부터 유료 결제를 내세우진 않았지만 '회원 로그인'을 요구했다.

내부 필진 300명과 외부 전문가 210명이 신문 지면에 싣지 못한 취재 비하인드 스토리, 심층기사, 칼럼 등을 작성해 서비스하고, 기사 내 의문점을 기자에게 직접 물어보는 코너(톡 서비스)도 마련했다. 인물 및 인맥 데이터베이스, 사진 데이터베이스 등도 서비스 했다.

애초 계획은 한 달만 무료 서비스를 제공하고, 그 이후 유료로 전환한다는 것이었다. 당시 디지털 월 구독료를 3천 원 정도로 잡기도 했다. 그러나 내부 논의 과정에서 트래픽 감소를 우려하는 목소리가 높아 유료 전환을 계속 미뤘다.[81]

『프리미엄 조선』은 2014년 7월 기준 하루 평균 방문자 수 5만448명을 기록하는 등 회원 수 기준으로는 상당한 성장을 거두기도 했다.[82] 그러나 2016년 초, 프리미엄 조선은 로그인 회원제를 포기하고 로그인 없이도 기사를 모두 볼 수 있는 형태로, 제한을 완전히 풀었다. 충분한 수의 회원을 확보한 뒤 '프리미엄 콘텐츠'에 익숙해진 회원들을 시작으로 콘텐츠 유료화를 시도하려 했으나 유료화를 시작하기도 전에 중도에 그만둔 것이다. 그리고 2017년 12월 말, 프리미엄 관련 부서를 해체하면서 프리미엄 서비스를 완전히 중단했다.

여기에는 공급 측면과 수요 측면, 양쪽 모두에서 어려움이 있었기 때문이다. 공급 측면에서 보자면 '프리미엄 콘텐츠'를 표방한 이상, 고품질 콘텐츠를 제공해야 했다. 이를 위해 우량 외부 필자들에게 높은 원고료를 지급해 매월 원고료가 1천만 원을 넘어갔다. 또 고품질 그래픽 등을 위해

81 우병현, 「디지털 구독모델 흐름과 한국 언론계의 대응방안」, 『뉴스콘텐츠 유료화 실험 사례-관훈클럽 세미나』, 2018.11.2.
82 정동훈·곽선혜·김희경·오은석·이남표·정형원, 『국내 디지털 콘텐츠 유료화 실패 사례 연구』, 한국언론진흥재단, 2017, p.65

〈사진 3-31〉『프리미엄 조선』홈페이지 화면(2019.7.6.)

별도의 직원들을 뽑는 등 상당한 비용이 들었다. 그런데 로그인 회원제로 운영되고 있기에 고품질 기사임에도 불구하고 이를 보는 독자 수는 매우 적었다. 따라서 광고 유치에도 어려움이 많았다. 결과적으로 '프리미엄', '로그인 회원제'란, 비용은 많이 들어가고 수익은 거의 없는 구조를 한동안 견뎌내야 한다는 말과 같다. 또 상대적으로 우수한 콘텐츠를『프리미엄 조선』으로 보내게 되면, 네이버 등 포털은 물론, 자사 홈페이지에도 공개되지 않아 우수한 콘텐츠일수록 노출을 스스로 막는 모순이 발생하게 됐다. 이에 따른 내부의 반발, 갈등도 있었다. 그리고 회원이 5만 명까지 늘었으나 회원가입만 했을 뿐, 실제로 정기적으로 들어와 기사를 보는 실질적인 회원 수는 그리 많지 않았다. 그러니 유료화로 전환하기도 힘들었다. 결국『조선일보』는『프리미엄 조선』에 대한 유료화를 제대로 실험하기도 전에, 스스로 후퇴하는 결정을 내렸다. 2016년 로그인 회원제 포기 이후 『프리미엄 조선』사이트는 유지되고 있지만 사실상 휴면 상태다. 2019년 7월 6일 기준으로『프리미엄 조선』사이트의 톱기사는 2018년 2월 28일

작성한 기사다. 사이트 운영이 중단된 상태다.

『프리미엄 조선』 모델의 특징과 한계

『프리미엄 조선』은 '프리미엄 모델'을 염두에 두고『조선일보』가 야심차게 출범시켰으나, 제대로 된 유료화를 실험하기도 전에 스스로 접은 모델이다. 국내 최고 부수를 자랑하는『조선일보』에서도 '프리미엄 유료화' 모델이 실패하는 것으로 보아, '프리미엄 유료화' 모델의 국내 도입이 얼마나 어려운지 짐작할 수 있다.

하지만 이를 비단 시장만의 문제인가 하는 점은 생각해 볼 지점이다. 출범 당시,『프리미엄 조선』의 잠재 독자층은 온라인 유료화에 익숙하지 않은 50대 이상의 고연령층에 집중돼 있었다. 또『프리미엄 조선』의 기사 구성도 정치, 인터뷰 위주여서 내용과 형식면에서 기존『조선일보』와 큰 차이가 없었다. 결국『프리미엄 조선』의 디지털 유료화 구독 모델을 위한 전략이 미흡했던 건 아닌가 하는 점을 지적할 수 있다. 또 초기『프리미엄 조선』의 콘텐츠가 기존 신문기사에 비해선 어느 정도 '프리미엄적' 요소를 지녔다고 볼 순 있다. 그러나 그 정도로 과연 일반 독자들이 지금까지 내지 않던 돈(디지털 구독료)을 기꺼이 내고 볼만큼의 수준에 이르렀느냐 하는 점도 짚어볼 대목이다.

『조선비즈k』

『조선비즈k』는 조선일보의 비즈니스판인『조선비즈』가 리디북스와 제휴한 사업 분야다.『조선비즈』뉴스, 기자 일일보고, 리디북스의 전자책을 단말기로 배달하는 서비스다.

구독을 신청하면 삼성, LG의 태블릿을 제공하고 이 태블릿을 통해 기사를 보도록 하는 시스템이다. 그런데『조선비즈』의 기사는 온라인에서 무료로 제공된다. 구독자들에게 추가로 제공되는 서비스는 조선비즈 기자들의 일일보고, 그리고 『Who?』 시리즈 등 리디북스의 전자책 등이다. 월 구독료는 3만 원이다. 2년이 지나면 신형 태블릿으로 교체해 준다. 결국 구독자들에 대한 가장 큰 유인책은 태블릿이고, 그 다음은 전자책이다. 『조선비즈』 기사는 굳이 돈을 내지 않아도 『조선비즈』 사이트에서 볼 수 있기 때문이다.

이른바 '태블릿 모델'인 이 서비스의 구독자는 '구좌'로 표시한다. 왜 냐하면 『조선비즈』 구독자의 상당수가 기업 독자이기 때문이다. 기업들이 여러 개의 구좌를 구입해 이를 각 부서 또는 직원들에게 나눠주기도 한다. 현재 약 1만 구좌를 운영하고 있으며 영업적 측면에서 꽤 수지를 맞추고 있는 것으로 전해진다. 종이신문 구독료(월 1만5천 원)의 2배에 이르는 구독료를 받지만 별도의 배달비용이 들지 않는다. 리디북스 전자책 제휴 사업 등에 대한 비용 부담도 있지만 이를 모두 상쇄하고도 남는 수준으로 구독료를 책정했기 때문이다. 디지털 구독자들에게는 2년마다 태블릿을 신형으로 교체해 준다. 구독자 입장에서는 『조선비즈k』를 디지털 구독하면, 태블릿 구입 또는 교체를 고민할 필요가 없어지는 부가효과를 얻을 수 있다.

『조선비즈k』 모델의 특징과 한계

『조선비즈』가 이 사업을 시작한 것은 2014년부터다. 『프리미엄 조선』 출범과 비슷한 시기다. 본사인 『조선일보』와 자회사인 『조선닷컴』이 각각 유료화를 염두에 두고 새로운 서비스를 시작한 것이다. 결과적으로 『프리미엄 조선』은 지금 사실상 서비스를 종료했고, 『조선비즈k』는 지금도 계속 서비스를 운영하고 있으며 흑자구조를 영위하고 있다.

『조선비즈k』의 유료화 형식을 '디지털 구독'으로 분류할 수 있다. 프리미엄 콘텐츠(기자 일일보고), 부가서비스(전자책) 등을 제공하고 있긴 하나, 이 서비스가 가장 크게 비중을 두고 있는 것은 태블릿이다. 따라서 오히려 '단말기 모델'로 분류하는 게 차라리 나을 듯하다.

　이 모델이 확산되려면 종이신문에 비해 휴대가 간편하고 접근성이 용이한 '전자 단말기'를 통해 '특정 신문'을 읽는 형태로 독자들의 구독습관이 바뀌어야 한다. 현재 일반인들의 뉴스 읽기 습관은 모바일이나 PC에서 포털 뉴스를 읽는 게 가장 많고, 최근에는 뉴스를 찾아서 읽는 게 아니라 SNS 등을 통해 뉴스를 마주치는 형태로 소비하고 있다. 또 현재까지는 대부분의 신문사가 자사 사이트에 유료화 장벽을 두르고 있지 않기 때문에, 특정 언론사의 사이트를 주기적으로 방문하는 독자라 하더라도 굳이 특정 언론사의 기사를 읽기 위해 별도로 돈을 내야 할 필요성을 느끼지는 못한다. 결국 이 구독 모델은 구독하는 콘텐츠보다, 구독할 수 있는 기기를 24개월 할부로 구매하는 형태에 더 가깝다. 현재 이 구독 모델이 일반인들에게 널리 확산되기 보다, 기업체를 대상으로 언론사 B2B 마케팅의 일환으로 이용되는 이유다.

　그렇다 하더라도, 향후 디지털 뉴스 유료화가 점점 가시화 되는 시점이 되면 이 태블릿 모델은 전면적인 뉴스 유료화로 접어들기에 앞서 중간 징검다리 역할을 할 개연성도 있다.『조선비즈k』의 일반인 독자가 꾸준히 늘어나고 있는 것에서도 이에 대한 가능성을 일부 엿볼 수 있다. 유료화를 시작했지만 그 대상이 일반인이 아닌 기업을 상대로 하는 것은『조선비즈k』외에『매경e뉴스』와『모바일한경』등이 있다.『조선비즈k』가『매경e뉴스』,『모바일한경』과 다른 점은 '기기'를 나눠준다는 점이다. 물론 기기값 만큼 월 구독료는 더 비싸다. 그러나 그럼에도 일반 독자들의 관심이 상대적으로 높다는 것은 B2C 시장에 그나마 조금 더 소구력을 갖는 모델이라 해석할 수도 있다.

〈사진 3-32〉 『조선비즈k』 알림 화면(2019.7.8.)

다만, 이 모델은 향후 태블릿, 전자책 이용에 대한 소비습관에 큰 영향을 받을 것으로 보인다.

[인터뷰]
우병현(『조선비즈』상무 겸 『IT조선』 대표)

우 상무는 『조선비즈』의 경영파트를 맡고 있다. 『조선일보』 편집국에서 정치부 기자 등 일반적인 기자로 일하다, 2006년께부터 디지털 파트를 맡아, 지금까지 『조선일보』와 조선일보 자회사인 『조선비즈』 등에서 디지털전략을 연구하고 다양한 디지털 실험을 진행해 왔다.

<u>권태호</u> 『조선비즈』의 유료화 모델을 설명해 달라.
<u>우병현</u> 뿌리는 2014년부터다. 먼저 단말기를 주는 방식이다. 그런데 이는 『조선비즈』의 독창적인 마케팅 기법이 아니다. 이미 휴대폰 업계

등 통신회사들이 많이 이용하고 있는 방식이다. 이를 벤치마킹한 것이다.

권태호 디지털 구독을 하면서 단말기까지 구매하는 데 부담을 갖진 않나?

우병현 단말기라는 손에 잡히는 뭔가를 줬기 때문에 오히려 성공 가능성을 높였다고 본다. 현재 『조선비즈』 디지털 구독 모델의 무기는 단말기, 전자책(리디북스), 그리고 『조선비즈』의 프리미엄 콘텐츠 순일 것이다. 콘텐츠는 그 우선순위가 가장 나중이다. 프리미엄 콘텐츠 때문에 디지털 구독을 하는 독자들은 그리 많지 않으리라 본다.

권태호 현재 디지털 구독자 수는 얼마나 되나?

우병현 구좌로 표시한다. 대략 1만 구좌 가량 된다. 아직까지는 기업들이 대부분이다. 그러나 개인독자들도 조금씩 늘어나고 있다.

권태호 수지는 어떠한가?

우병현 정확하게 얘기할 순 없지만 꽤 수익을 내고 있다. 이 모델의 핵심 장점 가운데 하나가 (구독) 연장이 쉽다는 것이다. 또 2년 약정을 하면 단말기를 아예 준다. 그리고 2년마다 단말기를 새 것으로 교체해 준다. 기업은 연간 단위, 개인은 월 단위로 구독료를 받고 있다. 『조선비즈』 입장에서는 별도의 배달비용이 들어가지 않기에 종이신문에 비해 비용 부담이 낮다. 단말기 비용을 감안해도 수지가 괜찮다. 상당한 수익을 거두고 있다.

권태호 독자들 반응은 어떠한가?

〈사진 3-33〉 우병현 『조선비즈』 상무

출처 : 우병현 상무

우병현 상당수 구독자가 단말기는 자녀들에게 주고, 본인은 모바일 앱으로 『조선비즈』를 다운받는 식으로 이용하고 있다. 그래서인지 만족도가 상당히 높다.

권태호 다른 신문사들도 『조선비즈』처럼 이 '단말기 모델'을 수익모델로 쓸 수 있다고 보나?

우병현 충성 독자가 있는 언론사들은 이 모델에 대한 성공 가능성이 상대적으로 높다. 『콘텐츠의 미래』(바라트 아난드 저, 리더스북, 2017)라는 책을 보면, "'콘텐츠 함정'에 빠지지 말라"는 말이 나온다. 지금까지 꽤 오랫동안 한국 언론계에서는 디지털 뉴스 유료화와 관련해 '콘텐츠가 좋으면, 독자들이 기꺼이 돈을 낼 것'이라는 믿음이 있었다. 지금까지의 경험으로 보건대, 그렇지 않다.

단말기 모델은 일종의 넛지nudge 전략이다. 돈 낼 의지가 있는 독자들의 심리적 저항감을 낮춰주는 효과를 주는 것이다. 단말기 지급을 통해 유료화에 대한 독자들의 저항감을 무장해제 시키는 것이다.

권태호 미국에 비해 우리나라는 PC에서 모바일로 곧바로 넘어가, 태블릿이 그리 많이 보급되지 않았다. 이 모델이 성공하려면 태블릿에 대한 수요가 더 늘어나야 될 것 같다.

우병현 지금까진 그러했는데 넷플릭스 가입자 확대 등으로 인해 태블릿 수요가 점점 늘어날 것으로 본다. 그에 따라 현재 기업 독자들이 다수를 차지하지만, 앞으로 개인 독자들도 점점 늘어나리라 본다.

권태호 『프리미엄 조선』은 왜 성공하지 못했다고 보나?

우병현 회원 수를 잔뜩 늘려놓긴 했지만 막상 유료화 도입을 앞두고는 스스로 중단했다. 무료 회원 수가 5만 명에 이르렀지만 유료화로 전환했을 때 이들 가운데 얼마나 유료화에 동참할 지에 대한 확신이 없었다.

권태호 『뉴욕타임스』나 『월스트리트 저널』과 같은 페이월 모델의 한국 도입 가능성은?

우병현 네이버 때문에 안 된다.

권태호 콘텐츠 유료화와 관련해 많은 언론사들이 고심하고 있다. 『가디언』과 같은 후원 모델은 한국에선 힘들다고 보나?

우병현 후원 모델은 보조적 수준으로는 가능하나, 전면적인 수익 모델로는 힘들다고 본다. 그리고 후원 모델이 (금전적으로) 성공하려면 더 정파적으로 가야 한다. 홍카콜라나 알릴레오처럼. 그래야 후원이 더 늘어날 수 있기 때문이다. 따라서 후원 모델로는 퀄리티 페이퍼로 가기 어렵다.

『미디어오늘』의 '미오 친구'

『미디어오늘』은 2013년 9월 11일부터 인터넷 유료 서비스 '미오(미디어오늘) 친구'를 시작했다. 당시 『미디어오늘』은 "누구의 눈치도 보지 않고 깊이 있고 다양한 기사로 더욱 더 당당한 언론으로 거듭나기 위해"라고 그 이유를 밝혔다.[83] '월 1만 원, 연간 10만 원'의 유료회원을 모집하면서 △유료 콘텐츠 제공 △광고 없는 페이지 △신문JPG 제공 △종이신문 무료 배달 등을 내걸었다. 당시 광고시장이 축소되는 가운데, 박근혜 정권 들어 정부에 비판적인 매체에는 공공기관 뿐 아니라 사기업까지 광고를 주지 않는 상황이 이어진 것이 『미디어오늘』의 유료화를 앞당기게 만든 요인이었다.

고품질 기사에 한해 온라인에서 '월 1만 원'의 결제를 해야만 볼 수 있도록 하는 '부분 페이월' 시스템이었다. 그러나 『미디어오늘』은 이에 대해 스스로 "결과는 최악"이었다고 평가한다. 2~3년 가량 운영했는데, 유료화 회원이 300명 정도에 불과했다. 또 좋은 기사를 묶어놓는 바람에 오히려 고품격 기사일수록 세상에 알려지지 않는 모순이 발생했다. 결국 『미디어오늘』은 "좋은 기사이니, 돈 내고 읽으라"는 식의 유료화는 힘들다는 결론

83 도형래, 「미디어오늘 '인터넷 유료전환'…11일 유료판 '미오' 시작」, 『미디어스』, 2013.9.4.
http://www.mediaus.co.kr/news/articleView.html?idxno=36725

을 내리고, 이 시스템을 폐지했다. 대신 이후 '후원 모델'을 본격화했다.

'미오 친구' 모델 특징 및 한계

『미디어오늘』이 미디어 전문성이라는 뉴스 유료화의 장점을 지녔음에도 불구하고 프리미엄 제도 실험에선 사실상 실패했다. 이는 국내에서 '뉴스 유료화', 더욱이 '프리미엄 뉴스 유료화' 형식이 얼마나 어려운 지를 반증해 준다. 별도의 사이트를 둔 『프리미엄 조선』과도 달리, 동일한 사이트에서 일부 기사에 한해 부분적으로 유료화 장벽을 치는 경우에는 성공 가능성이 더욱 낮아질 수밖에 없음도 보여준다.

표로 읽는 유료 구독 비교

<표 3-4> 국내 언론사 디지털 유료 구독 비교

	출범	방식	별도 사이트	가격(월)	가입자 수
'미오 친구'	2013.9	부분 페이월	×	1만 원	현재 폐지
『매경e뉴스』	2013.9	프리미엄	○	1만5천 원	5만 구좌
『모바일한경』	2013.10	프리미엄	○	〃	3만 구좌
『프리미엄 조선』	2013.11	프리미엄	○	무료	5만 명(201
『e내일신문』	2013.11	부분 페이월 + 개별 기사 과금	×	1만 원(연 10만 원)	7,500명
『조선비즈k』	2014	단말기 + 프리미엄	×	3만 원	1만 구좌
『아웃스탠딩』	2015.1	부분 페이월	×	9,900원(연 11만8,800원)	수천 명(유

국내 언론사의 디지털 유료화 과정에서 2013년 가을은 매우 중요한 시점이다. 이해 9~11월 『조선일보』, 『매일경제』, 『한국경제』 등 국내 메이저 언론사와 『내일신문』, 『미디어오늘』 등이 일제히 디지털 뉴스 유료화를 시작하거나, 유료화를 염두에 둔 프리미엄 사이트 등을 출범시켰다. 고품질 기사에 대해 가격을 매기는 방식이 공통점이었다. 특히 『조선일보』, 『매일경제』, 『한국경제』 등은 별도의 프리미엄 사이트를 만들었다.

당시 한국 언론계에는 '좋은 기사에는 독자들이 기꺼이 돈을 낸다'는 믿음이 유행했다. 한국 언론사들이 유료화를 실험하면서 페이월 방식보다 프리미엄 방식을 더 선호했던 것도 당시의 이런 믿음과 관련이 있어 보인다.

그러나 결과적으로 이 방식은 현재까진 성공 모델을 보여주지 못하고 있다. 『프리미엄 조선』, 『미디어오늘』이 이 유료화 모델을 접었고, 『매일경제』, 『한국경제』 등은 프리미엄 사이트를 운용하고 있지만 대부분 기업 회원들이어서 '기업 광고 모델'의 변형으로 볼 수밖에 없다. 『내일신문』도 마찬가지다.

독자들은 '좋은 기사'라고 해서 돈을 내지 않았다. 또 당시 언론사들이 생각했던 '좋은 기사'란, 취재 뒷이야기, 칼럼, 분석 기사 등이었다. 프리미엄 방식을 취했던 언론사들이 공개를 제한하고 유료화 장벽을 친 기사들이 대부분 이런 유형이었다. 그러나 이는 상당 부분 '공급자 마인드'에서 벗어나지 못한 측면이 강하다. 독자들은 언론사가 생각한 '좋은 기사'에 돈을 내고 볼 생각이 많지 않았다. 특히 단골로 등장하는 '취재 뒷이야기'에 언론사들은 대단한 뭔가가 있는 것처럼 홍보했고, 독자들도 관심이 높을 것으로 기대했다. 그러나 독자들은 돈을 주고서라도 볼만큼 '뒷 이야기'를 찾진 않았다. 더욱이 모든 정보가 실시간으로 낱낱이 공개되는 시스템이 강화되면서, 이제 기자들이 취재현장에서 비밀스럽게 전할 만한 '뒷 이야기'라는 게 별반 많지 않다. 또한 개별 기자들이 페이스북 등에 뒷 이야기들을 많이 올려 일반 독자들도 자주 접하고 있다.

또 유료화를 고민하던 언론사의 인식, 준비 등이 모두 미흡했던 것도 이 모델이 제대로 정착하지 못한 주요한 요인이었다. 타깃 독자층을 누구로 할지, 독자들이 어떤 기사에 반응하는지 등에 대한 최소한의 조사도 없이 상당 부분 자체 판단력에 의지했다.

초기 프리미엄 모델이 기대했던 성과를 못 내고 좌초하자, 이후 국내 언론사의 유료화는 『뉴스타파』, 『오마이뉴스』 등 온라인 진보매체들을 중심으로 한 후원제 쪽으로 무게중심이 기울었다. 2015년 창간한 『아웃스탠딩』이 월 10~15개의 프리미엄 기사를 제공하고, 이들 기사를 보려면 돈을 내야 하는 프리미엄 방식을 설정해 상당 부분 성공을 거둔 것으로 평가받고 있다. 그러나 이는 IT 전문지라는 특수성, 또 이로 인한 제한된 독자층 때문인 것으로 보여, 일반 종합 시사매체와는 성공 조건이 다르다고 할 수 있다. 또 『동아일보』에서 펴내는 격주간 경영잡지인 『동아비즈니스리뷰』는 연간 종이잡지 구독료는 24만 원이지만, 잡지에 실린 기사에 대한 기자의 설명을 동영상으로 보여주는 'DBR 프리미엄' 서비스를 연간 55만 원에 판매한다. 『동아비즈니스리뷰』는 국내에서 거의 유일한 경영전문지로 MBA 등에서 학습교재로도 참고하는 등 나름의 전문성을 인정받고 있다. 그렇기에 프리미엄 서비스에 높은 가격을 제시할 수 있는 것이다. 이처럼 프리미엄 서비스는 한정된 독자층과 독보적인 콘텐츠 또는 서비스라는 조건을 갖춰야 제대로 된 시도를 할 수 있을 것으로 보인다.

고객 분석과 고객 니즈 중심, 회원제[Membership]

2013~14년 언론사들의 프리미엄 방식 유료화가 기대만큼의 성과를 거두지 못한 뒤, 유료화를 고민하는 언론사들은 '회원제'라는 또 다른 형태의 유료화를 모색하고 있다. 첫 걸음은 기존 언론사보다 스타트업 미디어 쪽에서 떼고 있다. 그러나 디지털 유료화에 대한 관심을 꾸준히 갖고 있는 언론사들은 회원제의 가능성을 계속 주목하고 있다.

〈사진 3-35〉 중앙멤버십 홈페이지 화면(2019.6.10.)

『중앙일보』의 '중앙멤버십'

『중앙일보』는 2015년 5월 '중앙멤버십' 서비스를 내놨다. 정확하게 말하면『중앙일보』계열 콘텐츠 유통사 제이콘텐트리ⁱ contentree의 서비스다. 중앙일보를 구독하면 △메가박스 영화티켓 할인 △리조트 이용 할인 △건강검진 우대 △키자니아 할인 △JTBC VOD 제공 등의 혜택을 받을 수 있는 서비스다. 이외에도 E마트와 홈플러스 등 대형마트 7% 할인, SK주유소 리터당 60원 할인, 에버랜드 자유이용권 할인, 차량점검서비스와 국내선 항공권 할인 등의 서비스도 제공된다.『미디어오늘』은 '중앙멤버십' 출시 당시, "이쯤되면 정보 이용이 아닌 부가혜택을 위해 중앙일보를 구독할 수밖에 없다"라고까지 말했다.[84]

과거 언론사들이 신문을 구독하면 선물을 주는 경우는 있었지만, 이런 규모로 대량의 할인 서비스를 제공하는 것은 처음이다. 중앙멤버십 회원은 2017년 4월에 6만 명을 넘어선 것으로 알려지고 있다. 그런데 멤버십 가입자의 서비스 이용률은 5%대로 매우 저조한 편인 것으로 전해진다.

---

[84] 정철운, 「'미디어 복합체' 중앙일보, "신문 구독하면 영화 할인"」,『미디어오늘』, 2015.6.19.
http://www.mediatoday.co.kr/news/articleView.html?idxno=123685

중앙멤버십 모델 특징과 한계

『중앙일보』의 '중앙멤버십'을 디지털 뉴스 유료화의 회원제로 인식하는 것은 조금 곤란하다. 뉴스 유료화를 염두에 둔 언론사의 '회원제'란, 디지털을 기반으로 일종의 회비를 내고 기사를 보거나, 아니면 기사와 관련된 부가적 서비스를 이용하는 형태여야 한다. 그런데 『중앙일보』의 중앙멤버십은 온라인이 아닌, 오프라인 신문을 기반으로 한다. 오프라인 신문의 부수를 늘리기 위해 다양한 혜택을 제공하는 형태에 가깝다.

중앙 멤버십은 『중앙일보』 구독자라면 누구나 가입이 가능하다. 『중앙일보』를 구독만 하면 추가 지불 없이 이런 대량 서비스를 받을 수 있는 것이다. 그런데 2017년도분 ABC 유가부수 집계를 보면, 『중앙일보』의 유료부수는 72만6,390부다. 당시 중앙멤버십 회원은 6만 명 수준이었던 것으로 전해진다. 『중앙일보』 독자 가운데 멤버십 서비스 사이트에 가입한 회원 수가 8% 밖에 안 된 것이다. 이는 신문 구독을 선택할 때 부가서비스가 유인책이 되기 힘들다는 점을 보여준다. 이 모델은 디지털 유료화와 관련된 '멤버십'(회원제) 모델이라기보다는, 오히려 반대로 오프라인 신문 독자들에게 부가적인 '회원제 할인 서비스'를 제공하는 것에 가깝다. '디지털 유료화'라기 보다는 '오프라인 유료화'를 확대하기 위한 것에 가깝다. 『중앙일보』도 중앙멤버십을 오픈하면서 이를 '디지털 유료화'라고 홍보하진 않았다. 중앙멤버십 오픈 이후에도 『중앙일보』의 종이신문 부수가 하락세를 이어갔던 점을 감안하면, 이런 대량 부가서비스가 기대만큼 구독 확장에도 큰 기여를 하지 못한 것으로 보인다.

여러 언론사들이 디지털 유료화를 고민하면서, 디지털 유료 독자들에게 어떤 형태로든 리워드 형식의 추가서비스를 제공하는 방안을 고심한다. 주로 강연이나 도서 할인, 기자와의 만남 초대 등을 내걸고 있다. 하지만 중앙멤버십 사례에서 보듯, 디지털 유료화에서 '부가 서비스'가 유효한 유인책이 될 수 없음을 짐작할 수 있다.『중앙일보』는 2019년 3월 중앙 멤버십 혜택을 더욱 강화해『중앙일보』종이신문 유료 독자에게 국내에서 발행되는 100여종의 신문과 잡지를 PC, 스마트폰을 통해 볼 수 있는 '조 인스 프라임 스탠다드' 이용권을 제공하기로 했다.

　『중앙일보』는 중앙멤버십과는 별개로, 현재 국내 언론사 가운데 가장 먼저, 그리고 가장 선도적으로 디지털 혁신을 거듭하고 있는 언론사로 평 가받고 있다. 다만 유료화에 대해서는 구체적 계획을 아직 세우고 있지 않 은 것으로 전해진다. 이는 디지털 분야에서 '유료화' 보다 '혁신'이 먼저이 기 때문이다.

『퍼블리』*PUBLY*

　미디어 스타트업인『퍼블리』는 '회원제' 모델로서 최근 시장에서 가장 주목받고 있는 곳이다. 2015년 출범한『퍼블리』는 디지털 출판 성격이 더 짙다. 저자와 공동으로 콘텐츠를 기획하고, 예약판매(크라우드펀딩)를 진행 해 목표액을 넘으면, 프로젝트에 들어가 그 결과물인 콘텐츠를 얼마 뒤 사 이트에 공개한다. 그리고 처음부터 철저한 유료 멤버십 회원제로 운영했 다. 월 21,900원의 회비를 내는 회원들만 해당 사이트에 들어와 이 콘텐츠 를 볼 수 있도록 했다. 그런데 창업 3년 만에 매달 회비를 내는 유료회원 수가 3,500명을 넘어섰고, 이후 회원 증가 속도가 더 빨라져 2019년 6월 기준, 구독자 수가 6,200명에 이른다. 콘텐츠와 운영 방식, 성과 모두 기존 의 미디어·출판업계와 달라 주목받고 있다.

　『퍼블리』는 특정 분야에 전문성을 지닌 저자와 이를 중개하는 플랫폼 모델을 취하고 있다. 이용자의 요청에 의해 예약제로 콘텐츠를 제작하는 방식으로, 예약 목표 금액에 도달하면 저자와『퍼블리』팀이 콘텐츠를 완 성해 예약한 이용자들에게 전달해 왔다. '다음'의 스토리펀딩 모델과 비슷하다. 그러나 스토리펀딩이 독자들에게 무료로 공개되는 데 반해, 『퍼블리』는 월 21,900원을 내고 가입한 회원들에게만 모든 콘텐츠를 읽을 수 있도록 하고 있다. 2018년 9월 말 기준 콘텐츠 122개, 챕터 1,149개를 서비스하고 있다. 예약 기간에 한해 개별 콘텐츠만을 구매할 수도 있기는 하지만, 전체적으로는 '폐쇄형 회원제'인 것이다.

이처럼 『퍼블리』의 수익모델은 크게 2가지였다. 저자와 콘텐츠를 기획한 뒤 크라우드펀딩 시스템을 통한 예약판매, 그리고 콘텐츠가 완성된 뒤에는 멤버십(회원제)을 통한 사후판매 등이다. 그런데 『퍼블리』는 2019년 4월부터 크라우드펀딩 방식을 종료했다. 구독 모델에 집중하기 위해서다. 구독자의 재결제율이 85%에 이른다는 것은 『퍼블리』의 콘텐츠 또는 『퍼블리』의 구독 모델에 만족하는 이들이 상당함을 보여주는 것이기도 하다.

『퍼블리』 모델의 특징과 한계

『퍼블리』는 여행지 정보부터 최근 IT 트렌드까지 상식적인 수준부터 전문적인 지식까지 망라한다. 또 다른 미디어 스타트업으로 유료화 성공 모델로 평가받고 있는 『아웃스탠딩』이 IT 분야에 한정돼 있는 반면, 『퍼블리』는 훨씬 더 광범위한 분야를 다룬다. 2018년 5월까지 설립 4년간 발행한 유료 콘텐츠가 모두 84개이고, 이 중 약 5분의 1이 매출 1천만 원 이상을 달성했다. 그런데 2018년 5월부터 2019년 3월까지 불과 10개월 동안 유료 콘텐츠가 83개나 더 쌓였다. 4년간의 콘텐츠 개수와 이후 1년 간의 콘텐츠 개수가 같을 만큼 콘텐츠 양이 급증하고 있는 것이다. 월 21,900원의 회비를 내는 유료고객도 지난 2018년 8월, 3천 명을 넘었는데, 이후 1년도 안 된 2019년 6월에 배 이상인 6,200명에 이르렀다. 『퍼블리』는 서비스 초기 설계부터 수익 모델을 고민하면서 서비스와 비즈니스를 일체화 시킨 모델로 평가받는다.[85]

『퍼블리』의 또 다른 수익 모델로 콘텐츠 예약 판매(크라우드펀딩)가 있었다. 서비스 런칭 시점에서 콘텐츠 제작 비용 확보를 위해 활용했던 시스템이지만, 이후 비용 보전과 수익 확보 보다는 '소비자의 검증'이라는 측면에서 크라우드펀딩을 내다봤다.[86] 2018년 9월 기준, 크라우드펀딩에서 1천만 원 이상 예약 구매를 달성한 콘텐츠는 모두 15개에 이른다. 인기 콘텐츠 1위는 '퇴사 준비생의 도쿄'로 3,174만1,200원이 예약 구매됐다.

박소령 『퍼블리』 대표는 언론 인터뷰에서 유료화가 가능한 디지털 콘텐츠의 성격으로 '주관', 즉 '개인의 경험'을 들었다. 박 대표는 이렇게 말했다. "객관과 정보는 돈이 안 된다고 봅니다. 검색하면 널려 있잖아요. 사람들은 희소성에 돈을 내는 것 같아요. 희소성이 있으려면 경험이 있어야 하고, 경험을 상품화하려면 주관적으로 써야 합니다. 아무리 특별한 경험이어도 자기 생각이 들어가지 않은 콘텐츠에는 돈을 내지 않아요."[87]

박 대표는 『퍼블리』가 유료화에 성공할 수 있었던 배경으로 젊은 층이 콘텐츠에 돈을 지불하는 것에 익숙해지고 있는 환경을 들기도 했다. 외부적 요인 이외에, 『퍼블리』의 유료화가 성공을 거둔 비결 가운데 하나는 일종의 '완결성'이다. 디지털 뉴스의 유료화가 어려운 이유도 '완결성'이 부족한 때문이라는 게 박 대표의 생각이다.

그러나 이 『퍼블리』 모델을 기존 언론사 또는 신생 미디어 스타트업이 쫓아갈 경우, 똑같은 성공을 거둘 수 있다고 기대하기란 쉽지 않다. 일각에서는 회사 출범부터 다음 이재웅 창업자로부터 투자를 받는 등 서울대 경영학과, 하버드대 케네디스쿨 출신인 박소령 대표의 폭넓은 네트워

85 정동훈·곽선혜·김희경·오은석·이남표·정형원, 『국내 디지털 콘텐츠 유료화 실패 사례 연구』, 한국언론진흥재단, 2017, p.56~59
86 김안나, 「PUBLY 콘텐츠팀 인사이드 스토리」, 『뉴스콘텐츠 유료화 실험 사례-관훈클럽 세미나』, 2018.11.2.
87 김민희, 「유료 온라인 콘텐츠 새 모델 열다」, 『톱클래스』, 2018.9.

PUBLY

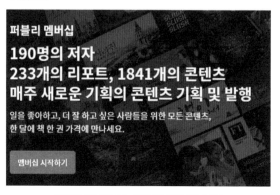

〈사진 3-36〉「퍼블리」홈페이지 화면(2019.7.18.)

킹과 치밀한 콘텐츠 및 유료화 전략 등을 주요한 성공 요인으로 꼽기도 한다. 박 대표는 2018년 4월 기자들을 상대로 한 한국언론진흥재단 강연에서 성공의 한 요인으로 "우리 고객이 누구인지를 철저히 파악하고, 고객의 니즈에 주력하려 한다"고 말한 바 있다. 이 역시 특히『퍼블리』처럼 '회원제' 모델을 추구하는 곳에서는 필수적인 요소로 보여진다.

『퍼블리』는 2019년 2월, 38억 원의 투자를 유치했다. 벤처캐피탈인 DSC인베스트먼트, 인터베스트, 옐로우독과 메디아티가 참여했다.『퍼블리』는 2015년 설립 당시 다음 창업자인 이재웅 대표의 SOQRI로부터 시드 투자를 받았고, 2017년에는 캡스톤파트너스, 500스타트업, 퓨처플레이 등으로부터 시리즈A 투자를 유치했다.[88] 현재까지 누적 투자 금액은 약 60억 원이다. 아직은『퍼블리』의 유료화 모델이 그 자체로 성공했다기보다는, 미래가치를 인정받아 상당한 투자를 받은 상태라는 게 정확한 표현이다.『퍼블리』가 투자업체로부터의 가치 인정을 넘어, 콘텐츠 소비시장

---

88   하선영,「온라인 구독 서비스『퍼블리』38억 원 투자 유치」,『중앙일보』, 2019.2.19

에서 온전히 자립할 수 있기까지는 조금 더 시간이 필요한 것으로 보인다. 그러나 현재 그 속도가 매우 빠르고, 점점 가속도가 붙고 있다.

> **[인터뷰]**
> **박소령**(『퍼블리』대표)

2015년 콘텐츠 기획·유통 플랫폼인 『퍼블리』를 창립했다. 이에 앞서 서울대 경영학과를 졸업(2005)하고 맥킨지에서 컨설턴트로 일하다, 하버드대 케네디스쿨 공공정책학 석사 과정을 졸업(2014)했다. 회원제로 운영하는 『퍼블리』는 2019년 3월 현재까지 매월 2만 원 이상씩을 내는 회원이 3,000명을 넘어서는 등 유료화 모델의 성공 사례로 자주 오르내린다. 박 대표도 컨퍼런스와 강연, 인터뷰 등을 통해 『퍼블리』의 성공 사례를 적극적으로 전하고 있다.

권태호 『퍼블리』가 진행한 개별 프로젝트가 상당한 성공을 거둔 비결이 뭔가?

박소령 진행한 프로젝트 130개 중 목표액 100%를 넘은 게 120개 정도다. 저희는 내부 PM(프로젝트 매니저)이 (콘텐츠) 필터링을 한다. 기획 단계부터 팀이 함께 붙는다. 그래서 저자가 알아서 올린 콘텐츠를 소비자에게 그냥 내보내는 시스템이 아니다. 기획 단계에서 많이 선별한다. 그 다음 선별된 저자와 코워크^{Co-work}(협업)하는 기획준비 작업을 거쳐 프로젝트화 된다. 그것이 성공률을 높여주는 무기다.

권태호 2016년까지는 월 매출이 600만 원이었다. 지금(2019년 6월)은?

박소령 6천만 원~7천만 원 정도다. 빠르게 오르는 추세다. 크라우드펀딩과 달리, 멤버십은 계속 소비자들이 리텐션retention(머무름) 하니까 훨씬 안정적으로 매출이 오른다.

권태호 손익분기점은 넘었나?

박소령 아직 흑자를 못 내고 있다. 그러나 흑자를 내는 건 쉽다. 비용과 직원을 줄이면 된다. 하지만 지금 『퍼블리』에서 중요한 것은 흑자를 내는 게 아니라, 매출을 더 빠르게 키우는 것이다. 단기간에 손익분기점을 맞출 생각은 없다. 더 많은 콘텐츠를 만들기 위해 제작비를 더 많이 투입해야 한다. 또 좋은 사람을 데려오기 위해 그만큼 (직원들에게) 좋은 대우를 해줘야 한다. 콘텐츠·마케팅·사람, 여기에 들어가는 비용을 계속 투입할 생각이다.

권태호 현재 직원 수는?

박소령 계속 뽑고 있다. 20명을 채웠다.

권태호 국내 미디어 기업에서도 콘텐츠 유료화에 대한 시도는 계속 있어왔다. 그러나 초기 디지털 콘텐츠 유료화는 탈출구를 못 찾고 거의 좌초했다. 지금은 제대로 시도하고 있는 곳이 거의 없다시피 하다. 『퍼블리』 콘텐츠가 완결성은 있지만 기존의 콘텐츠에 비해 엄청난 차별성이 있다는 느낌은 못 받았다. 『퍼블리』에서 콘텐츠 유료화가 어떻게 가능했나?

박소령 10년 전에 비해 웹툰·웹소설에 돈 내는 10~30대들이 판을 다져놓은 게 있다. 또 넷플릭스·멜론 등의 사용 경험으로 인해 사람들이 콘텐츠에 돈 내는 것을 10년 전만큼 이상하게 생각하지 않는다. 그리고 완결성은 처음부터 중요하게 생각했던 부분이다. 뉴스 서비스들은 그냥 날아다니는 URL 콘텐츠다. 여기에는 사람들이 돈을 안 낸다. 대신 완결성을 지닌 상품에는 사람들이 돈을 낼 수 있다고 생각했다. 학자·교수·기자들의 콘텐츠는 가급적 안 실으려 한다. 그 분들이 쓰는 콘텐츠는 너무 많고, 이미 공짜가 됐다. 제3자적 시선에서 비평하는 글은 돈이 안 된다. 어떤 필드에서 직접 발 담그고 일하는 선수가 하는 이야기는 유니크하다. 완벽성을 지닌 자신의 경험을 쏟아 부은 콘텐츠는 시장에 없다. 시장에 잘 없으니 돈을 내는 것이다.

〈사진 3-37〉 박소령 「퍼블리」 대표(2018.8.11.)

박소령 「퍼블리」 대표가 「퍼블리」가 입주해 있는 서울시 삼성동 스타트업 공유 오피스빌딩에서 「퍼블리」 홈페이지 화면을 열어놓고 설명하고 있다.

사진 권태호 기자

권태호 많은 외국 미디어업체들이 기술과 콘텐츠를 결합하는 게 필요하다는 이야기를 많이 한다. 직원 중 기술 쪽이 몇 명인가?

박소령 절반.

권태호 기술에 무게를 많이 둔 건가? 『뉴욕타임스』의 혁신보고서도 결국 '기술자들을 콘텐츠 생산자들보다 더 위에 놓고 처음 기획 단계부터 같이 결합시켜라'는 것 아닌가?

박소령 처음부터 엔지니어 조직과 대등하게 간다는 생각을 갖고 있었다. 제가 벤치마킹하는 팀이 넷플릭스다. 넷플릭스는 두 조직이 핵심이다. 콘텐츠 CCO 산하 조직과 CPO라 부르는 엔지니어 조직이 투톱이다. 넷플릭스 CEO는 늘 '우리는 예술과 기술, 양 날개로 간다'라고 이야기한다. 저희는 '콘텐츠와 플랫폼은 동시에 간다. 어느 하나가 더 위에 있고, 나머지가 따라가는 구조가 아니다'라는 것을 기초로 한다.

권태호 최근 크라우드펀딩을 종료하고, 구독에 집중하기로 했다. 크라우드펀딩으로 들어오는 수익을 포기하는 이유는 뭔가?

박소령 2019년 4월부터다. 크라우드펀딩은 한 권의 책을 디지털로 사는 것이고, 멤버십은 한 달의 시간을 사는 것이다. 두 고객은 많이 달랐다. 우리가 두 고객을 동시에 만족시킬 수 없다고 생각했다. 지난해(2018년) 하반기에 테스트를 해봤다. 크라우드펀딩을 한 독자를 멤버십으로 바꾸는 실험이었다. 생각보다 전환이 안 되더라. 크라우드펀딩에 동참하는 사람들은 해당 콘텐츠에 관심이 있는 사람이고, 멤버십 독자들은 『퍼블리』라는 브랜드에 더 관심이 높은 사람이다.

권태호 하나의 수익모델을 포기하는 것 아닌가?

박소령 크라우드펀딩이 크게 히트쳐서 펀딩 금액이 많아지는 콘텐츠도 있지만, 그렇게 많은 숫자가 아니다. 이보다는 저희가 집중해야 하는 곳에 비즈니스 역량을 투입하는 게 낫다고 봤다. 저희는 플랫폼이 되어야 한다고 생각했다. 크라우드펀딩 결과에 일희일비하는, 흥행 타는 비즈니스를 하고 싶진 않다.

권태호 한국에는 뉴스콘텐츠 유료화와 관련해 후원제가 꽤 넓게 퍼져 있다. 외국에는 거의 없는 풍경이다. 대부분 진보매체들이다. 뉴스매체 중에선 『퍼블리』처럼 '돈 주고 뉴스를 구매하세요'라는 곳은 거의 없다. 있더라도, B2B 중심이다. 한국에서 콘텐츠 유료화를 논의하면 '뉴스의 공공성과 현실적 상황을 감안해 (구매 형태보다는) 후원제를 확대해야 한다'고 주장하는 쪽이 있고, 또 다른 쪽은 '후원제는 한계가 있다. 콘텐츠는 정당한 대가를 주고 사 보는 것이라는 인식을 계속 퍼트려야 한다'고 주장하는 이들이 있다. 본인 생각은 어떤가?

박소령 저는 이미 한쪽을 택한 사람이다. 향후 디지털 뉴스 유료화의 방향이 후원제가 되진 않을 것이라고 생각한다. 그 이유는 비즈니스를 누군가의 선의에 기댈 수는 없다고 보기 때문이다. 소비자가 비용을 지불해야 공급자도 소비자를 더 생각할 수 있을 것 같다.

권태호 후원제는 힘들다고 보는 건가?

박소령 후원은 비즈니스가 아니다. NGO가 하는 것이라 본다. 기업이 후원을 받는 것은 영속적이 되진 않으리라 본다. 저는 인간의 선의보단 시장을 믿는다. 글로벌 트렌드나 (미디어의) 브랜드 명성이 있는 곳일수록 소비자가 돈을 내는 형태의 상품모델로 가려고 하는 이유가 그래서라고 생각한다.

권태호 『가디언』은 구독과 후원을 동시에 진행하고 있지 않나?

박소령 내부적으로 구성원들이 혼란스러울 것 같다. 공공적 성격의 언론인지, 비즈니스 측면의 언론인지. 『뉴욕타임스』 독자들이 유료 구독을 하는 것에도 후원의 성격이 포함돼 있다고 본다. 그러나 (그냥 돈을 내는) '공공적 후원 Public Donation'은 조직적으로 많은 혼란을 줄 수 있다고 생각한다.

권태호 그런데 후원제 외의 다른 형식의 디지털 뉴스 유료화도 제대로 되지 않고 있다. 그 이유에 대해 생각해 본 적 있나?

박소령 절박하지 않기 때문인 것 같다. 기존의 '광고 모델'이 현재까진 충분히 유효하니까. 언론사에서 디지털 유료화를 이야기 하지만, 실제로 예산과 자원의 분배가 디지털 분야에 강력히 이뤄지는 경우는 흔치 않다. 디지털에 자원을 분명하게 투입해야 한다. 적절한 외부 전문가 수혈도 필요하다.

권태호 『퍼블리』를 보면서 '이정도면 모방할 수 있지 않을까?'라는 생각도 들었다. 대형 출판사들, 그리고 신문·방송사들은 자회사를 만들어서 하거나 또 다른 미디어스타트업이 제2, 제3의 『퍼블리』를 노리고 그대로 따라할 수도 있지 않을까. (업종으로서의) 진입장벽이 너무 낮은 건 아닌가?

박소령 그런 상황을 환영한다. 시장이 커지는 것이니까. 더 많은 소비자들이 경험할수록 저희한테 이득이 된다고 본다. 그래서 신규 경쟁자가 이 판에 들어오는 것을 아주 긍정적인 신호라고 본다. 경쟁이 더 치열해질수록 좋다. 최근 신규 플레이어가 들어오기 시작했다.

권태호 직원들을 계속 뽑고 있는데, 어떤 직원들을 리크루팅하나?

박소령 저희 팀에 필요한 사람은 변화에 유연하게 적응하는 사람이다. 저희 회사 같은 경우는 변화의 속도가 정말 빠르다. 1주 단위, 한 달 단위로 획획 바뀐다. 이 속도와 방향을 못 따라 오면 버틸 수 없다. 파도 타듯 계속 끊임없이 넘을 수 있는 의지와 역량이 필요하다. 끊임없이 생존을 위해 백지에서 또 시작하는 것에 익숙한 사람들이 필요하다.

권태호 서울대 졸업생들이 의외로 스타트업에 많이 간다고 한다. 자유롭게 일하고 대우도 괜찮은.

박소령 서울대는 예외적이라고 생각한다. 서울대 졸업장 자체가 사회적 안전망 역할을 한다. 내가 망해도 다시 다른 곳에 갈 수 있다는 자신감. 그러니까 질러보는 것이라 생각한다. 그런데 사회적 안전망이 없는 사람들한테 창업을 권하고 스타트업 하라고 얘기하는 건 매우 무책임하다고 생각한다.

권태호 스타트업 중에서도 미디어 스타트업은 차별성이 있나?

박소령 일단 시장은 머니money가 중요하다. 미디어 스타트업에 있는 사람들 가운데, 가끔 비즈니스가 아니라 본인의 이상을 실현하기 위한 것으로 접근하는 경우가 있다. 그건 이 시장을 키우는데 별로 도움이 안 된다.

권태호 미디어 스타트업에 지원하는 친구들은 취업한다는 생각 외에도 공공에 영향을 미치고 싶고 내 목소리를 내고 싶은 욕구들이 있는 사람들이지 않을까?

박소령 우선순위의 문제다. 기업은 성장에 존재 의미가 있다고 생각한다. 사회에 영향을 끼치려면 무조건 매출이 커야 한다. 목소리를 내고 싶으면 회사를 1조 단위로 키우면 된다. 시장에서 선택받은 사람이 낼 수 있는 목소리와 시장에서 선택받지 못했는데 '이것이 필요하다'고 이야기 하는 목소리는 소비자가 받아들이는 게 다르다.

<u>권태호</u> 『퍼블리』를 운영하는 이유는 뭔가? 궁극적인 목적은?

<u>박소형</u> 한국 사회가 선진국으로 도약하는 데 제일 필요한 게 지적 인프라다. 똑똑한 소비자가 많이 늘어나야 그만큼 똑똑한 기업도 많이 나온다고 생각한다. 우리 사회에서 그런 지적 인프라가 선진국에 비해 너무 취약하다. 그런 인프라를 까는 역할을 우리 세대가 해야 한다고 본다.

계속 새로운 무언가가 탄생되지 않는 사회는 고인물이고, 금방 썩어버린다. 100년 이상 된 레거시 미디어들과 수십 년 히스토리를 가진 것들, 탄생한 지 6개월 된 곳들이 같이, 그리고 많이 있는 것이 바람직한 생태계라 생각한다.

『닷페이스.*face*』

2016년 10월 설립된 동영상 기반 미디어 스타트업 기업이다. 20~30대 SNS 사용자를 대상으로 페이스북을 통해 영상을 유통한다. 젠더 및 페미니즘, 성 소수자, 장애인 등 기성 언론에서 배제된 마이너리티들을 주인공으로 다룬다는 점을 분명히 하고 있다.

『닷페이스』의 직원들은 모두 20~30대다. 20~30대들이 직접 2030 세대가 부딪히는 현실적 문제들을 밀착 취재하면서 진정성 있게 전하고 있어, 『닷페이스』는 미디어 스타트업 중에서도 빠르게 독자층을 확보했다. 그리고 독자층도 18~35세가 80% 정도로 대부분을 차지한다. 조소담(29) 『닷페이스』 대표는 "같은 사회 현상도 밀레니얼 세대의 시각에서 다르게 풀어보려고 한다"고 말했다.[89] 2019년 7월 7일 현재 페이스북 팔로우 수

---

[89] 이소라, 「소수자 약자 목소리 전하는 『닷페이스』 조소담 대표의 꿈」, 『한국일보』, 2017.6.8.

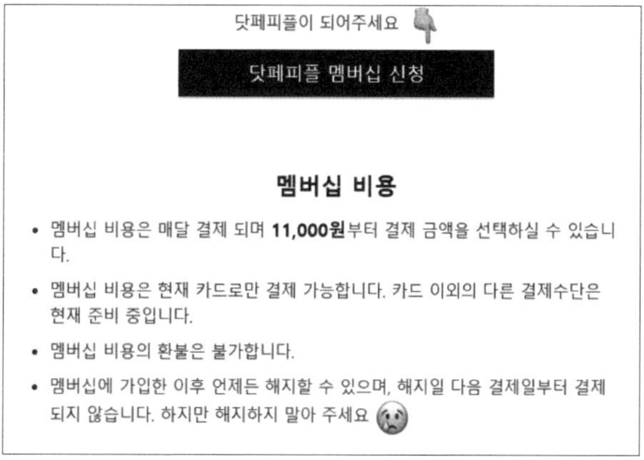

〈사진 3-38〉「닷페이스」 후원 화면

는 13만4,648명, 유튜브 구독자 18만139명을 보유한 대안미디어로 성장했다.

『닷페이스』는 멤버십 회원인 '닷페피플'에 대해 매월 11,000원부터 결제 금액을 선택할 수 있도록 했다. 후원제를 실시하는 다른 언론사들이 '일시 후원'과 '정기 후원' 등 2가지 종류를 동시에 펼쳐놓은 데 반해, 『닷페이스』는 '정기 후원제' 한 방식만 고집한다. 멤버십 가입 회원들을 '닷페피플'이라고 부르듯, 1회성 후원이 아닌 동참의 의미를 강조하기 위함이다. 멤버십 혜택은 뉴스레터 제공, 유료 행사 할인, 토크쇼 등 회원 전용 오프라인 행사 초청 등이다. 특히 회원들인 '닷페피플'에게 연 4회 제공하는 한정판 굿즈인 '닷페키트'에 상당한 정성을 쏟는다. 영상물인 『닷페이스』 콘텐츠의 한 장면, 『닷페이스』의 메시지를 담은 스티커 팩, 『닷페이스』 로고 스티커, PD의 제작노트 등이다. 이는 '닷페피플'의 정체성을 높이려는 시도다. 실제로 이 '닷페키트'에 대한 멤버십 회원들의 관심이 매우 높아, 닷페키트가 배송된 직후에는 매번 회원들로부터 상당한 리뷰가 쏟아지기도 한다.

『닷페이스』 모델 특징과 한계

『닷페이스』는 페미니즘 지향 등 자신의 색깔을 분명히 드러낸다. 후원제를 실시하고 있는 『뉴스타파』, 『오마이뉴스』, 『시사IN』 등도 대체로 진보적 색채를 강하게 띄고 있지만 특정한 정치적 신념을 추구하기 보다는 언론매체의 속성이 강한데 반해, 『닷페이스』는 형식적으로는 언론매체이지만 페미니즘, 성소수자 등 운동 미디어의 성격이 강해 보인다. 『닷페이스』가 짧은 시간에 후원자들을 많이 모을 수 있었던 데에는 이런 점도 큰 영향을 미쳤던 것으로 보인다. 『닷페이스』의 멤버십 회원들은 단순히 미디어에 돈을 지불하는 게 아니라, 함께 만들어 나가고자 하는 세상을 향해 『닷페이스』를 중심으로 함께 협력하자는 뜻이 더 강하다고 볼 수 있다.

그래서 『닷페이스』의 후원제는 '회원제' 성격이 상대적으로 짙다. '후원제'는 해당 매체 또는 기사에 대해 '기부금'을 낸다는 성격이 강하다면, '회원제'는 해당 매체와의 소속감과 동질성을 본인 스스로 느끼면서 이에 일종의 '회비'를 내는 성격이 더 짙다. 『닷페이스』가 회원들에게 제공하는 간단한 잇츠 제품들이 상당한 인기를 누리는 것도 이와 관련 있다. 앞으로 후원제를 고려하는 언론사들은 『닷페이스』 사례에서 보듯, 후원제 또는 디지털 구독제를 도입하더라도 이를 사실상의 회원제로 인식할 수 있는 방안을 고민해야 할 것이다. 그것이 지속성을 강화할 수 있다. 다만, 『닷페이스』처럼 특정한 연령집단과 비슷한 문제의식을 지닌 이들을 대상으로 하는 매체가 아니라 불특정 다수 전원을 대상으로 하는 종합일간지의 경우, 이런 점에서 어느 정도 한계가 있을 수 있다.

『닷페이스』는 겉으로만 보면 크게 성장한 것처럼 보인다. 그러나 수익 모델 변화 과정을 보면, 미디어 스타트업이 '안정적인 수익'에 앞서 '수익 모델'을 찾는 것마저도 얼마나 힘이 드는 일인지를 짐작케 한다. 『닷페이스』는 그동안 브랜디드 콘텐츠, 크라우드펀딩, 멤버십 프로그램 등 다양한 수익모델을 시도해왔다. 미디어 스타트업 엑셀러레이터인 '메디아티'로 부터 초기 투자금을 지원받은『닷페이스』는 젊은 감각으로 짧은 동영상을 재빠르게 제작해 이를 페이스북에 올렸다. 2016~17년 페이스북이 빠르게 확산될 때여서, 금세 조회 수를 크게 늘릴 수 있었다. 처음에는 조회 수를 바탕으로 '브랜디드 콘텐츠'(내용물 안에 브랜드 메시지를 자연스럽게 녹인 콘텐츠)를 수익모델로 삼았다. 다소 변형된 광고 모델이다. 사실상 광고 수익이 주 수익모델인 상태로 2년 간 미디어 운영을 지속했다. 그러나 이것만으로는 한계가 있었다.

『닷페이스』는 2017년 12월 미성년자에게 채팅 앱으로 성매수를 시도하는 남성들을 다룬 'H.I.M' 프로젝트를 공개하면서 크라우드펀딩 모델을 시도했다. 10대 성매수 피해 여성들을 지원하는 프로젝트를 기획해 크라우드펀딩 목표 금액 812%(4,061만 원)를 달성했다. H.I.M 프로젝트를 통해 들어온 수익금은 모두 기부했기에, 이를 수익모델이라 표현하기는 힘들다. 그러나『닷페이스』는 이듬해 낙태죄 폐지를 주제로 하는 '세탁소의 여자들' 웹시리즈를 역시 크라우드펀딩 모델로 기획했다. 2018년 8월 28일 펀딩 사이트 '텀블벅'에 올라온 '세탁소의 여자들' 프로젝트는 후원 모집 첫날 하루 동안 1천만 원이 넘는 금액을 모았다.[90] 이 프로젝트는 목표 금액인 3천만 원을 훌쩍 넘는 4,942만 원(1,865명)의 모금액을 최종적으로 기록했다.[91] 그리고 이에 앞서 2018년 초 일종의 후원형 회원제 모델인 '닷페피플'을 도입했다. 그러나 여전히 광고모델이 2018년 기준으로 수익

---

90 이은솔,「"ㄴㅌ 가능한 병원 좀… 급해" 이게 현실입니다」,『오마이뉴스』, 2018.8.31. http://www.ohmynews.com/NWS_Web/View/at_pg.aspx?CNTN_CD=A0002467616&CMPT_CD=P0010&utm_source=naver&utm_medium=newsearch&utm_campaign=naver_news

91 닷페이스,「낙태죄 폐지를 말하다,〈세탁소의 여자들〉」, 텀블벅, 2018.9.27. https://tumblbug.com/womeninlaundry

의 절반에 이르고, 광고 파트너와의 협업을 이어오고 있다.

2019년 5월 디지털 전문 미디어인 『블로터』와의 인터뷰에서 조소담 대표는 수익 모델에 대해 "플랫폼에 의존하는 광고 비즈니스는 (지속이) 어렵다"는 점을 말했다. 또 꽤 많은 호응을 얻은 크라우드펀딩도 개별 미디어가 이것만을 단독적인 수익 모델로 삼아 끌고 가기에는 힘들다고 했다. 그는 "크라우드펀딩은 (미디어인) 『닷페이스』가 아니라, (크라우드펀딩을 하는) 주제가 중요했다. 그 커뮤니티가 『닷페이스』 커뮤니티보다 컸다"는 점을 들었다.

조 대표는 현재 안착을 시도하는 멤버십 모델에 대해 "『닷페이스』가 고유한 가치를 지니고 있다는 것을 알리기 위해 시작했다"면서도 "시장에 진입하는 신진 미디어에게는 힘든 모델"이라고 말했다. 『닷페이스』는 멤버십 모델과 크라우드펀딩 모델의 결합을 추구하고 있다.

조 대표는 "(그동안) 정확한 수익모델을 못 만들어서 힘들었다. 가장 답답했던 건 작동할 거라고 막연히 생각한 수익모델이 안 맞았을 때였다"고 말했다. 조 대표는 그러나 "(수익모델을 찾는 과정이) 밑 빠진 독에 물 붓기처럼 그랬다. (이제는) 점점 (수익모델이) 가능해지고 있다는 것에 힘을 낸다"고 말했다.[92]

『뉴닉』

2018년 12월 출범한 미디어 스타트업 『뉴닉*NEW NEEK*』은 새로운 뜻의 'New'와 특이하다는 뜻의 'Unique'를 합친 신조어다. 1주일에 3번(월수금) 뉴스레터로 그날의 주요 이슈가 될 만한 뉴스 3가지를 배달해 준다.

그런데 기존 뉴스를 재편집하는 수준이 아니라, 친구와 이야기하는 것

---

92 김인경, 「미디어 스타트업 『닷페이스』가 사는 법」, 『블로터』, 2019.5.28.
http://www.bloter.net/archives/340799

처럼 쉽고 부드럽게 전달한다. 대화식으로 스토리라인을 풀어가기도 한다. 지난 2018년 12월, 1천 명에게 뉴스레터를 보내는 것을 시작으로 6개월여 만에 4만 명으로 구독자가 늘었다. 특히 전자우편을 열어보는 비율(개봉률)이 50% 이상이다.

『뉴닉』의 창업자는 20대 김소연(26)·빈다은(25)씨다. 김 대표가 2017년 미국 워싱턴에서 인턴을 하면서 구독한 『더 스킴_the Skimm_』이라는 뉴스레터 서비스를 벤치마킹했다.

『뉴닉』의 가장 큰 특징은 기존 미디어에서 10년 전 쯤 활발하게 추진하다, 최근에는 대부분 다 접은 '뉴스레터 서비스'를 부활시켰다는 점이다. 기존의 뉴스레터는 개봉률이 매우 낮아 점점 효용성이 떨어졌다. 또 비슷한 시기에 페이스북 등 SNS가 크게 확산되면서 소통수단으로서 이메일의 역할이 축소된 점도 영향을 미쳤다. 그런데 전자우편 뉴스레터는 외국에서 먼저 부활했다. 『더 스킴_the Skimm_』 외에도 『더 허슬_the Hustle_』, 『쿼츠_Quartz_』 등의 뉴미디어가 이메일 뉴스레터로 성가를 올리고 있다. 뉴스레터 서비스의 부활은 페이스북이나 유튜브에 대한 반작용 측면도 있다. 소비자 입장에선 페이스북이나 유튜브 등의 알고리즘에 의해 콘텐츠 노출이 일어나므로, 때론 자신들이 원하지 않는 콘텐츠가 계속 던져질 수 있다. 또 공급자 입장에서는 자신의 매체 독자들과 직접 소통하고 싶지만 페이스북이나 유튜브 등의 플랫폼 기업의 알고리즘이라는 벽에 마주치게 된다. 그래서 결국 '다시 이메일'로 돌아가는 흐름이 조금씩 일어나는 것이다.

『뉴닉』의 뉴스레터가 이전 기존 미디어의 뉴스레터와 다른 점은, 철저하게 '고객 중심적'이라는 점이다. 우선 『뉴닉』은 타겟층을 '뉴스를 알고 싶어 하는 20대와 사회초년생'으로 좁혔다. 그래서 『뉴닉』의 콘텐츠는 최대한 쉽고, 그리고 해당 뉴스를 제대로 이해하기 위해 알아야 할 선지식까

〈사진 3-39〉「뉴닉」 알림 화면

지를 한꺼번에 제공한다. 고슴도치를 형상화한 '고슴이'라는 캐릭터를 만들어 이 캐릭터가 독자와 소통하는 형식을 취하는 등 젊은 층의 기호와 감성에 맞추고 있다. 『뉴닉』은 이 타겟층을 염두에 두고 콘텐츠를 만들지만, 이후 독자층이 조금씩 확대되는 형태를 보이고 있다.

『뉴닉』은 지난 2018년 4월 미디어전문 액셀러레이터 '메디아티'로부터 4천만 원의 창업투자를 받아 7월 법인을 설립하고, 12월부터 뉴스레터 메일을 보내기 시작했다. 처음에는 김소연 빈다은 공동창업자의 주변 친지로부터 시작해 조금씩 넓혀나가기 시작했는데, 서비스 3개월 만에 1만7천 명의 구독자를 모았다.

『뉴닉』은 무료다. 이메일만 남겨놓으면 뉴스레터 서비스를 받을 수 있다. 2019년 1월에 『뉴닉』은 첫 후원금 모집 캠페인을 했는데, 2천여 명의 독자로부터 1인당 평균 1만3천 원 정도를 기부 받았다. 후원금을 내는 독자들에게는 캐릭터 '고슴이' 스티커 등을 리워드도 주고 있다.

하지만 콘텐츠 유료화는 당장은 아직 실시할 계획이 없다고 한다. 구독자를 10만 명까지 확장하겠다는 게 우선목표이기 때문이다. 이후 후원

〈사진 3-40〉 서울 혜화동 『뉴닉』 사무실(2019.5.22.)

이나 콘텐츠형 광고같이 다양한 형식의 수익모델을 실험해 볼 생각이라는 것이다.[93]

『뉴닉』의 뉴스레터 맨 마지막에는 '『뉴닉』에 알려주기' 항목이 있다. 뉴스레터에 담긴 이슈 가운데 어떤 것이 좋았고 왜 좋았는지 회원들에게 물어보는 설문이다. 일종의 피드백 코너다. 이처럼 면밀하고 지속적으로 구독자 반응을 체크해 이를 이슈 선정 기준 및 콘텐츠 제작 등에 최대한 활용하는 등 독자들과의 상시적 소통 시스템이 구축돼 있다.

『뉴닉』 모델 특징과 한계

『뉴닉』은 아직 수익 모델을 정하지 않았다. 후원 모델을 두 차례 정도 시험해 본 정도다. 이도 후원 모델을 시작하기 위해 선험적으로 실시하는 것이 아니라, 어떤 독자들이 『뉴닉』에 돈을 지불하는가를 알아보기 위한 차원의 성격이 더 크다. 2019년 6월 현재 뉴스레터 시작 1년이 채 안 된

---

93   이봉현, 「'『뉴닉』'의 고슴이는 어떻게 뉴스를 '힙'하게 만들었을까」, 『한겨레신문』, 2019.6.3.

『뉴닉』이 당분간 진입장벽을 두르는 페이월 형태의 유료 구독 또는 유료 회원제 형태를 도입하기는 쉽지 않을 것으로 보인다. 구독자 수를 최대한 확대하는 게 1차적 목표가 될 수밖에 없기 때문이다. 『뉴닉』처럼 보편적 콘텐츠를 다루는 곳일수록 더욱 그러하다. 향후 『뉴닉』은 독자들로부터는 '자발적 유료 구독', 그리고 뉴스레터에 배너 광고를 부착하는 형태 등의 수익모델을 놓고 고민하게 될 것으로 예상된다. 그러나 이 과정에서도 『뉴닉』은 독자의 의견을 물어서 결정하게 될 듯하다.

[인터뷰]
김소연(『뉴닉』 대표)

〈사진 3-41〉 김소연 「뉴닉」 대표와 빈다은 공동창업자

출처 : 『뉴닉』

김소연(26) 『뉴닉』 대표는 서울대 경제학과를 졸업하고, 미국 워싱턴의 로버트 케네디 인권센터에서 펠로우로 일했다. 공동창업자인 빈다

은(25)씨는 서울대에서 윤리교육학과 경영학을 전공하고, 미디어 스타트업 『퍼블리』에서 인턴생활을 했다. 인터뷰는 김 대표와 서울 종로구 동숭동 대학로에 있는 『뉴닉』 사무실에서 2019년 5월에 진행됐다.

권태호 에디터가 몇 명인가?

김소연 전 직원이 5명인데 이 중 에디터가 4명이다. 각각 발제해서 뉴스레터 주제를 선정한다. 이슈 선정 때 체크 리스트가 있다. 주관적으로 주제를 정하지 않도록 하기 위해서다. 예를 들어, '밀레니얼 (세대)의 삶에 영향을 주는 것인가'라는 게 들어있다. 고객들의 니즈를 우선적으로 생각하자는 것이다. 그리고 고객들의 피드백을 참고한다. 우리의 감을 믿지 않고, 미리 주어진 약속(체크 리스트)에 우리 스스로 따른다.

권태호 에디터별로 전공 또는 담당이 나눠져 있나?

김소연 그렇지 않다. 주제가 선정되면 각 에디터가 그날 자신이 제작하고 싶은 콘텐츠를 택한다.

권태호 외부 기사 링크를 붙이는데, 선정 기준은 뭔가?

김소연 (외부 기사에서) 어떤 것을 택하느냐가 정말 어렵다. 『뉴닉』은 당파성을 띄지 않는 것을 원칙으로 한다. 우리가 뉴스 콘텐츠를 하는 이유가 어떤 가치를 피력하기 위함이 아니다. 밀레니얼 세대들이 뉴스를 접하기 어려우니, 일단 『뉴닉』의 뉴스레터로 쉽게 접근하도록 하고 더 자세한 것은 1차 미디어의 기사에 가서 읽도록 하기 위해 외부 기사 링크를 붙인다. 그래서 (상반된) 각 입장을 소개하고 판단은 남겨둔다. 한쪽 성향 언론사의 기사만 택할 경우, 곧바로 불만이 들어온다.

권태호 그렇다면 중립 성향 언론사들의 기사를 더 많이 택하게 되진 않나?

김소연 오히려 입장이 선명한 쪽의 기사를 나란히 배치하는 것을 (독자들이) 더 선호한다.

권태호 『뉴닉』을 보니, 『퍼블리』의 매일판 같은 느낌을 받기도 했다.

김소연 『퍼블리』를 참조하기는 했다. 박소령 『퍼블리』 대표를 찾아뵙기도 했다.

권태호 '독자들이 알고 싶어 하는 것'과, '『뉴닉』이 알리고 싶은 것' 중 어느 것을 택할 것인가에 대한 갈등이 있을 것 같다.

김소연 독자들이 알고 싶어 하지 않지만, 알아야 할 것들이 있다. 그러면 그 뉴스가 독자의 삶에 어떻게 영향을 미칠 수 있는지 연관지어 설명하려고 애쓴다. 브렉시트 이야기를 해야 되는데, 참 와닿지 않는 주제이지 않느냐. 그래서 '브렉시트가 되면 영국산 위스키 값이 오르냐, 오르지 않느냐'로 시작하며 설명하니까 (독자들이) 조금 흥미를 갖는 것 같더라.

권태호 현재 월수금 발행한다. 매일 낼 생각은 하지 않았나? 퀄리티 유지와 비용 문제가 있을 것 같다.

김소연 비용도 문제지만 그것보단 (독자들이) '뭘 좋아할 것인가'라는 점을 생각한다. 더 많이 보내준다고 독자들이 더 좋아하는 건 아니다. 오히려 많으면, '밀린다', '숙제같다'는 느낌을 줄 수 있다고 한다.

권태호 모든 사람들에게 똑같은 뉴스레터가 간다. 독자들은 각자 원하는 바가 다르지 않은가. 각 독자마다 다르게 뉴스레터를 구성해서 보내면 더 좋아하지 않겠는가. 주제도 각각 다르게, 횟수도 주 3일과 주 5일을 원하는 이들에게 각각 다르게.

김소연 그렇게 개인화를 할 수 있으면 좋겠다. 그러려면 각 독자가 뭘 좋아하는지에 대한 데이터가 기반이 되어야 한다. 또 하나는 콘텐츠 물량이 되어야 한다. 두 가지 다 단기간에 될 것 같진 않다. 아직은 기초를 닦고 있다. 지금은 독자들의 이름과 성별, 직업을 (데이터로) 쌓아가는 중이다.

권태호 현재 『뉴닉』이 뉴스레터 신청을 통해 독자로부터 얻는 데이터는 '직업' 밖에 없다. 아마 신청 진입장벽을 낮추기 위해 이렇게 한 것 같은데, 대신 데이터 축적에는 한계가 있진 않나?

김소연 그렇다. 신청을 쉽게 하기 위해 적는 항목을 최대한 줄였다. 그래서 그것만으로는 제대로 된 독자 데이터를 쌓지 못한다. 하지만 독자 설문조사를 종종 보낸다. 1월과 3월에 자율 펀딩을 받았다. 개인 후원을 자율로 열어놓았는데, 그때 연령을 포함해 '누구시냐'고 함께 물어봤다. 단순 가입자가 아니라 『뉴닉』에 지불용의가 있는 사람에 대한 데이터를 쌓고 있다. 20~35세가 80% 정도 되는 것 같다.

권태호 성별은?

김소연 여성과 남성이 6대4 정도다. 미디어 영역에선 독자들 중에 남성이 더 많은데, 우린 여성이 더 많다. 콘텐츠에서는 젠더 뉴트럴 하게 보이려고 신경을 많이 쓴다.

권태호 가치중립을 추구한다 했지만, 애매한 지점이 있을 것 같다. 예를 들어, 젠더 이슈 또는 정치적으로는 선거 때에 어떤 스탠스를 취할 것인가 하는 점이다. 또 세월호 희생자에 대한 일베의 폭식 시위, 강남여성 살인사건 등 가치중립을 유지하는 게 합당하지 않은 부분도 있지 않나?

김소연 젠더, 인권 이슈에서는 편을 가를 문제가 아니라고 본다. 여성혐오 등의 주제에 대해선 '이런 의견도 있다'고 첨언은 하지만 기계적 중립을 추구하려고 애쓰진 않는다. 독자들이 눈치를 챈다. '(『뉴닉』이 가치중립을 표방하고 있지만) 그런(혐오 등) 가치에 대해서는 양보하지 않는구나. 그럼에도 그런 부분을 누르려 많이 애쓰는구나'라고.

권태호 에디터의 성별은?
김소연 현재는 모두 여성이다. 곧 남성이 들어온다.

권태호 독자층 중에서 모바일과 PC의 이용 비율은?
김소연 설문조사를 보니, 모바일이 더 많더라.

권태호 독자들 직업군은?
김소연 정말 다양하다. 변호사, 의대생, 고등학생, 디자이너, 스타트업, 요리사, 연극배우, 미용사 등. 초기에는 사회초년생, 사무직 직장인 위주였는데, 지금은 40~50대도 많다.

권태호 오픈율은?
김소연 50~60%를 유지한다.

권태호 '『뉴닉』에 알려주기'에 대한 독자들의 반응은?

<u>김소연</u> 꽤 많이 온다. 많이 올 때는 하루에 200~300건이 올 때도 있다. 평균 하루 20~30건은 꾸준히 온다. 독자들의 이야기를 듣고, 필요하면 내용을 고치기도 하고, 이후 방향성을 조정하기도 한다. 독자들의 피드백을 많이 보고 있다는 점을 알려준다.

<u>권태호</u> 의견을 그대로 수용하기 힘든 피드백도 있을텐데.

<u>김소연</u> 타협하지 않는 것은 소수자 혐오 분야다. 그런 피드백은 거절한다. 『뉴닉』을 하는 이유는 우리 (세대)가 나중에 의사결정자가 됐을 때, (그들에게) 도움이 되도록 하자는 것이다.

<u>권태호</u> 처음에 왜 시작했나?

<u>김소연</u> (우리 두 대표가) 서울대 경영동아리에서 만났다. 비즈니스로 사회 문제를 푸는 동아리였다. 뉴스를 적극적으로 소비했던 20대였다. 그러나 바빠서 계속 이어지는 뉴스 속보를 다 읽기는 어려웠다. 애초 우리 목표는 '밀레니얼 세대가 사회와 연결되면 좋겠다. 그러려면 밖에서 무슨 일이 있는지 알아야 한다'는 것이다. 이 문제를 풀어보려 했다. 처음에는 개인 프로젝트처럼 지인 50명에게 뉴스레터를 보내봤다. 친구들이 재미있게 읽고, '계속 하라'고 했다. 그래서 이 안을 들고 메디아티 대표를 만나 투자를 받았다.

<u>권태호</u> 투자를 얼마 받았나?

<u>김소연</u> 메디아티로부터 4천만 원, 국가지원 사업으로 5천만 원을 추가로 더 받았다. 최근 벤처캐피탈 쪽으로부터 투자 의뢰를 받기도 했다. 이젠 독자들을 더 만족시킬 수 있을 것 같다. (그동안 수동적이었던) 독자들이 이젠 스스로 표현하고 싶어 하고, 사회와 연결되는 것을 하고 싶

어 한다.

권태호 기존 미디어들은 왜 못했을까?

김소연 우리가 취하는 방법론이 언론계에서 흔하게 하는 방식은 아닌 것 같다. 경영을 하다 보니, 사용자(소비자)를 충분히 이해하고 그에 맞춰 제품을 고치는 게 매우 익숙하다. 그런데 언론포럼 등에서 '소비자'란 말을 꺼내면 매우 생경해 하는 언론인들도 있더라. 소비자란 말은 비즈니스 용어이고, 언론과 독자와의 관계는 상업성을 뛰어넘는 신성한 관계가 있다고 보는 것 같더라. 그러나 우리는 소비자들이 무얼 원하는지에 더 주력하려 한다. 그러니 우리가 무슨 말을 하고 싶어 하는지가 중요하지 않다.

권태호 고객만족 마인드로 이해한다. 그러나 뉴스레터 발송도 일종의 저널리즘 활동이지 않느냐? 하다보면 '우리 목소리를 내고 싶다', '독자들이 이건 알았으면 좋겠다'는 욕구가 생기지 않나?

김소연 저 개인적으로는 생길 수도 있다. 하지만 『뉴닉』 차원에서는 안 할 것이다. 전통 언론은 (국민들이) 알아야 할 진실들을 위해 취재하는 역할을 한다. 뉴스를 만들어 가는 것이다. 『뉴닉』의 역할은 그렇게 만들어진 뉴스를 어떻게 조금 더 소화하기 쉽게 전달하는 것이다. 그래서 어젠다를 세팅하는 것은 『뉴닉』의 역할은 아닌 것 같다. 이미 나와 있는 어젠다를 좀 더 쉽게 전달해 주는 것이 우리 역할이다.

권태호 수익모델 측면에서 『퍼블리』는 처음 들어올 때부터 돈을 내야 볼 수 있도록 했다. 『뉴닉』은 유료로 할 생각은 안 했나?

김소연 처음에 유료로 하고 싶었다. 그런데 (출범 전에) 베타 테스트를 하는데, 회원 가입 속도가 굉장히 빨랐다. 그래서 일단은 미디어 브랜드로 인지도를 높이는데 주력했다. 나중에 유료화를 할 때 그게 더 효과적이라 봤다. 투자를 받았기 때문에 당장 유료화를 하지 않아도 회사를 꾸려나갈 수 있는 여유가 있었다.

권태호 처음에 어떻게 회원을 늘릴 수 있었나?

김소연 친구들에게 적극적으로 알리고, 주변 친구들에게도 알려줄 것을 당부했다. 입소문을 내기 좋은 구조다. 예전에 대학생들이 『한겨레21』을 끼고 다니면 멋있었던 것처럼, 지금은 '내가 『뉴닉』을 당신에게 추천한다'는 것이 그 비슷한 효과를 주는 것 같다.

권태호 수익모델로는 현재 기부금을 받는 게 유일하지 않나?

김소연 기부금도 테스트 단계여서 정기적인 수익모델이 될지 모르겠다. 현재는 구독료, 펀딩, 광고 등을 이것저것 실험해 보려한다. 처음 후원 모델을 실험해 본 것이다.

권태호 결과는 어땠나?

김소연 평균 금액은 꽤 높았다. 1인당 1만3천 원. 회원 3천 명일 때와 회원 5천 명일 때일 때 각각 후원을 실시했다.

권태호 금액이 얼마인지 밝힐 수 있나?

김소연 1월에 3천 명일 때 500만 원 넘게 들어왔다. 오픈율을 감안하면, 1,500명이 뉴스레터를 봤는데 그 중 400~500명이 후원에 참가했다. 굉장히 높은 비율이라 봤다.

^{권태호} 왜 후원한다고 보나?

^{김소연} 후원을 하면서 '덕분에 편했어요. 면접 붙었어요'라고 말하는 분들이 있었다. 『뉴닉』을 통해 무언가를 얻었고 이에 대한 보답 차원도 있었던 것 같다. 그리고 후원을 시작할 때 『뉴닉』에 후원해 달라고 하지 않고, '(캐릭터인) 고스미에게 롱패딩 하나 사달라'고 했다. 게임 아이템 사듯. 20대의 감성에 호소한 측면도 영향을 미친 것 같다.

^{권태호} 대개 매체 후원은 가치에 동의하니까 하는 경우가 많다. 그런데 『뉴닉』의 후원자들은 '도움을 받았으니 감사 차원에서 하는 것'으로 봐야 하나?

^{김소연} '볼 때 안전하다는 느낌이 든다. 볼 때 기분이 나쁘지 않다'고 하는 분들이 꽤 있다. 그리고 합리성, 인권 감수성에 대한 부분에 동의하시는 분들도 있고.

^{권태호} 만일 젠더에 대한 가치에 동의한다면 『뉴닉』이 아니라, 『닷페이스』에 후원해야 하는 것 아닌가?

^{김소연} 『뉴닉』에는 양쪽 이야기를 다 들어보고 싶어 하는 사람들이 있다. 좀 더 들어보고 싶다는 것. 『닷페이스』에 비해 그만큼 독자들의 성향이 강하지는 않다.

^{권태호} 향후 수익모델로 다양한 상품개발을 하겠다고 했다. 뭘 하려 하나?

^{김소연} 서비스 개발을 말한다. 좀 더 깊이 대화할 수 있는 커뮤니티로서의 발전 가능성이 있다고 봤다.

권태호 구독자가 현재 4만 명인데 5만 명일 때, 10만 명일 때는 무엇을 하겠다는 청사진이 있나?

김소연 지금 만드는 중이다. 그런데 계속 바뀐다. 아직은 너무 초기라서.

권태호 포털 등을 통한 유통 확산은 생각하지 않았나?

김소연 포털은 생각하지 않았다. 이메일의 강점이 플랫폼에 휘둘리지 않고, 일대일로 구독자와 대화할 수 있다는 것이어서, 가능한 한 이 구조를 가져가고 싶다.

권태호 SNS는?

김소연 제한이 너무 많더라. 그래서 섣불리 SNS에서 유통은 않고 있다.

권태호 이메일 뉴스레터는 10~15년 전에 기존 미디어들이 해봤던 것들이다. 『뉴닉』에 와보니 기존 미디어들은 왜 실패했는지 알 것 같다. 처음 시작할 때 기존 미디어들이 했던 뉴스레터 서비스에 대해 조사하지 않았나?

김소연 이전 뉴스레터 서비스의 문제점을 개선했다기보다는, 처음부터 새로 짰다고 보는 게 맞다. 2012년 이후 해외 뉴스레터 서비스의 성공 사례를 많이 봤다. 그런데서 영향을 받았다.

권태호 대화를 나누다보니, 만일 돈 버는 게 목적이었다면 『뉴닉』을 하지 않았을 것이라는 생각이 든다. 오히려 돈에 대한 생각이 크지 않았으니까 『뉴닉』을 할 수 있었던 게 아닌가 싶다.

김소연 문제를 해결하려는 욕구가 더 컸던 것 같다. 수지타산이 의사결정의 중요한 지점은 아니었다. 창업과 스타트업은 조금 다른 것 같다.

스타트업은 하나의 문제에 대한 솔루션을 추구하는 것이다. 1순위가 솔루션, 그 다음이 수익이라 봤다.

권태호 요즘은 전반적 트렌드가 동영상이다. 그런데 『뉴닉』은 고전적 방식인 텍스트를 보여주는 방식으로 했다. 그 이유는?

김소연 조사를 많이 했다. 저랑 비슷한 사람 300명에게 설문조사를 했다. '평소 뭐 보세요' 등 미디어 소비행태에 대해. 우리와 비슷한 그룹에서는 정보를 얻기 위해 영상을 보는 사람은 많지 않았다. 텍스트가 여전히 정보를 전달하는데 건실한 방법이라 생각했다.

권태호 최근 기존 미디어들도 다양한 뉴스레터 또는 맞춤형 뉴스 서비스를 재개하려 하고 있다. 『뉴닉』이 잘 되면, 기존 미디어들도 벤치마킹하고, 다른 미디어 스타트업들도 따라할 수 있다. 『뉴닉』이 따라잡히지 않을 요인은 뭔가?

김소연 매일 하는 고민이다. 하나는 브랜드, 또 하나는 데이터가 그 대답이 될 수 있을 것 같다. 처음 했기 때문에 선점한 데이터들이 있다. 이에 충실해서 한 발 앞서서 나가는 것이라 본다. 고객들이 원하는 것을 주는 것이다. 어떤 콘텐츠에 더 많이 반응하는가 등의 행동 데이터들도 있다.

브랜드를 똑같이 흉내 내긴 힘들다고 본다. '배달의 민족' 관련해서도 그것과 비슷한 류의 사업체들이 엄청 나타났다. 그런데 '배달의 민족' 쪽에서는 그런 상황이 나쁘지 않다고 하더라. 오히려 소비자들이 그런 업체를 보고 '배달의 민족 같다'고 한다. 그리고 디테일의 차이도 있어서 소비자들이 이를 안다.

표로 읽는 회원제 비교

<표 3-5> 국내 미디어 기업들의 회원제 비교

	회원제 시작	유료화 방식	월 회비	회원 혜택
『앙멤버십』	2015.5	신문구독 + 무료 가입	구독료 15,000원	영화, 리조트, 마트, 놀이공원, 항공권 할인 등
『퍼블리』	2015.4	폐쇄형 유료 구독(페이월)	21,900원	콘텐츠 열람, 회원 행사 초청
『닷페이스』	2016.10	오픈형 정기 후원(기사 무료)+크라우드펀딩	11,000원 이상	굿즈 정기 제공, 행사 초청
『어피티』	2018.7	미정	무료	머니레터
『뉴닉』	2018.12	오픈형 후원(수익모델 미정)	무료 + 후원	캐릭터 스티커 제공

최근 회원제를 채택하는 미디어 기업들은 대체로 신생 미디어 스타트 업들이다. 20대 후반부터 30대 초반 여성들을 위한 금융경제 뉴스 서비스를 뉴스레터 형식으로 구독자들에게 이메일 전송하는 『어피티UPPITY』도 회원제를 실시하고 있다. 『어피티』는 1주일에 두 번 뉴스레터를 보내고 사회초년생 여성들을 타겟층으로 하고 있으며, 두 명의 20대 여성들이 운영하고 있다는 것까지 여러 면에서 『뉴닉』과 비슷한 모습을 보이고 있다. 『뉴닉』이 뉴스 전반을 다룬다면, 『어피티』는 '연말정산을 앞두고 해야 할 일 4가지' 등 금융경제 뉴스 서비스에 집중한다는 점이 다르다. 또한 『뉴닉』과 달리, 동영상 서비스도 적극적으로 보내고 있다. 현재는 무료로 제공하고 있으며 수익 모델을 고민하고 있는 단계다. 콘텐츠 안정화와 구독자 증가가 우선이기 때문이다.

박진영(28) 강지인(26) 공동대표는 『경향신문』과의 인터뷰에서 "독자들에게 비서 역할을 한다고 생각한다"며 "그들의 삶을 '좋은 상태'로 유지시킨다면 독자들은 이 서비스를 포기하지 않을 것"이라고 말했다. 이들은 또 "이제는 매체마다 특성이 더 강해져야 한다. 정보가 너무 많기 때문에 특정 독자들이 더 공감할 수 있고 더 재미를 느낄 수 있도록 해야 한다"고

강조했다.[94]

이밖에도 여성주의 타겟 콘텐츠 플랫폼인 『핀치』도 2016년부터 월 9,900원의 유료 구독제로 연재 시리즈와 웹툰을 제공하고 있다. 또 미디어 기업이라고 할 순 없지만, 학자금 대출 2,500만 원을 갚겠다며 2018년 2월부터 매월 1만 원의 구독료를 받고 매일 이메일로 글을 보내주는 『일간 이슬아』도 1년 넘게 운영되고 있다.[95]

이처럼 회원제와 구독제, 후원제는 칼로 무 자르듯 명확하게 구분되지 않는 경향이 있다. 회원제에는 무료 회원제도 있어, 회원제 자체가 유료화와 직결되는 것도 아니다. 『뉴닉』은 아직 수익화 모델을 정착하지 않은 단계라 일종의 무료 회원제로 운영하는 셈이다. 두 차례 후원제를 실험해 봤을 뿐이다. 또 『닷페이스』는 회원제를 표방하지만, 기사는 누구에게나 무료로 공개하고 자발적 회비를 받고 있다. 실제로는 후원제라 할 수 있다. 출범 초기부터 월 회비를 낸 회원들에게만 콘텐츠를 제공하는 『퍼블리』가 유일하게 구독형 회원제를 실시하고 있다고 볼 수 있다.

이처럼 국내 미디어 기업들의 회원제는 주로 미디어 스타트업에서 눈에 띈다. 그러나 현재 기존의 전통 미디어들도 회원제 실시를 염두에 두고 다양한 모색을 준비하는 것으로 전해진다. 앞으로 미디어 기업들이 유료화의 종착역으로 고려하는 회원제는 기사 사이트를 오픈하고, 회원들로부터 자발적으로 회비를 받는 사실상의 후원제와, 기사를 제한적으로 제공하면서 회비(또는 구독료)를 내는 회원들에게만 공개하는 폐쇄형 회원제라는 양 극단의 조합형 절충을 다양한 형태로 실험할 것으로 예상된다. 현재 레거시 미디어의 경우, 당장 폐쇄형으로 나아가긴 쉽지 않을 것이다. 따라

94 박송이, 「오래된 모델? 독자에 맞춘 경제 '꿀팁' 대화하듯 전달…달랐다」, 『경향신문』, 2019.4.20.
95 오은, 「구독모델 개척 이슬아 작가」, 『한겨레신문』 16면, 2019.7.6.

서 회원들에 한해 다양한 부가서비스를 추가로 제공하거나, 아니면 반대로 현재 모두에게 오픈된 일부 서비스를 제한하는 형태로 진행될 수도 있다. 예를 들어, 과거 기사 열람을 회원들에게만 제공하는 형태 등을 생각해 볼 수 있을 것이다.

2016~17년 미국에서 언론사나 특정 사이트에 대한 후원형 멤버십 프로그램이 가능한 지를 실험하는 '멤버십 퍼즐 프로젝트'를 이끌어 온 제이 로젠 뉴욕대 교수는 회원제에 대해 이렇게 설명한 바 있다. "구독은 돈을 내고 상품을 얻는 것으로, 상품과의 관계다. 반면, 회원제는 당신이 돈을 내는 해당 매체나 조직에 대한 믿음을 바탕으로 그 작업 과정에 참여하는 것이다."[96]

---

96 Kristen Hare, 'Jay Rosen: Members don't want a gate around the journalism they're supporting', Poynter, 2017.12.5.

2
국내 언론사 디지털 뉴스 유료화의
핵심 정리

디지털 뉴스 유료화 모델의 분류

디지털 뉴스 유료화를 실시하고 있는 국내 언론사들의 다양한 사례를 후원제, 구독제, 회원제 등 3가지로 나눠 살펴봤다. 이를 다른 형태로는 콘텐츠를 자유롭게 보면서 해당 미디어에 '기부'하는 형태와 원하는 콘텐츠를 돈을 주고 '구매'하는 두 가지 유형으로 나눠볼 수도 있다. 또 같은 유형 안에서도 세부 구분이 가능하다.

먼저 '기부 성격' 유형의 유료화를 세부 분류하면, 먼저 해당 언론사를 지지, 성원하는 '후원제'가 있을 수 있다. 국내에선 『뉴스타파』가 가장 명확한 유형이다. 『뉴스타파』는 광고를 받지 않고 오로지 회원들의 자발적 후원에 의해 운영되고 있다. 국내 시사 언론사 가운데 기존의 '광고 수익 모델'을 탈피한 유일한 언론사다.

또 2009년 일찌감치 '10만 명'의 매체 후원자를 상정하고 '10만인 클럽'을 운영하기 시작한 『오마이뉴스』, 인쇄매체를 판매하면서도 동시에 후원도 받고 있는 『시사IN』, 『한겨레21』 등이 이에 속한다.

이들 후원제가 '매체 후원'이라면, 『한겨레신문』은 '기사 후원제'다. 기사를 읽은 뒤 '마음에 들었다면' 자발적으로 후원을 해달라는 형태다. 이를 '자발적 후불제PWYW-Pay What You Want'로 분류할 수 있다. 『오마이뉴스』, 『미디어오늘』, 『민중의소리』 등은 매체 후원과 기사 후원을 동시에 실시한다.

후원 성격 유료화 모델의 또 다른 유형으로는 '협동조합형'을 들 수 있는데, 『프레시안』과 『국민TV』가 있다.

후원 성격 유료화 모델의 경우 매체와 후원자 관계가 가장 느슨한 경우는 '자발적 후불제'로, 이는 매체와 후원자의 관계가 '1회성' 또는 '즉흥성'에 그칠 수 있기 때문이다. 후원자로서는 가장 손쉽게, 큰 부담 없이 후원을 실행할 수 있지만, 매체와의 관계성 측면에서는 긴밀하다고 보기 힘들다. 매체와 후원자 간 관계가 가장 친밀한 것은 협동조합형이다. 이는 후원자가 단순한 지지자supporter에 그치지 않고, 아예 매체 공동체의 일원(조합원)이 되는 형태다. 후원자를 조합원으로 바꿔 유대감과 친밀감, 책임감을 동시에 불어넣는 것이다. 『프레시안』과 『국민TV』가 2013년부터 각각 실시했다. 그러나 후원자가 조합원이 되는 것은 '양날의 칼'이다. 조합원이 되면 심리적 책임이 커지는 반면, 권리의식도 커질 수밖에 없다. 심리적 책임 쪽에 무게가 실리면 후원자의 폭을 좁힐 수 있고, 권리의식이 커지면 경영과 편집에 대한 관여가 늘어날 수밖에 없다. 『국민TV』에서 보도 내용을 놓고 조합원들 간 이견이 표출된 것도 이런 점과 무관하지 않다. 『프레시안』도 기존의 후원제 모델에서 협동조합형으로 이전하면서, 이 2가지를 걱정한 것으로 보인다. 이 때문에 조합원으로의 변경을 꺼려하는 이들을 위해 '후원제'를 유지해 조합원, 후원자로 이원화 시켰고, 처음부터 조합원으로부터의 편집권 독립도 선언했다.

이처럼 국내 언론사의 디지털 뉴스 유료화 가운데 '기부 성격 유형'에 대한 세부 분류를 후원제, 자발적 후불제, 복합제, 협동조합형 등 4가지로 나눠 볼 수 있다.

　디지털 뉴스 유료화를 실시할 때 언론사들이 가장 우려하는 것은 트래픽 감소와 이로 인한 광고 수익 하락이다. 또 언론사의 사회적 영향력 후퇴도 걱정한다. 한국에서는 이런 점을 고려해 '후원' 성격의 디지털 뉴스 유료화 모델이 주로 실시돼 왔다. 이는 미국의 언론사들이 주로 '구매' 성격의 페이월 방식으로 디지털 뉴스 유료화 모델을 발달시켜 온 것과는 크게 구별되는 지점이다.

　국제 미디어 학계에서 디지털 뉴스 유료화로 분류하는 '구매' 성격의 뉴스 유료화는 국내 언론사에서 아직까진 초기 실험 수준을 못 벗어나고 있다. 페이월 방식의 디지털 뉴스 유료화는 네이버, 다음 등 포털 사이트로의 기사 전송도 중단할 수밖에 없다. 이는 트래픽의 급감을 의미한다. 지금까지 시사 매체 가운데 디지털 뉴스 유료화 일환으로 포털 전송을 중단한 시도는 『조선일보』의 '프리미엄 조선'과 『내일신문』 등 단 두 번이었다.

　미국 신문에서는 디지털 뉴스 유료화 모델을 설명할 때, 『월스트리트저널』이 대표하는 '하드 페이월'과 『뉴욕타임스』로 대표되는 '미터드 페이월'로 크게 구분된다. 그러나 현재까지 우리나라의 경우는 유수 언론사 가운데 『뉴욕타임스』류의 '미터드 페이월' 모델이 자리잡은 곳은 아직 없다. '하드 페이월' 방식을 취하고 있는 곳은 종합 일간지 중 『내일신문』이 거의 유일하다. 『내일신문』도 상당수 기사들을 사이트에서 무료로 볼 수 있도록 공개하고 있지만, 한국적 상황에서 포털 사이트에 기사를 보내지 않는 것만으로도 '페이월'로 분류할 수 있다.

　국내 언론사 유료화 유형 가운데 주목할 만한 지점으로는 '프리미엄 모델'이 있다. 국내 언론사의 유료화 실험 초창기, 많은 언론사들이 실제 실시 여부와 상관없이 '프리미엄 모델'에 대한 관심이 높았다. 이를 실제로 가장 먼저 실험에 나선 곳은 『조선일보』였다. 『조선일보』의 '프리미엄 조선'은 기존의 『조선일보』 사이트인 조선닷컴(www.chosun.com)과 별도의 유료 사이트인 '프리미엄 조선'(www.premium.chosun.com)을 오픈하는 것으로 시작했다. 그러나 실시 2년여 만에 프리미엄 페이월 방식을 접었고, '프리미엄'도 포기하고, 사실상 문을 닫았다. 한국에서 가장 많은 부수를 자랑하는 『조선일보』조차 손을 든 것은 페이월 방식의 디지털 뉴스 유료화가 한국에서 얼마나 힘든 일인지를 짐작케 한다.

『매일경제』의 '매경e신문'과 『한국경제』의 '모바일 한경'도 '프리미엄 조선'과 마찬가지로 기존의 『매일경제』, 『한국경제』 사이트와는 다른 별도의 프리미엄 사이트를 운영하는 방식으로 '프리미엄 페이월' 방식을 시행하고 있다. 모두 기존 홈페이지의 트래픽 감소와 이로 인한 디지털 광고 수익 하락을 피하려는 목적이 큰 것으로 보인다. 『매경e신문』과 『모바일 한경』은 2019년 현재 5년 이상 '프리미엄 페이월' 방식의 디지털 뉴스 유료화를 이끌어 가면서 상당한 수익도 거두고 있다. 그러나 이를 명백한 의미의 '디지털 콘텐츠 유료화'로 보긴 쉽지 않다. 두 신문의 '프리미엄 모델'의 마케팅 초점이 B2C를 대상으로 하는 '프리미엄 기사'보다 '초판 PDF판'에 더 무게중심을 둔, 기업체 위주 B2B 방식에 맞춰져 있기 때문이다. 그래서 기존 광고 모델의 변형 또는 확대 성격이 더 짙다. 앞으로도 이 모델을 통해 적정 규모의 수익은 거둘 수 있겠지만, 다른 언론사들이 국내 디지털 뉴스 유료화 모델로 좇기는 힘들다.

『조선비즈』의 '조선비즈k'는 마케팅 방식은 『매경e신문』, 『모바일 한경』과 비슷한 형태로, 기업체를 중심으로 디지털 유료구독을 확장했다. 그러나 앞의 두 신문사와 달리, 디지털 기기인 태블릿을 제공하는 점이 차이가 있다. 『매경e신문』, 『모바일 한경』이 무료 사이트에서도 다 볼 수 있는 일반기사 외에 일부 프리미엄 콘텐츠를 공급하는 수준에 그쳤다면,『조선비즈』는 여기에 유형의 태블릿 PC, 그리고 리디북스의 전자책 등까지 제공하는 등 좀 더 소비자 친화적이라고 할 수 있다.『조선비즈』의 수익모델이 상대적으로 B2C에 대한 가능성을 더 높이는 지점에 있다.

가장 강력한 형태의 디지털 뉴스 유료화 모형인 '멤버십'은 국내에서 아직까지 제대로 시행된 바 없다. 현재 많은 언론사들이 '사이트 회원 가입'을 촉구하는 무료 멤버십 제도를 시행하고 있다. 장기적으로 유료화를 염두에 둔 포석이겠지만 거기까지 가기에는 거리가 아주 멀다. 이에 반해, 콘텐츠 플랫폼을 지향하는『퍼블리』는 오히려 좀 더 적극적인 폐쇄형 멤버십 회원제를 실시하고 있다. 출범 초부터 B2B가 아닌 B2C 모델에 주안점을 둔『퍼블리』의 성공은, 예외적 요소가 많다 하더라도 국내 기존 언론사들의 연구가 필요한 대목이라 하겠다. 또 비록 환경적 차이점이 크다 하더라도『닷페이스』,『뉴닉』등 미디어 스타트업 기업들이 실시하고 있는 회원제를 오히려 레거시 미디어들이 눈여겨 볼 필요가 있다.

국내 언론사들의 디지털 뉴스 유료화를 유형별로 분류해 보면, 다음 페이지의 표와 같이 정리할 수 있다.

디지털 뉴스 유료화 유형별 특징과 한계

한국에서 디지털 뉴스 유료화와 관련해 '구매' 성격의 페이월 방식을 정착시키는 데는 많은 어려움이 따른다. 한국 언론사들은 2000년대 중후반, 뉴스 유료화 모델 연구 초창기에는 대부분 '프리미엄 모델'을 염두에

〈표 3-6〉 국내 언론사 뉴스 유료화 유형과 특징

성격	유형	특징	국내 해당 언론사
부 성격	후원제	• 기사는 무료 공개 • 매체 응원 및 지지 차원의 후원(supporter)	• 『뉴스타파』 • 『오마이뉴스』 • 『시사IN』 • 『한겨레21』 • 『닷페이스』
	자발적 후불제	• 기사는 무료 공개 • 개별 기사에 대한 지지 차원 후원	• 『한겨레신문』
	복합제(후원+후불)	• 후원제와 후불제 병행 • 매체, 기사, 기자에 대한 후원 병행	• 『미디어오늘』 • 『민중의소리』 • 『오마이뉴스』 좋은기사 원고료 주기
	협동조합형	• 다수 조합원들이 출자금과 회비 납입 • 조합원들이 경영감시 및 관여	• 『프레시안』 • 『국민TV』
매 성격	프리미엄제	• 무료와 유료 기사를 분리 • 사이트 분리 또는 동일 사이트에서 유·무료 기사로 분리	• 『프리미엄 조선』 • 『매경e신문』 • 『모바일 한경』 • 『아웃스탠딩』
	선불제(페이월)	• 기사 콘텐츠 열람 전에 미리 가격 지불 • 전체 또는 건당으로 분리되기도 함	• 『내일신문』
	유료 멤버십	• 정기 결제자에게만 기사 제공 • 회원 서비스 • 가장 높은 유료화 단계	• 『퍼블리』
	디바이스 제공형	• 전용 디지털 기기 제공 • 기사는 사이트에서 무료 공개	• 『조선비즈k』

됐다. 이는 '좋은 콘텐츠는 사람들이 사서라도 볼 것'이라는 신화 때문이었다. 공급자 중심의 오랜 믿음이다. 국내 디지털 뉴스 유료화 과정에서 가장 큰 실패를 경험한 지점이 '프리미엄 모델'이다. '프리미엄 모델'의 실패를 시장에서 목격한 언론계는 지금은 더 이상 '프리미엄 모델'에 대한 희망을 상당 부분 접었다.

한 걸음 더 나아간 '하드 페이월' 방식은 포털 사이트에 기사를 제공하지 않는『내일신문』이 유일하게 실시하고 있으나, 당분간 다른 언론사들이 이 흐름에 동참할 것으로 보이진 않는다.『내일신문』경우에도 초창기에는 디지털 구독료 사전 결제 없이는 기사를 볼 수 없는 '전면 유료화' 방식을 내걸었으나, 지금은 칼럼과 독자적 기사를 제외하고는 오픈하는 등 형식적으로는 동일한 사이트에서 유·무료 기사를 구분하는 '프리미엄 페이월' 방식에 더 가깝게 바뀌었다. 페이월 방식이 국내에서 앞으로도 성공하기 어려울 것으로 보는 이유는, 우선 소비자 입장에서는 포털 사이트를 통한 공짜 뉴스 소비 형식에 익숙해 진데다, 뉴스 신뢰도 하락으로 돈을 지불하면서까지 디지털 뉴스를 볼 구매 욕구를 자극하기 힘들기 때문이다. 또 공급자 측면에서 보더라도 포털 사이트에 무료로 뿌려지는 기사들과는 현격한 차이가 있는 고품질의 차별성 있는 기사를 양산할만한 언론사를 손으로 꼽기 힘들다. 미국에서도 페이월 방식의 성공 사례로 꼽히는 언론사가『뉴욕타임스』,『월스트리트 저널』등 세계 1~2위 수준의 위상을 지닌 언론사라는 측면도 감안해야 한다.

디지털 구독이 초기 안착 단계로 접어드는 듯한 모양새를 보이고 있는 미국과 영국에서는 한 달에 몇 건의 기사만 무료로 제공하는 '미터제'가 자리 잡고 있다. 영미권 국가에서는 대개 '구매' 성격 후원제가 대세를 형성하고 있다. 기사는 무료로 보면서 매체에 대한 후원을 권하는 후원제 형태는 유력 매체 중에서는 영국『가디언』이 거의 유일하다.

그런데 한국 뉴스시장의 디지털 뉴스 유료화는 세계적 흐름과는 정반대로 움직이고 있다. 한국에서 '구매'적 성격의 뉴스 유료화는 시도도 몇 번 되지 않았고, 대부분 실패했다. 그래서 '성공'이라 부를만한 사례가 없다. 일부 수익을 내고 있는 '구매' 성격의 뉴스 유료화라 하더라도, 대부분 B2C가 아닌 B2B 마케팅을 바탕으로 한 것이다. 이는 한국적 언론시장의 특수성 또는 기형성을 기반으로 한 것일 뿐, 관련 수익이 순수한 제품 품질력으로 인한 것인지도 의문이다.

한국의 디지털 뉴스 유료화 과정에서 '기부' 모델이 더 주목받고 더 자주 시험되는 것은, 역으로 그만큼 한국에서 디지털 뉴스 유료화가 어렵고 현재 뉴스 유통시장 구조가 왜곡돼 있다는 것을 보여준다. 후원 모델을 검토하는 언론사들이 하나같이 본보기로 드는 사례가 영국 『가디언』이다. 그러나 『가디언』 후원 모델은 '저널리즘 본연'에 대한 지지와 후원 성격을 강하게 띄는 데 반해, 한국 언론사들의 후원 모델 대부분은 정치적 지향점이 비슷한 언론사들에게 집중된다는 점에서 후원의 동기 자체가 다르다고 할 수 있다. 이는 외형적으로는 크게 표시나지 않으나, 후원 매체가 자신의 정치적 지향과 다른 기사를 게재할 경우에는 후원 이유가 사라지게 될 수 있다. 따라서 이런 형태의 후원은 그 토대가 매우 박약해 장기적 수익 모델로 지속되기 어려운 측면이 있다. 또 매체 후원자들이 '40~50대 남성'에 집중돼 있어 그 대상 연령층과 폭을 다양화 해야 한다는 점도 후원 모델 확산을 위해 해결해야 할 과제다.

한국에서의 디지털 뉴스 유료화가 지금까지 '기부' 성격으로만 진행된 데에는 크게 2가지 이유가 있다. 가장 큰 이유는 네이버, 다음 등 거대 포털 사이트의 존재다. 한국에서 PC 등을 통해 온라인에서 디지털 뉴스가 공급되던 초기부터 지금까지 온라인 뉴스는 각 언론사가 아닌 포털 사이트가 주도했고 장악했다. 포털 사이트를 통해 국내의 신문, 방송 기사를 모두 섭렵할 수 있는 여건이 형성되면서, 과거 신문을 사서 보던 것과 달리, 이제 '뉴스는 공짜'가 됐다. 이는 디지털 시대 도래에 앞서, 종이신문의 과다한 판촉 경쟁으로 인해 '신문은 몇 개월은 공짜'라는 분위기를 종이신문 회사들이 먼저 만들어 온 데에도 일부 영향을 받았다.

<표 3-7> 뉴스 유료화 유형별 국내외 비교

성격	유형	외국 대표 언론사	국내 적용 언론사	국내 적용시 어려움
기부	후원	• 『가디언』 • 『프로퍼블리카』 • 『메디아파르트』	• 『뉴스타파』 • 『시사IN』 • 『한겨레21』	• 후원자가 40~50대 남성에 편중 • 저널리즘 지원 아닌, 정치적 지향에 대한 동의와 후원 성격 강함 • 개별 기사 불만 시 후원 철회 가능성 상존 • 장기적 후원이 상대적으로 적음
	후불		• 『인터넷 한겨레』	• 지속적이지 않고, 1회적 성격 • 언론사 사이트 직접 방문자에게만 가능. 한국은 언론사 사이트 직접 접속률 낮음
	복합		• 『오마이뉴스』 • 『미디어오늘』 • 『민중의소리』	• 후원 방식 집중도 분산
	협동조합		• 『프레시안』 • 『국민TV』	• 경영과 편집의 분리 유지 어려움 • 내부 갈등 소지 상존
구매	프리미엄	• 『폴리티코 프로』 • 『샌프란시스코 크로니클』	• 『매경e신문』 • 『모바일 한경』 • 『프리미엄 조선』	• 전문성과 차별성 부족 • 포털 통한 대규모 무료 기사 • B2B 아닌 B2C 확대 난망
	선불	• 『뉴욕타임스』 • 『월스트리트저널』 • 『블렌들』	• 『내일신문』	• 독보적 매체력 부족 • 낮은 언론 신뢰도
	멤버십	• 『데 크리스폰던트』(네델란드)	• 『퍼블리』	• 차별적 콘텐츠 부족 • 언론에 대한 대중적 반감 • 회원 서비스 부족

네이버는 뉴스를 직접 생산하지는 않지만, 디지털 뉴스 시장의 시작이자 끝이다. 이런 환경 속에서 개별 언론사가 네이버를 떠나 디지털 뉴스 유료화를 독자적으로 선언하는 것은 스스로 고립을 자초하는 것이다. 지난 2004년 스포츠신문 5개사는 기존 포털 사이트인 네이버와 다음을 떠나 신생 포털 사이트인 파란닷컴으로 옮겨갔다. 2008년에는 『조선일보』, 『중앙일보』, 『동아일보』가 미디어다음에 기사 공급을 중단했다. 또 이들 3사와 『매일경제』는 2009년부터 5년 7개월간 네이버 모바일에 기사를 공

급하지 않았다. 모두 실패했다.[97] 특히 스포츠신문의 경우, 네이버는 그때까지 매체력이 거의 없던 신생 온라인 스포츠·연예 매체를 적극 유치해 스포츠신문의 공백을 단숨에 메워버렸다. 이후 스포츠신문은 급격히 몰락했지만 반면, 네이버에는 스포츠·연예 기사가 넘쳐났다. 네이버를 이탈하는 것만으로도 이런 상황이 벌어졌는데, 거기에서 한 걸음 더 나아가 자사 홈페이지에서조차 기사보기를 제한하고 돈을 물릴 경우 어떤 결과가 일어날 지는 충분히 예측 가능하다. 무료 대체제(기사)가 차고 넘치는 환경에서 양질의 콘텐츠조차 구분이 되지 않고, 그 정도의 차이에 돈을 내려는 한국의 뉴스 소비자 수는 많지 않다. 이 점이 한국의 디지털 뉴스 유료화의 첫번째 거대한 장벽이다.

또 다른 장벽은 언론사가 너무 많다는 점이다. 1997년 한국의 일간신문은 중앙과 지방지를 모두 합쳐 60개였다. 그러나 한국언론진흥재단의 언론산업통계를 보면 2017년 기준으로 일간지는 197개, 주간신문을 포함한 종이신문사가 1,429개, 인터넷 신문사가 2,796개로 모두 4,225개에 이른다. 예전에 비해 언론사 설립이 간편해 지면서 우후죽순처럼 생계형 소규모 인터넷 언론사 설립이 남발해졌다. 또 이런 언론사들은 페이지뷰를 올리기 위해 어뷰징 기사와 자극적 기사를 쏟아내 포털 사이트에 제공했고, 이런 뉴스를 접한 독자들은 언론 전반의 신뢰성에 회의를 갖게 됐다. 언론의 네이버 종속도 언론사가 너무 많기 때문에 일어나는 현상이다. 매체가 많다는 것은 여론의 다양성을 의미하는 것이기는 하나, 현재 한국의 언론사 생태계는 '여론 다양성'으로 설명하기 힘들 정도로 어지럽다.

이런 환경에도 불구하고 디지털 뉴스 유료화로 '기부' 성격에 대한 시도가 계속되는 것은 과거 민주화 운동의 연장선 성격이 짙다. 독재 시절

---

97 이상원, 「네이버 뉴스 폐지가 '댓글 조작' 만병통치약?」, 『시사IN』 555호, 2018.5.9.

많은 시민들이 민주화 관련 단체 등에 성금을 내는 일이 많았다. 현재 진보매체에 대한 '기부' 성격의 디지털 뉴스 유료화는 해당 기사에 대한 '지불' 성격이 아니다. 언론탄압에 항의해 1988년 『한겨레신문』에 7만여 명의 국민 주주들이 기꺼이 자신의 지갑을 열고, 때로는 월급봉투째 들고 와 한겨레 주식을 산 것과 비슷한 동기에서 '매체 후원'이 이뤄지고 있는 것이다. 이는 국내 주류 언론에 대한 불만이 크면 클수록 소수 진보매체에 대한 지원이 늘어날 수 있는 구조다. 하지만 반대로 정권이 진보 성향 정부로 바뀌면 후원이 줄어든다. 이는 문재인 정부 출범 이후 여실히 드러나고 있는 현상이다. 또 주류 언론들이 앞으로 보도 방향 개선과 기사 품질 제고, 디지털화 등에 주력해 어느 정도 향상이 이뤄질 경우, 온라인 중심의 소수 매체가 현재의 모델 아래에서도 후원 추동력을 계속 유지할 수 있을 것인가 하는 숙제도 남는다.

그래서 후원 모델은 정치·사회적 지향점과 목소리가 뚜렷하고 충성도가 높은데다 적극적 성향의 독자들을 확보하고 있는 진보 매체에 더 유리하다. 진보매체 중에서도 선명성이 더 뚜렷한 언론사가 후원 모델에 더 적합하다.

현재 국내 후원모델 가운데 가장 성공적 성과를 거둔 곳은 후원회원 4만 명에 육박했던 『뉴스타파』다. 『뉴스타파』가 다른 진보매체에 비해 정치적 이념 지향이 더 한쪽으로 치우쳐 있다고 보긴 힘들다. 그러나 『뉴스타파』는 광고를 일절 받지 않는 경영방식 등으로 인해 '후원에 대한 절박성'이 다른 진보매체에 비해 더 강하고, 이는 후원 회원들에게도 깊게 각인된 점이 후원 모델의 성과로 이어진 것으로 보인다. 그러나 이처럼 순수한 '후원 100%' 수익모델은 직원 50명 수준의 『뉴스타파』 규모를 넘어서면 현실화에 어려움이 있을 것으로 보인다. 따라서 중형 규모 이상의 언론사들이 『뉴스타파』 모델을 그대로 차용하기는 힘들다. 후원자들은 대개 월 1

만 원 정도를 후원한다. 소비자 입장에서는 디지털 뉴스에 지불할 수 있는 적정선이겠지만, 언론사가 한 명의 독자에게 이 정도 금액을 받고 회사를 운영하려면 최소 10만 명 정도의 후원자가 상존해야 한다. 영어권 언론이 아닌 경우에는 쉽지 않은 규모다.

또 후원제는 트래픽 감소 우려도 없는 등 당장 치러야 할 부담이 적어 보이는 게 사실이다. 그러나 이런 후원제는 정치적 지향점이 뚜렷하지 않거나, 브랜드가 시장에 정착되지 않은 언론사들에게는 적합하지 않다.

디지털 뉴스 유료화 모델로 후원제를 염두에 둘 경우, '개별 기사'에 대한 품질 제고와 함께 '매체 브랜드' 자체의 이미지를 높이고, 독자들과의 친밀감을 높이는 작업이 기사 콘텐츠 질 제고보다 더 중요할 수 있다.

'구매' 성격의, 진정한 의미의 디지털 뉴스 유료화를 시도하기 위해선 언론사 안팎의 환경 문제를 먼저 고려해야 한다. 한국에서는 포털 사이트를 통한 왜곡된 뉴스 유통 구조 때문에 웬만해서는 뉴스 콘텐츠의 품질 차별성을 독자들에게 제대로 인식시키기 힘들다. 혹 좋은 품질의 뉴스 콘텐츠를 생산했다 하더라도, 포털 사이트를 통하지 않고서는 독자들에게 제대로 전달되기도 쉽지 않은 뉴스 유통 구조다. 따라서 현재의 포털 사이트 체제가 지속되는 한, 어떤 형태로든 '구매' 성격의 디지털 뉴스 유료화는 자리 잡기 힘들 것으로 보인다. 다만 영역을 좁힌 전문지 등은 소규모의 특정 독자들을 대상으로 하는 페이월 방식의 유료화가 일부 가능할 것으로 보인다. 종합일간지에서도 일부 전문성을 지닌 분야에서는 버티칼 매체 형식으로 페이월 방식의 '부분 유료화'를 실험해 보는 것도 의미 있는 축적이 되리라 본다.

종합하면, 디지털 뉴스 유료화가 제 궤도를 찾기 위해서는 '기부' 성격 외에 장기적으로는 '구매' 성격이 더해져야 한다는 점을 유추할 수 있다.

단, 이는 거대 포털 사이트를 통한 뉴스 이용환경의 변화가 먼저 전제되어야 한다. 이런 환경 변화 없이는 한국에서는 미국, 유럽처럼 '구매' 성격의 디지털 뉴스 유료화가 자리 잡기는 힘들다.

국내 언론사들의 뉴스 유료화와 관련해 각 유형별 장·단점을 정리하면, 다음과 같다.

〈표 3-8〉 뉴스 유료화의 각 유형별 장·단점

성격	유형	장점	단점	적합한 언론사
기부	후원	• 트래픽 감소 우려 없음 • 별도 비용부담 없음	• 후원금 지속 여부 난점 • 소액 후원이 주를 이룸	• 정치·사회적 지향이 뚜렷한 언론사 • 가치 지향적 언론사
	후불	• 트래픽 감소 우려 없음 • 후원 부담 감소	• 1회성 성격 짙음 • 후원액이 후원제보다 더 소액 • 후원금 분배 혼선 우려	• 정치·사회적 기사에 강점을 지닌 언론사 • 스타 기자 보유 언론사
	복합	• 후원제와 후불제의 장점 취합 • 후원자 선택 폭 확대	• 수익모델 주안점 모호 • 후원 초점 흐려질 우려	• 정치·사회적 지향점 뚜렷한 언론사 • 독자 구성이 다양한 언론사
	협동조합	• 독자와의 유대감 극대화 • 긴밀한 소통 및 빠른 기사 반응	• 편집방향 개입 우려 • 후원 가능 대상자 폭을 좁힐 수 있음	• 소규모 언론사 • 독자들의 성향이 비슷한 언론
구매	프리미엄	• 무료 독자 이탈없이 유료 독자 유치 • 기사 고급화	• 자발적 독자 유치 어려움 • 조직 내부 반발 가능성	• 전문성 지닌 매체 • 시사지보다는 특정독자 대상 전문지에 적합
	선불	• 시스템 간결 • 뉴스는 유료라는 인식 확대	• 트래픽 감소 가능성 • 초기 정착 어려움	• 매체력 있는 언론사 • 독보적 콘텐츠 보유 언론사
	멤버십	• 매체와 독자간 유대감 긴밀 • 장기독자 유치에 유리	• 매체의 대중적 영향력 하락 가능성	• 매체력과 차별성을 지닌 언론 • 독자로부터 애정과 지지를 받 있는 언론사

제4장

국내 디지털 뉴스 유료화에
남겨진 과제

디지털 뉴스 유료화라는 큰 장벽 앞에서 망설이고 있는 한국 언론사들이 처한 상황은 매우 열악하다. 광고 중심의 수익 모델 변화는 불가피한데, 종이 신문의 플랫폼 역할은 포털 사이트에 완전히 빼앗긴 상태여서 여론 주도력이 과거와는 비교할 수 없을 만큼 하락했다. 일부 온라인 진보매체들이 도입한 후원제는 아직 확장성에 한계를 지니고 있다.

미국, 유럽의 디지털 뉴스 유료화 모델도 한국만큼은 아니었지만 지난한 과정을 겪었다. 현재 성공적인 디지털 뉴스 유료화 모델로 평가받는 『뉴욕타임스』도 2005년 온라인 유료화를 시도했다가 2년 만에 철수한 경험이 있다. 영국 『더 타임즈 *The Times*』는 하드 페이월 방식의 유료화 모델을 도입한 이후, 트래픽이 90%나 감소하기도 했다.

이처럼 외국 디지털 뉴스 유료화 과정의 공통점을 보면, 한 번에 성공을 이뤄낸 경우는 흔치 않고 단계적 또는 여러 차례 시도가 계속 이어져 왔다는 점이다. 또 이 과정에서 외국 언론사들은 독자와 시장에 대한 데이터 분석에 나서고, 디지털 개발 인력 확충, 타깃 독자를 위한 콘텐츠 혁신, 그리고 언론사 내부 조직의 변화 등을 지속적으로 추진해 왔다.

결과적으로 '혁신' 이후 '수익 발생'까지는 상당한 시간이 걸린 것이다. 그와 비교하면, 우리는 성공에 이를 만큼의 충분한 '실패의 시간'이 쌓이지 않았다. 페이월 실험을 충분히 치른 해외 언론사들은 이제 페이월에서 한 단계 더 나아가 멤버십 제도로의 전환을 꾀하고 있다.

2018년 2월 독일에서 열린 '국제 유료 콘텐츠 회담International Paid Content Summit'에 참석한 전 세계 주요 언론사 및 미디어 전문가들은 설문조사에서 디지털 뉴스 유료화를 이끄는 요인들 가운데 가장 중요한 것으로 이용자 플로우user flow(이용자가 웹사이트에서 기사를 구독하기 위해 따르는 경로)의 최적화(86%), 기사 콘텐츠에 대한 투자(78%), 독자 관련 데이터(77%) 등의 순서로 응답했다.[98]

또한 2019년에 진행한 세계신문협회 연차총회에서는 "미디어가 살 길은 디지털 유료 구독자의 확보뿐"이라는 점에서 공감대가 형성됐다. 그리고 이를 위해서는 △고품질 저널리즘 구현 △독자데이터의 적극적 활용 △포털에 대한 효율적 대응 △뉴스룸을 포함한 전사적 혁신이 필요하다고 강조했다.[99]

한국 디지털 뉴스 유료화의 가장 큰 장애요인은 블랙홀처럼 모든 뉴스를 빨아들이고, 또 반대로 '공짜 뉴스'를 쏟아내는 포털 사이트다. 네이버의 하루 방문자는 3,000여만 명, 이중 뉴스분야 이용자는 1,300여만 명에 이르는 것으로 추산된다.[100] 유료화에 성공한 것으로 평가받는 『뉴욕타임스』의 경우, 트래픽 소스를 분석하면 『뉴욕타임스』 홈페이지로 곧바로 들

98 Jessica Davies, 'European publishers look to digital subscriptions to reduce platform dependency', Digiday, 2018.2.12.
https://digiday.com/media/european-publishers-look-digital-subscriptions-reduce-platform-dependency/

99 World Association of Newspapers and News Publishers, World Press Trends 2019

100 임아영, 「'뉴스' 못 놓는 네이버, 결국 '돈' 때문」, 『경향신문』, 2018.4.26.

101 이정환, 「구독경제와 독자 데이터베이스 관리」, 『미디어 혁신을 위한 독자 전략』, 2019 디지털 저널리즘 아카데미, 2019.7.9.~10.

어온 비율이 43.1%다.[101] 그러나 한국의 뉴스 시장에서는 포털 사이트를 통해 뉴스를 보는 비율이 77%에 이르고, 언론사 홈페이지를 통해 뉴스를 이용하는 비율은 5%에 그쳐 엄청난 차이를 나타내고 있다.

그리고 유료화를 가로막는 또 다른 장애요인은 세계 최저 수준의 뉴스 신뢰도다. 우리나라는 로이터저널리즘 연구소가 매년 진행하는 뉴스 신뢰도 조사에서 37개 조사대상국 가운데 2016년부터 3년째 최하위를 기록하고 있다.[102]

이 2가지에 대해 선결적인 최소한의 개선 없이는 디지털 뉴스 유료화 시도는 모두 실패로 귀결될 가능성이 높다.

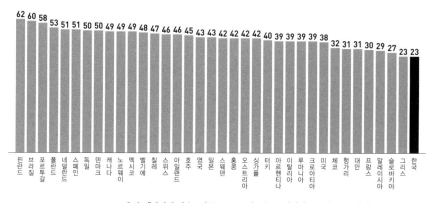

〈그래픽 4-1〉 세계 각국의 뉴스 신뢰도 비교

출처 : 『미디어 이슈 3권 6호-2017 한국 뉴스 생태계를 보여주는 7가지 지표』, p.3

---

102 '지난 1주일간 디지털 뉴스 이용에 주로 의존했던 경로'에 대한 물음에 대한 한국 미디어 소비자들의 단수응답 조사결과. 김선호·김위근·박아란·양정애, 『디지털뉴스 리포트 2018 한국』, 한국언론진흥재단-로이터저널리즘 연구소, p.16, 38

〈사진 4-1〉 디지털 뉴스 유료화 관련 세미나(2018.11.2.)

2018년 11월 2일 관훈클럽 주최 '뉴스콘텐츠 유료화 실험 사례' 세미나. 이날 강사로는 김안나 『퍼블리』 부대표, 우병현 『조선비즈』 상무(앞줄 왼쪽 첫 번째, 두 번째), 임석규 『한겨레신문』 디지털미디어국장, 이정환 『미디어오늘』 대표(오른쪽 두 번째, 첫 번째) 등이 참석했다. 박승희 관훈클럽 총무(가운데)가 사회를 보고 있다.

출처 : 관훈클럽

양정애 한국언론진흥재단 선임연구위원이 2017년 7월 트위터 이용자 중 1천 명을 대상으로 설문조사를 실시한 결과, 유료뉴스 이용 의향이 있다는 응답은 54.4%(상당히 있음 13.9%, 약간 있음 38.6%)로 절반을 넘었다.[103] 설문조사 응답률과 실제 상황과는 차이가 있을 수 있다. 그러나 이를 감안하더라도 한국 언론시장에서 유료화의 가능성을 완전히 배제할 수는 없는 것이다.

회원제 독서클럽 트레바리는 회비가 4개월간 19만~29만 원이고, 매달 책 한 권에 대한 독후감까지 제출해야 한다. 그럼에도 2015년 9월 4개 클럽, 80명으로 시작한 트레바리는 2019년 3월 말 기준으로 150개 클럽, 2,100명 규모로 성장했다. 월정액 전자책 구독 서비스를 제공하는 '밀리의 서재'도 2019년 구독자 수 1만 명을 돌파했다.[104] 구독에 대한 잠재력

---

103 양정애, 「콘텐츠 유료화와 이용자 관여도 분석」, 『콘텐츠 기획과 수익화 전략』, 한국언론진흥재단 세미나, 2018.10.31.~11.1.

104 김유진, 「저자·독자·출판사의 '교집합' 뚫어라」, 『경향신문』 22면, 2018.4.16.

은 분명 존재함을 짐작할 수 있을 것이다. 언론이 그 필요를 제대로 채워 주지 못할 뿐이다.

디지털 뉴스 유료화를 위해 우리 언론들이 먼저 해결해야 할 숙제가 있다. 유료화와 동시에 진행될 수도 있다. 유료화를 위한 선결과제를 살펴 보자.

1
공공 저널리즘 성격 강화

디지털 뉴스 유료화에 앞서 한국의 언론사는 유통 시장 붕괴와 대중의 신뢰 붕괴라는 2가지 붕괴 상황에 직면해 있다. 세계 미디어학계의 석학인 제임스 커런 런던대 교수는 저널리즘 위기 담론을 설명하면서 일종의 해결책으로 '공공개혁론public reformism'을 제안한다. 저널리즘은 개별 매체 기업의 혁신을 벗어나 사회적 대응을 조직화함으로써 극복이 가능하다는 주장이다.[105]

국내 언론 연구자들 중에는 현재 한국 언론이 직면한 문제 해결을 위해선 개별 신문 기업이나 산업의 경제적 생존 도모 차원을 넘어설 것을 제안한다. 언론은 공공의 재산이라는 개념을 바탕으로, 저널리즘의 미래를 시장에만 맡기지 말고 공적 기초를 더 튼튼히 하는 방향으로 나아가는 게 필요하다는 것이다.[106]

언론사에 대한 공적지원과 그에 따른 반대급부로 시민감시 체계 확립이라는 양자를 공존시켜 언론이 민간기업 차원이 아닌, 명실상부한 공공

---

105 James Curran, *The future of journalism*, Journalism Studies, 2010, p.464~476
106 김영주·박종구·정준희·심영섭, 『스마트 시대 신문의 위기와 미래』, 한국언론진흥재단, 2013, p.112

재로 자리매김 될 수 있도록 하자는 것이다. 이를 위해 공공저널리즘 센터 건립 등의 필요성을 제기하기도 한다. 디지털 뉴스 유료화도 개별 민간 언론사들의 각자도생에 맡기지 말고, 적절한 공적 지원을 통해 뉴스에 대한 대중의 인식 변화를 공적 대중이 함께 과제를 해결해 나가는 자세로 풀어 나갈 필요가 있다고 본다. 가짜뉴스로 인한 시민들의 혼란과 피해를 생각하면 뉴스를 공공의 자산으로 지켜나가기 위해 공적 재원을 투입하는 것도 사회의 공익적 향상에 크게 기여할 수 있을 것이다.

이와 관련해 국내외 디지털 뉴스 유료화를 오랫동안 연구해 온 김선호 한국언론진흥재단 연구팀장은 '공동체는 신문을 만들고, 신문은 공동체를 만든다'[107]는 토크빌의 문장과 '유료 구독 모델은 부유한 가입자를 대상으로 삼게 되며 엘리트의 세계관을 강화시킬 것'[108]이라는 우려를 들면서, "저널리즘은 산업 논리가 아니라 공동체 논리에 의해 운영되어야 한다"고 주장한다. 그러면서 독자들이 후원이라는 자발적 형식을 통해 저널리즘 활동에 참여하는 것을 제외한, 유료 구독 전략 및 페이월 구축에 대해선 반대 입장을 피력하기도 한다.[109]

『미디어 구하기』(이영지 역, 글항아리, 2017)의 저자인 줄리아 카제 파리 정치대학(시앙스포) 교수는 2018년 10월 30일 한국언론진흥재단이 주최한 2018 KPF 저널리즘 컨퍼런스에서 '디지털 시대, 고품질 뉴스 펀딩을 위한 제도들'이란 주제의 강연자로 나서 "민주주의를 위해선 고품질 뉴스가 있어야 한다"며 "양질의 뉴스는 공공재이기 때문에 시장에만 맡길 수 없

107 de Tocqueville, A., *Democracy in America Volume 2(1990)*, Vintage Books. p.113~114

108 Jonah Peretti, '9 Boxes Building out our multi-revenue model', *BuzzFeed*, 2017.12.13.
https://www.buzzfeed.com/jonah/9-boxes?utm_term=.eyNv44ORx&ref=mobile_share#.cknmggGky

109 김선호, 「'뉴스는 공공재' 저널리즘 본질 외면하는 유료화 장벽」, 『신문과 방송』 566호(2018년 2월호), 한국언론진흥재단, p.16~17

다"고 말했다. 그러면서 그는 "정부가 모든 시민에게 일종의 바우처를 줘서 자신이 원하는 미디어에 기부할 수 있도록 하고 정부는 그 액수에 맞춰 똑같이 매칭해 주면, 가난한 사람들도 언론사에 돈을 낼 수 있다"는 방안을 제안하기도 했다.[110]

카제 교수처럼 언론사 후원형 바우처를 시민들에게 제공하는 방안 외에도, 어떤 형태로든 민간 언론사에 공적 자금을 지원하거나 구독료(디지털 구독료, 매체 후원금 포함)에 대한 소득공제 등 다양한 형태의 공적 지원을 주장하는 목소리도 적지 않다. 이 경우, 언론사의 보도 목적은 공익을 위한 것이어야 한다는 전제는 더욱 강해지며 동시에 공공기관, 특히 정부의 경우, 언론에 대해선 '지원하되 간섭하지 않는다'는 원칙에 충실해야 할 것이다. 그러나 공익적 목적을 위한 공공의 감시와 시민들의 자발적 간섭은 피하기 힘들 것이다.

---

110 정철운, 「"양질의 뉴스는 공공재, 시장에만 맡길 수 없다"」, 『미디어오늘』, 2018.10.30.

2
개별 언론사의 책임과 나아가야 할 방향

이와 동시에, 또는 이와 별개로 디지털 뉴스 유료화를 위한 언론사들의 노력이 좀 더 가속화, 구체화 되어야 한다. 무엇보다 주도면밀해야 한다. 여러 전문가들의 의견을 종합해, 각 언론사들이 디지털 유료화를 위해 준비하고 추진해야 될 과제들을 다음과 같이 정리해 본다.

미디어 연구

언론의 바깥과 안은 수시로 상황이 변하고 있다. 그동안 사회를 취재하고 뉴스를 전달하는 데만 치중했던 언론사들은 이제 세계, 그리고 국내의 미디어 시장과 개별 미디어 기업이 어떻게 움직이고 있는지 끊임없이 연구해야 한다. 한국의 디지털 뉴스 유료화가 미국이나 유럽 등 다른 나라에 비해 상대적으로 뒤처진 것은 한국의 독특한 여론시장이라는 환경 탓이 크지만, 미디어의 변화에 대해 상대적으로 둔감한 채 기존의 광고 모델을 탈피할 노력도 하지 않고, 국내의 정파적 이해관계에만 치중했던 개별 언론사의 책임도 막중하다. 개별 언론사 차원에서도 미디어 관련 부서를 신설할 필요가 있다. 다른 언론사나 자사의 잘못된 보도나 행태를 비판하는 언론감시 차원의 수준을 떠나, 국내외 언론사들이 어떤 혁신과 변화를 추진하고 있으며 그것이 시장에서 어떤 영향과 결과를 이끌어 내고 있는지를 살펴봐야 한다. 조금 더 욕심을 부리자면, 개별 언론사마다 미디어 연구소를 별도로 신설해, 언론사 내부에서 미디어 전문가를 육성할 필요가 있다.

독자 데이터 수집

이 책 속 인터뷰에 등장하는 미디어 전문가들은 한결같이 "데이터는 너무너무 중요하다"고 입을 모았다. 데이터 분석은 유료화를 준비하려는 국내 언론사들이 가장 먼저 주목해야 할 부분이다. 데이터 분석을 하려면 먼저 데이터를 수집해야 한다. 2014년 『뉴욕타임스』 혁신보고서의 핵심도 취재부서에 '디지털 독자반응'을 평가하고 이를 콘텐츠에 반영하는 디지털 기획자를 함께 배치하라는 것이다.

양정애 한국언론진흥재단 선임연구위원은 유료화 시도를 위해서는 개별 이용자의 특성을 파악할 수 있는 데이터 확보가 출발점이라고 못 박았다. 현 단계에서 국내 언론사가 디지털 뉴스 유료화를 바로 시작하는 것은 시기상조이며, 우선 데이터 확보가 전제되어야 한다는 것이다. 양 위원은 데이터 확보 방안으로, 회원 가입과 로그인 후 기사 이용이 가능하도록 유도하는 안을 제시했다. 구체적으로는 모든 온라인 사이트 이용자에게 이를 요구하지 말고, 일정 개수 이상의 기사를 보려면 로그인이 필요하도록 하는 안을 예시로 들기도 했다.[111] 물론 PV에 목을 매는 언론사들이 '로그인 장벽'을 설치하는 것은 마냥 쉽지만은 않다. 데이터 수집과 독자 이탈방지라는 두 가지 목적은 이처럼 때로 충돌한다.

　그동안 국내 언론사들은 자신들의 독자가 누구인지도 명확히 파악하지 못한 채 공급자 위주의 뉴스 쏟아내기에만 급급했다. 뉴스 유료화 과정에서 기존 대형 신문사들이 실패한 데 반해, 오히려 미디어 스타트업들은 성과를 거둘 수 있었던 주요한 이유가 있다. 그중 두 가지만 들자면, 하나는 타겟층을 좁혀 구체적인 콘텐츠와 서비스로 독자들에게 다가간 점이다. 또 다른 하나는, 실행에 앞서 무수한 독자조사를 거쳤고 실행을 하면서도 계속 데이터 조사를 진행해 온 것이다. 이에 반해, 기존 언론사들은 유료화를 실행하면서도 그간의 경험과 예측에 의지하는 경우가 많았다. 대부분 공급자 관점을 벗어나지 못했다.

　『뉴욕타임스』의 뉴스분석 에디터인 제임스 로빈슨은 지난 2014년 9월 한국편집기자협회 컨퍼런스에서 "독자들의 행동이 어떻게 변하고 있고, 기사가 어떻게 변해야 하는지 기자에게 이해시키는 게 데이터 분석의 목표"라며 "누구에게 이 기사를 읽게 만들 것인지 기사의 대상을 먼저 결정해야 한다"고 말했다.[112] 구체적으로는 독자들의 관여도 audience engagement 를 측정해, 독자들이 어떤 기사에 오래 머무는지, 그리고 한 기사를 본 뒤 어느 기사로 넘어가는지 등을 체크하고, 그 독자들의 행동 양식을 참고로 해 기사를 작성하고, 홈페이지에 배치하고, 독자의 화면에 띄워주도록 하는 것 등이다. 『뉴욕타임스』는 패키지 맵퍼 package mapper 라는 툴을 개발해 독자들의 뉴스 소비 패턴을 분석하고 있다. 패키지 맵퍼는 기사 유형을 3가지로 분류한다. 뉴욕타임스 외부에서 트래픽을 끌어와 다른 기사로 트래픽을 넘겨주는 기사인 Giver(아낌없이 주는 사람), 다른 기사에서 트래픽을

111　양정애, 「콘텐츠 유료화와 이용자 관여도 분석」, 『콘텐츠 기획과 수익화 전략』, 한국언론진흥재단 세미나, 2018.10.31.~11.1.

112　이정환, 「뉴스룸 혁신, 데이터에 답이 있다」, 『2014 해외 미디어 동향-05』, 한국언론진흥재단, p.30~33

넘겨받지만 거기서 끝나는 Dead ends(막다른 골목), 다른 기사에서 트래픽을 넘겨받지도 않고 넘겨주지도 않는 고립된 기사인 Wallflowers(외톨이) 등이다. 『뉴욕타임스』 편집회의에서는 이런 독자 데이터를 분석하고 기사를 평가한다. 독자들의 기사읽기 흐름을 보면서, 링크를 걸어주면서 막힌 통로를 뚫어 트래픽의 흐름이 끊기지 않도록 애쓰는 것이다.[113]

『가디언』도 자체 개발한 '오펀Ophan'이라는 트래픽 분석 툴을 쓰고 있다. 이 툴은 5초 이내에 『가디언』의 모든 기사의 트래픽을 추적하고 그 결과를 400여 명의 기자와 에디터, 개발자들과 공유한다.[114]

프랑스의 뉴스 유료 구독 사이트인 『Poop.fr』은 사이트 방문자들에게 일괄적으로 유료 가입을 강요하기보다는, 사용자 패턴을 파악해 우연한 방문자, 간헐적 방문자, 정기적 방문자 등으로 구분한 뒤 각각 다른 전략으로 접근한다. 예를 들어 우연한 방문자에게는 맛보기 기사 몇 개를 읽을 수 있게 허용하는 식이다.

디지털 혁신 분야에서 국내 언론사 가운데 상대적으로 앞서 나가고 있는 것으로 평가받는 『중앙일보』가 디지털 혁신 첫 작업으로 가장 먼저 시작한 것이 '디지털 독자/콘텐츠 평가 시스템'인 JAJoongang Analytics 개발이었다. JA는 기사마다 이용자가 어떤 경로를 통해 『중앙일보』 뉴스 페이지에 들어오는지, 얼마나 머무는지, 성별과 연령대는 어떤지 등 사용자 반응을 개별 기사 단위로 실시간으로 파악하는 기사 반응 측정 시스템이다. 그 결

---

113 James G. Robinson, 'Watching the audience move: A New York Times tool is helping direct traffic from story to story', *NiemanLab*, 2014.5.28.
https://www.niemanlab.org/2014/05/watching-the-audience-move-a-new-york-times-tool-is-helping-direct-traffic-from-story-to-story/

114 Ciara Byrine, 'How The Guardian Uses "Attention Analytics" To Track Rising Stories', *Fast Company*, 2014.2.6.
https://www.fastcompany.com/3026154/how-the-guardian-uses-attention-analytics-to-track-rising-stories

과를 개별 기자들에게 전달해 스스로 피드백을 할 수 있는 구조를 만든 것이다. 특히 DRI^{Deep Reading Index}라는 지수를 개발해 독자들이 꼼꼼하게 읽는 기사가 무엇인지를 파악했다. 또 평균 체류시간, 당일 PV, 기사 재순환 등 3가지 지표를 합쳐 INDEX 수치로 계량화해 콘텐츠 분석을 했다.

『중앙일보』는 이러한 데이터 분석을 현업에 적용시키면서 눈에 띄는 변화와 성과를 이끌어 내고 있는 것으로 전해진다. 『중앙일보』가 당장 디지털 뉴스 유료화에 본격적으로 뛰어들고 있진 않지만, 이처럼 오랜 기간 축적된 독자 행동 정보는 디지털 뉴스 유료화를 위한 강력한 무기가 될 것이다. 이미 『중앙일보』는 2019년 '더,오래'와 '폴인'이라는 오프라인 유료화를 실험하고 있다. 2017년 7월 온라인에서 시작한 '더,오래'는 노후 준비, 재테크, 건강 등을 주제로 하는 독자 참여형 서비스로, 2019년부터 오프라인으로 영역을 확장하고 3월부터 유료로 전환했다. 또 '폴인'은 미래, 라이프스타일 등을 주제로 디지털 콘텐츠와 각종 모임, 강연 등을 유료로 제공하는 '지식 콘텐츠 플랫폼'으로, 『중앙일보』에서 유료화를 준비하는 또 다른 조직이다. '폴인 스튜디오'로 불리는 강연은 매달 컨퍼런스나 워크숍 등 다양한 형태로 진행되는데, 2018년 하반기 행사 대부분이 매진됐을 정도로 좋은 반응을 얻었다.[115] 이를 토대로 2019년에는 5~6주 단위로 특정 주제를 중심으로 20명 안팎의 인원이 주 1회 집중 세미나를 열고, 네트워킹까지하는 '폴인 스터디' 상품으로 진화했다. 스터디 상품의 가격은 1인당 50만~100만 원인데도 대부분 상품이 매진되고 있다. 『중앙일보』에서 이처럼 주변부에서부터 유료화 작업을 시도할 수 있었던 것은 우연이 아니다.

국내 언론사들도 포털과 SNS 등으로부터 가능한 데이터를 확보하고,

---

115 김고은, 「언론사 '오프라인 소통' 사업… 조금씩 지갑 여는 독자들」, 『기자협회보』, 2019.4.23.

이를 하나의 시스템에 통합해야 한다. 또 일/주/월 단위의 통계 리포팅을 지원하고, 꾸준히 통계수치를 발굴하고 적용할 필요가 있다.

디지털 뉴스 유료화를 오랫동안 연구하고, 실험하고, 추진해 온 이정환 『미디어오늘』 대표는 2018년 4월 19일 한국언론진흥재단 디지털저널리즘 아카데미 강연에서 외국 여러 언론사들의 경험을 바탕으로 "디지털 전환과 데이터 분석에 인력과 자본을 투자하는 기업만 살아남을 것"이라고 말했다.[116]

디지털에 걸맞는 조직 재편

디지털 환경에 적응하기 위한 수익 모델을 위해선 콘텐츠-플랫폼-조직 혁신이 뒤따라야 한다. 현재의 지면 중심 조직으로는 '디지털 유료화 모델'을 도입하더라도 머리와 몸이 따로 움직이는 결과를 낳을 수 있다. 유료화 모델 도입을 위해선 조직 자체가 '유료화'와 관련된 기능으로 움직여야 하는데, 기존의 조직 운영 시스템을 그대로 둘 경우 '유료화'는 조직의 일기능으로 작용할 가능성이 높고, 이 경우 실패로 귀결되거나 성공하더라도 그 성과는 제한적일 가능성이 높다.

특히 유료화를 위해서는 좋은 독자 경험을 제공하는 데에 집중하는 개발자와 UX^User Experience(사용자 경험) 디자이너, 좋은 콘텐츠를 발굴할 에디터나 기획자 등이 조직적으로 배치되어야 한다. 또 빠르게 콘텐츠를 발행하는 CMS^Content Management System(콘텐츠 관리시스템)를 개발하고, 데이터를 집계해 독자 성향을 분석할 그로스해킹을 꾸준히 진행하는 디지털 기술

---

116 이정환, 「뉴스 콘텐츠 유료화의 진화 – 독자의 마음을 움직여라」, 『디지털 저널리즘의 이해』, 한국언론진흥재단 2018 디지털 저널리즘 아카데미 전문교육과정, 2018.4.17.

조직의 중요성은 더욱 커진다.[117]

디지털 유료화를 준비하려면 조직을 디지털에 걸맞게 바꾸어야 하고, 이는 조직구조가 IT 회사에 더 가까워진다는 것을 뜻한다. 언론사는 기자가 주류이고 IT 회사는 개발자가 주류이다. 유료화를 위해선 데이터 수집 및 분석, 콘텐츠 품질 향상, 다양한 결제 시스템 구축, 독자관리 프로그램 등 무수한 프로그램 개발 수요가 일어난다. 콘텐츠 개발 못지않게 중요한 것이 디지털 개발이다. 언론사에 CTO^Chief Technology Officer(최고기술경영자)가 필요한 시대가 되고 있는 것이다. 개발자가 조력자가 아닌, 주력자가 되는 것이 유료화의 필수요건이다.

이와 함께 디지털에 편집국의 우수한 인재를 보내야 한다. 많은 언론사들이 디지털 혁신을 주창하면서 디지털 강화를 선언해왔다. 그러나 해당 언론사가 디지털을 얼마나 중요하게 생각하는지는 인사를 보면 알 수 있다.

매체 브랜드 신뢰성 제고

디지털 뉴스 유료화 방식인 후원, 구독, 회원제 등 이 모든 것이 '신뢰'를 바탕으로 한다. 매체에 대한 브랜드 인지도와 신뢰도 없이는 디지털 유료 구독도 후원제도 이뤄지기 힘들다.

한국언론진흥재단과 로이터저널리즘연구소가 매년 세계 각국의 디지털 뉴스 소비 현황을 조사하는 『디지털 뉴스 리포트 2018 한국』 자료를 보면, 한국인의 뉴스 신뢰도는 조사대상 37개국 가운데 꼴찌였다. '대부분

---

117 이준행, 「국내외 뉴미디어 동향과 한국 신문업계의 과제」, 『뉴미디어 동향과 인터넷신문 수익전략』, 2019 인터넷신문위원회 이슈포럼, 2019.5.23.

의 뉴스를 거의 항상 신뢰할 수 있다'는 응답률이 25%로, 평균(44%)에도 크게 못 미쳤다.[118]

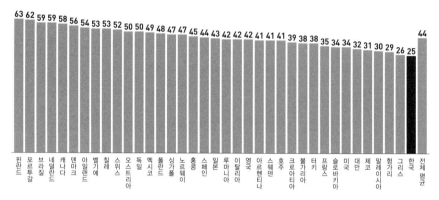

〈그래픽 4-2〉 세계 각국의 뉴스 신뢰도

뉴스 신뢰도가 가장 높은 나라는 핀란드(63%)였고, 가장 낮은 나라는 한국(25%)이다. 조사대상 37개국 평균은 44%다.

자료:『디지털 뉴스 리포트 2018 한국』

지난 2017년 트위터 사용자 1천 명을 대상으로 한 한국언론진흥재단의 조사를 보면, '유료뉴스를 이용하고 싶은 이유'로 '가짜뉴스, 찌라시 등의 검증되지 않은 정보에 노출되기 싫어서'라는 응답이 91.2%로 가장 높았다. 유료화를 언급하면서 언론사 내부에서 많이 이야기하는 '고급 정보'(87.8%), '차별화된 방식'(66.2%), '특별한 정보'(60.7%) 등은 상대적으로 낮았다.[119]

비단, 유료화가 아니어도 사회적 영향력, 그리고 언론 고유의 기능과

---

118 김선호·김위근·박아란·양정애, 『디지털 뉴스 리포트 2018 한국』, 한국언론진흥재단-로이터저널리즘연구소, p.38

119 양정애, 「콘텐츠 유료화와 이용자 관여도 분석」, 『콘텐츠 기획과 수익화 전략』, 한국언론진흥재단 세미나, 2018.10.31.~11.1.

책임을 다하기 위해서라도 현재 한국 언론의 브랜드 신뢰성 제고는 절실하다. 뉴스 신뢰도 하락이 위험스런 상황이기 때문이다. 언론에 대한 신뢰도는 응답자들이 그렇게 생각한다는 것이지, 그 수치 자체가 객관적인 신뢰성을 뜻하는 건 아니다. 그러나 어쨌든 우리 언론에 대한 시민들의 불신이 지금처럼 컸던 적도 거의 없었다. 여기에는 여러 원인이 있다. 광고주인 대기업의 입김에서 자유롭지 못한 보도 태도, 진영 논리에서 벗어나지 못한 채 형평성을 잃은 보도 등의 내적 요인이 있다. 외적 요인으로는 이젠 기존 미디어 외에도 얼마든지 정보를 얻을 수 있는 직접 창구가 넘쳐나고, 원하면 각 개인이 누구나 미디어가 될 수 있는 시대가 언론의 신뢰도 하락에 영향을 미쳤다. 기존 언론의 보도를 비판적으로 접근하는 것을 넘어서 조롱하는 일도 비일비재하다. 과거 같으면 그냥 넘어갔을 법한 언론의 실수도 눈 밝은 독자들이 정확하게 끄집어내 SNS 등에 공유해 널리 퍼지는 일도 많다. 각 언론사들도 디지털을 강화하면서 페이지뷰에는 목을 매면서 인력 충원은 하지 않아, 어뷰징 기사나 속보를 허겁지겁 쏟아내는 과정에서 빚어지는 잔실수가 예전보다 잦아진 게 사실이다. 이런 모든 것들이 쌓여서 언론의 신뢰도를 계속 떨어뜨리는 요인으로 작용하는 것이다. 여기에 최근에는 유튜브 등이 '가짜 뉴스'를 쏟아내면서 사실과 거짓이 혼동돼 갈피를 찾기 힘든 상황에까지 이르렀다.

에릭 슈미트 전 구글 CEO는 "개방형 정보공유 플랫폼이 늘어날수록 주류 언론mainstream media이 '신뢰성 필터credibility filter' 역할을 해줘야 한다"고 역설했다.[120] 언론이 각종 정보를 걸러내 가치 있는 뉴스로 재가공해 독자들에게 내어놓고, 이렇게 내놓은 기사들이 여론시장에서 인정받으려면

---

[120] Sam Gustin, 'The Internet Doesn't Hurt People —People Do: 'The New Digital Age'', *TIME*, 2013.4.26.
http://business.time.com/2013/04/26/the-new-digital-age-promise-and-peril-ahead-for-the-global-internet/

먼저 해당 매체가 믿을만한 존재여야 한다. 앞으로 언론이 신뢰받는 가이드의 역할을 얼마나 제대로 해주냐에 따라 언론사 브랜드의 가치가 결정될 것이다.

따라서 상황을 장기적으로 보고, 개별 기사의 클릭 수, 개별 기사의 콘텐츠 질 향상 수준을 넘어서는 매체 전반의 브랜드 관리에 적극 나서야 한다. 정확한 통계는 아직 없지만, 디지털 뉴스 유료화와 관련해 현재 국내 언론매체에 지갑을 여는 독자들도 개별 '기사'보다 자신이 신뢰하는 '매체'에 더 주안점을 두고 후원하는 경향이 짙은 것으로 여겨진다.

독자와의 관계성 강화

기사 콘텐츠 품질 향상, 매체 브랜드 신뢰도 제고와 함께 개별 언론사에 절실하게 필요한 요소 중 하나가 '독자와의 관계성'이다. 그동안 주류, 비주류를 막론하고 대부분의 한국 언론사들은 독자와의 관계에서 '일방향One way'성에 치중했고, 옴부즈만 운영 등 독자와의 소통도 극히 제한적인 부분에 국한됐다. 이는 각 언론사가 독자 관련 조직을 운영할 만큼의 물적 토대와 시스템이 부족한 것도 원인이지만, 언론사 특유의 엘리트 의식과 굳은 관성, 그리고 서비스 마인드 부족 등이 근본 원인이다.

디지털 뉴스 유료화, 더욱이 후원 모델을 구상할 경우에는 소통을 포함한 독자와의 관계성 회복과 증진이 필수불가결하다. 독자와 함께 '미디어를 만들어간다'는 자세를 견지해야 한다. 독자도 개별 콘텐츠에 대한 만족감 외에 해당 미디어와의 일체감, 유대감을 느낄 때에야 미디어에 계속 지갑을 열 수 있을 것이다.

아울러 미디어-독자 외에 독자-독자와의 관계 형성에까지도 개별 언론사들이 관심을 기울여야 한다. 현재 진보매체를 중심으로 디지털 뉴스 유료화와 관련된 후원자들의 구성은 대부분 '40~50대 남성'이고, 평균 매월 1만 원 가량을 내고 있다. 이런 구조로는 후원 모델의 확장성과 지속성, 그리고 확대를 기대하기 힘들다. 그러나 3~4개월에 5만~30만 원의 회비를 받고 취미·독서 모임을 만들어주는 커뮤니티 사업 등이 20~30대, 특히 여성들을 주 고객으로 활발히 퍼지고 있다. 미디어 기업 중에서도 디지털 뉴스 유료화에 어느 정도 가시적 성과를 거두고 있는 곳은 거대 레거시 미디어legacy media가 아니라, 『닷페이스』, 『아웃스탠딩』, 『퍼블리』 등 20~30대 젊은 직원들로 구성된 미디어 스타트업이라는 점은 시사하는 바가 크다. 이들의 공통점은 타겟 독자층을 분명히 하고, 독자와의 소통, 일체감을 바탕으로 했다는 점이다. 전통 미디어들이 겸손히 배워야 할 부분이다.

이제 독자들은 단순히 언론매체의 기사를 읽는 것에 그치지 않고, 관계를 맺길 원한다. 더욱이 뉴스 유료화를 진행하려면 언론사와 독자들이 오프라인에서도 더 자주 만날 수 있어야 한다. 그래서 매체와의 친근감이 쌓여야 지속적인 구독 또는 후원으로 이어질 수 있다. 프랑스의 『르몽드』는 지난 2010년부터 독자와의 만남을 정례화한 '르몽드 페스티발'이라는 행사를 매년 가을 열고 있다. 4일 동안 열리는 이 행사는 7유로(약 9,300원)의 입장료를 받고 있지만, 지난 2017년에는 연인원 2만5천 명, 2018년에는 2만8천 명이 몰릴 정도로 성원을 이룬다. 페스티발에는 기자와 독자와의 만남과 토론 외에도 영화, 연극, 발레 공연도 진행한다. 『르몽드』는 이 행사를 통해 독자와의 유대를 강화하고, 청소년과 청년 구독층을 확보하는 한편, 수익 창출에도 도움을 받고 있다.[121]

미국 연방통신위원회 선임 고문을 지낸 '라이프포스트 닷컴' 창업자인

---

[121] 진민정, 「독자와 함께하는 저널리즘 혁신」, 『미디어 혁신을 위한 독자 전략』, 2019 디지털 저널리즘 아카데미, 2019.7.9.

스티븐 월드먼은 독자의 새로운 역할을 (뉴스) 배포자, 기고자, 취재원, 후원자, 자기 표현자이자 해당 언론사의 터전이기도 한 공동체의 촉진자라고 설명하기도 했다.[122]

국내에서는 『중앙일보』의 '중앙 멤버십', 『조선일보』의 '조선 멤버십', 『한겨레신문』의 '하니누리' 등 초기 단계의 '회원제'가 실시되기도 했다. 그러나 이들 회원제는 관리가 제대로 안 돼 '독자'를 넘어 '회원'이라는 동질성을 확보하거나, 매체와의 연결고리를 더욱 긴밀하게 하는 데에까지 이르지 못했다. 회원 배가 차원에서도 두드러진 성과를 거두지 못했다. 각 언론사들이 '독자 부문'에 대한 투자를 소홀히 한 것도 주요한 원인이다.

뉴욕시립대[CUNY] 저널리즘 대학원 교수인 제프 자비스는 "언론사들은 페이지뷰, 플랫폼보다 공적 서비스로 뉴스를 바라봐야 한다"며 "이를 위해 뉴스 조직은 저널리즘을 '콘텐츠'보다 오히려 '서비스'에 주안점을 둬야 한다"고 말했다. 또한 제프 자비스는 "독자들을 대중[mass]이 아닌 개인들[individuals]로 접근해야 하며, 따라서 맞춤형 뉴스와 경험을 제공해 줘야한다"고 말했다.[123]

구독에 기반한 관계 비즈니스는 과거처럼 콘텐츠를 구독자들에게 제공한다고 끝나는 사업 유형이 아니다. 콘텐츠에 더해 관계적 가치와 경험을 제공할 수 있을 때, 구독자는 이탈하지 않고 응원[support]할 수 있다.[124]

뉴스 유료화에 성공한 외국 언론사들을 보면, 한결같이 독자관리를 강화한 것을 볼 수 있다. 『뉴욕타임스』는 신규 유료 독자 유치만큼 유입된

---

122 켈리 맥브라이드·톰 로젠스틸 엮음, 『디지털 시대의 저널리즘 윤리』, 한국언론진흥재단, 2011, p.311~320

123 Matt Carroll, 'Jeff Jarvis: Journos Need to Shift from Content to Service Business', *Mediashift*, 2015.6.16.

124 이성규, 「디지털 구독 경제의 미래에 대하여」, 『뉴미디어 동향과 인터넷신문 수익전략』, 2019 인터넷신문위원회 이슈포럼, 2019.5.23.

〈사진 4-2〉「NYT」 뉴스 화면

『뉴욕타임스』는 2018년 1~2월 평창 올림픽에 파견된 샘 맨체스터 기자가 『뉴욕타임스』 앱 가입 독자들에게 직접 뉴스 속보를 모바일 메시지 형태로 전달하는 한편, 독자들의 궁금증이나 질문 등을 채팅 채널을 통해 받아, 곧바로 답변해 주고 있다.

출처 : 『뉴욕타임스』

독자들이 빠져나가지 않도록 '신규 유료 독자 전담팀'을 두고 3개월 간 집중 관리한다.[125] 또 2017년 독자의 물음에 진지하게 답변하는 '리더 센터 reader center'를 오픈하고, 8명의 기자를 이곳에 배치했다.[126] 지난 2018년 1~2월에는 평창 올림픽을 취재하면서 평창에 파견된 취재 기자가 『뉴욕타임스』 앱 가입 독자들에게 직접 뉴스를 메시지 형태로 전해주고, 또 독자들의 궁금증이나 질문 등을 채팅 채널을 통해 받아, 이를 답변해 주는 소통 채널을 실험한 바 있다.[127] 『뉴욕타임스』는 또 50개가 넘는 뉴스레터를 운영하며, 각 독자에게 맞는 뉴스레터를 선별적으로 보내주고 있다. 이

125 양정애, 「콘텐츠 유료화와 이용자 관여도 분석」, 『콘텐츠 기획과 수익화 전략』, 한국언론진흥재단 세미나, 2018.10.31.~11.1.

126 Cliff Levy, 'Introducing the Reader Center', *The New York Times*, 2017.5.30.
https://www.nytco.com/press/introducing-the-reader-center/

127 Sam Manchester, 'Sam at the Games', *The New York Times*, 2018.1.26.
https://www.nytimes.com/interactive/2018/01/26/sports/olympics/olympics-messages-ul.html

를 통해 독자와의 소통을 상시화하고 있다.

영국의 경제시사 주간지인 『이코노미스트』는 2019년 현재, 디지털 유료 구독자가 430만 명에 이른다. 『이코노미스트』는 2017년 9월 독자와의 관계성 강화를 위해 뉴스레터 전담팀을 배치해 지금까지 활발하게 운영하고 있다.[128]

국내에서도 최근 기존 언론사들이 다시 뉴스레터 서비스에 나서고 있다. 『중앙일보』는 4개 카테고리에서 총 22개의 뉴스레터를 운영해 독자 특성에 맞도록 개별화하는 노력을 기울이고 있다. 『한국경제신문』은 편집국장과 논설실장이 각각 '편집국장이 전하는 오늘의 뉴스'와 '이학영의 뉴스레터'를 독자들에게 매일 보내고 있다. 『조선일보』는 오전과 오후에 각각 뉴스레터를 발송하고 있는데, 『뉴욕타임스』와 『워싱턴 포스트』의 뉴스레터 운영 사례를 분석해 『조선일보』도 향후 독자들의 관심사별로 뉴스레터를 다양하게 확대 개편할 계획이다.[129]

유료화를 향한 다각적 시도

"단번에 모든 것을 해결할 수 있는 '은빛 탄환silver-bullet'(악마를 쫓는 묘책)은 없다."[130]

128 최진순, 「뉴스미디어 기업의 독자전략」, 『미디어 혁신을 위한 독자전략』, 2019 디지털 저널리즘 아카데미(한국언론진흥재단), 2019.7.9.

129 강아영·김달아, 「"찾아와서 보는 '충성독자' 잡자"…국내 주요 매체들, 뉴스레터 주목」, 『기자협회보』, 2019.5.22.

130 John Cassidy, 'The Financial Times and the Future of JournalismThe Internet Doesn't Hurt People —People Do: 'The New Digital Age'', *The New Yorker*, 2015.9.28.
https://www.newyorker.com/news/john-cassidy/the-financial-times-and-the-future-of-journalism

전 세계에서 디지털 뉴스 유료화와 관련해 외형적으로 가장 큰 성과를 낸 매체 중의 하나인 영국 『파이낸셜 타임스』의 최고경영자 존 리딩이 디지털 뉴스 유료화의 비결을 묻는 『뉴요커』의 질문에 답한 말이다.

디지털 뉴스 유료화와 관련해 한국의 전통 언론사들은 아직껏 제대로 된 '실패'를 경험하지 않았다. 두려워서 '시도'를 하지 않았기 때문이다. 그래서 지금까지 디지털 뉴스 유료화를 시도한 언론사들은 상대적으로 소규모인 인터넷 중심 매체들이 대부분이다.

이른바 레거시 미디어들이 디지털 뉴스 유료화에 소극적인 이유는 여러 가지가 있다. 디지털 뉴스 유료화로 인해 거둘 수 있는 수익이 매우 미미해 투입 대비 산출 효과를 기대하기 힘들고, 오히려 부작용만 더 커 보이기 때문이다. 또 광고 모델이 줄어들었다고는 하나, 그래도 언론사의 가장 큰 수익모델로 여전히 굳건히 작동하고 있다. 오히려 종이신문 구독자가 줄어들면서 구독 수입도 줄어 회사 매출액에서 광고 매출의 비중은 더욱 커졌다. 이는 국내 언론매체의 광고시장이 마케팅 측면의 광고 효과가 아니라, 리스크 관리 차원 또는 정치적·인적 관계로 형성되는 측면 때문이기도 하다.

미국 언론사들이 디지털 뉴스 유료화에 적극적일 수밖에 없었던 이유는, 역으로 미국의 매체 광고시장은 마케팅 효과 등이 상당 부분 그대로 반영되기 때문에 구독자가 줄면, 광고단가도 줄었다. 그래서 생존을 위해선 기존의 '광고 모델'이 아닌, 또 다른 수익 모델을 개발하지 않으면 안됐기 때문이다. 그런데 국내 언론은 아직까지 디지털 뉴스 유료화 없이도 기존의 광고 모델로 먹고살 만한 것이다. 주요 신문사가 2019년 공시한 2018년 매출액을 보면 거의 대부분 종합일간지들의 매출액과 순이익이 늘어났다.[131]

그러나 언제까지 이런 상황이 계속 될 순 없음을 대부분 언론사들이 인식하고 있다. 그래서 개별 언론사 차원에서 디지털 유료화 모델에 대한 다각적 접근이 필요하다. 디지털 뉴스 유료화를 실시하고 있는 언론사들은 대개 하나 이상의 모델을 실험, 병행하고 있다. 하나의 유료화 모델을 정하고 나면 그것만 계속 밀어붙이는 언론사는 어디에도 없다. 또 한 언론사에 적합한 유료화 모델이 다른 언론사에 그대로 통용되는 것도 아니다. 언론사의 편집 방향, 주주 구성, 기존 수익 모델, 독자층, 사내 문화 등 다양한 배경과 요인에 따라 자사에 적합한 유료화 모델을 찾아나가야 한다. 이를 위해서는 '실험', 그리고 그 과정에서 불가피한 '실패'의 경험이 축적되어야 한다.

인공지능Artificial Inteligence 등의 기술을 새로운 취재 영역에서 활용하는 방안, 언론사 신뢰를 바탕으로 한 다양한 이벤트 사업, 언론사 본연의 사업에서 인접 영역으로의 신사업 확장 등 수익 다변화를 위한 다양한 노력이 요구된다.[132]

마크 톰슨 『뉴욕타임스』 최고경영자는 지난 2019년 6월 2일 영국 글래스고에서 열린 세계신문협회WAN-IFRA 주최로 열린 제71차 세계뉴스미디어총회WNMC에서 『뉴욕타임스』의 혁신에 대해 "우리의 많은 시도들이 실패했다"며 "성공했을 때만이 아니라 실패했을 때에도 축하하려고 한다. 모든 실험은 항상 나중에 도움이 된다. 실험을 많이 해라. 실패를 통해 교훈을 얻을 수 있다"고 말했다.[133]

지난 2012년 『뉴욕타임스』 CEO에 취임한 톰슨은 디지털 혁신을 가속화해 당시 100만 명 수준이던 유료 구독자를 2019년 5월에 450만 명까지

---

131 김도연, 「지난해 신문사 매출액 1위는 조선일보」, 『미디어오늘』, 6면, 2019.4.10.

132 김영주·정재민·강석, 『서비스 저널리즘과 언론사 수익 다변화』, 한국언론진흥재단, 2017, p.191~192

133 Chris Sutcliffe, 'NYT's Mark Thompson: 'We're faster, but we're still too slow and too cautious'', World News Publishing Focus, 2019.6.3.

끌어올렸다. 그러나 초기에는 모바일에서 신속성과 비주얼 요소를 내세웠지만 구독자는 좀처럼 늘지 않았다. 가상현실 Virtual Reality 프로그램에도 상당액을 투자했지만 뚜렷한 성과를 거두지 못했다. 그러나 이런 실패들이 경험이 되어 최근 3년 간 급성장을 이룰 수 있었다는 것이다.

『뉴욕타임스』는 유료 구독자 증가 외에 최근 뉴미디어 분야에서도 약진하고 있다. 『뉴욕타임스』의 팟캐스트 서비스인 '더 데일리 The Daily'가 대표적이다. 도널드 트럼프 미국 대통령 당선 이후 정치 환경 변화 속에 출범한 이 팟캐스트는 청취자 75만 명으로 시작해 현재는 4,300만 명에 이르고 있으며, 열성 청취자 절반가량이 30세 이하일 정도로 젊은 층의 관심을 끌고 있다. '더 데일리'의 성공을 바탕으로 『뉴욕타임스』는 OTT 업체인 훌루 Hulu와 손잡고 기자들의 취재 현장을 영상으로 전하는 '더 위클리 The Weekly'를 개설하는 등 동영상 서비스를 확대하고 있다.[134] 이 역시 '실패' 경험의 축적이 낳은 성과이기도 하다.

『저널리즘의 기본 원칙』(이재경 역, 한국언론진흥재단, 2009)의 공동저자로, 세계적인 미디어 연구자인 톰 로젠스틸 미국언론연구원 원장은 한국언론진흥재단 초청으로 지난 2018년 10월 손석희 JTBC 사장과 대담을 가진 자리에서 이렇게 말했다.

"지금과 같이 불확실한 환경에서는 완벽함을 추구하는 것보다 새로운 시도와 실수를 통해 무엇이 효과적이었는지 알아내는 것이 더 중요하다. (지금) 언론사가 시도하는 일의 대부분은 유효기간이 1년일 것이다. 언론사는 이런 분야로 진출할 때 돈을 버는 것보다 배우는 것이 중요하다는 태도를 가져야 한다. 수익을 창출할 때까지 기다리면 언론사는 아무 것도 배우지도, 새로운 시도도 하지 못할 것이다. 그 결과 기존 사업만 하다가 대

---

134 김동호, 「뉴욕타임스 CEO "과감한 투자로 최고 뉴스 만들어야"」, 『연합뉴스』, 2019.6.25.

중에게서 더 멀어질 뿐이다."135

언론사간 협력

언론은 서로 경쟁하면서 발전한다. 그러나 지금까지 국내 언론사들은 상업적 이유, 그리고 정파적 차이 등으로 인해 갈등의 골을 깊게 패왔다. 가끔 '동업자 의식'이 작용될 때도 있었으나, 개인 차원이 아닌, 사업 또는 여론형성 기능 측면에서 함께 손잡고 협력하는 경우는 매우 드물었다.

그런데 포털 사이트라는 거대한 상대 앞에서 개별적이고 파편적인 언론사들이 일대일로 상대하는 것은 그 결과가 어떠할지는 안 봐도 알 수 있다. '댓글'이 정치사회적 문제가 된 뒤 뉴스의 인링크, 아웃링크 논란이 벌어졌고, 언론사들은 공식적으로는 목소리를 높이면서도 어느 누구도 먼저 행동에 나서지 못했다.

거대 포털 사이트에 대응하기 위한 언론사 간 협력은 외국에서도 일어난 바 있다. 2015년 영국에서는 『가디언』, 『CNN인터내셔널』, 『로이터』, 『파이낸셜 타임스』, 『이코노미스트』 등 유력 5개 언론사가 연계해 '판게아 연맹Pangaea Alliance'을 결성했다.136 구글, 페이스북 등 거대 IT 기업이 디지털 광고를 장악하는 상황에 강력하게 대항하기 위한 일종의 연합을 형성한 것이다. 별도 사이트를 구축한 '판게아 연맹'은 홈페이지에 '140개국, 2

---

135 김수지, 「톰 로젠스틸-손석희 대담, 진실·정확성·팩트-언론이 추구할 불변의 규범」, 『신문과 방송』 576호(2018년 12월호)

136 The Guardian Press releases, 'World's leading digital publishers launch new programmatic advertising alliance, Pangaea', *The Guardian*, 2015.5.18. https://www.theguardian.com/gnm-press-office/2015/mar/18/worlds-leading-digital-publishers-launch-new-programmatic-advertising-alliance-pangaea

억2천만 독자'를 내세우고 있다.[137] 비단 광고 수주 또는 디지털 뉴스 유료화만을 위한 차원이 아니라 미디어 위기 국면에 처한 저널리즘의 가치 실현 구현이라는 차원에서도, 언론사 간 협력의 영역과 필요성은 향후 점점 늘어날 것으로 전망된다. 특히 디지털 뉴스 유료화는 어느 한 언론사가 독점적으로 치고 나가는 것이 아니라, 서로의 경험을 공유하고 협력해야 할 필요가 있다. 이를 통해 뉴스에 대해 돈을 지불하는 문화와 습관을 전사회적으로 확대시켜 나가야 하기 때문이다.

저널리즘 가치 지향

디지털 뉴스 유료화를 고민할 때 가장 먼저, 그리고 가장 마지막까지 고민해야 할 요소가 있다. '저널리즘의 가치'다. 이는 디지털 뉴스 유료화를 왜 하는지, 나아가 각 언론사들이 왜 뉴스를 계속 생산해 내는지에 대한 궁극적 질문이 되기도 한다.

언론은 돈을 벌기 위해 운영하는 사업이 아니다. 그렇다고 돈을 벌지 않으면 민간 언론사는 계속 뉴스를 만들 수 없다. 폴란드의 전설적 언론인 아담 미치니크는 이를 "사명감 없는 저널리즘은 냉소주의일 뿐이고, 사업성 없는 언론은 파산할 뿐"이라고 표현했다.("Journalism without mission is cynicism, journalism without business is bankruptcy.")

한국의 일부 언론들은 그동안 '사명'보다 '사업'에 더 주안점을 뒀던 게 사실이다. '사업'이 어려워지자 편집권 독립과 가치 등 '사명' 영역을 점점 축소시킨 측면이 있다. 그러나 이런 방식은 미래를 갉아서 현재의 손

---

137 Pangaea Alliance Homepage, http://www.pangaeaalliance.com/

실을 벌충하는 방식일 뿐이다. 또 이런 행태는 언론의 존재가치에 대한 회의를 갖게 한다.

영국 『파이낸셜 타임스』의 최고경영자인 존 리딩은 양질의 기사 콘텐츠를 제공하는 '퀄리티 저널리즘quality journalism'에 대해 "저널리즘의 가치라는 사명mission을 완수하고 사업business 수익성을 높인다는 양 측면 모두에서 투자 가치가 있다고 내다봤다"라고 말했다.[138]

그러나 한국의 경우, '좋은 콘텐츠를 만들면 사람들이 읽을 것이고 기꺼이 지불할 것'이라는 오래된 믿음은 신화였음을 절실히 느끼고 있다. 독자들이 언론의 신뢰도를 낮게 평가하는 것처럼, 언론도 독자들에 대한 믿음을 접고 있는 것이다. 그러나 그럼에도 불구하고, '퀄리티 콘텐츠'를 만드는 것이 언론의 사명일 것이고, 최악의 경우 '사명'과 '사업' 가운데 하나를 택하라면 '사명'을 택하는 쪽이어야 할 것이다.

이와 관련해 줄리아 카제 파리정치대학(시앙스포) 교수는 2018년 5월 『한겨레』와의 인터뷰에서 "좋은 저널리즘은 재정이 탄탄하고 주주의 모든 압력으로부터 독립적이며, 탐사와 심층 보도를 위해 충분한 시간을 들이고, 기사의 길이에 구애받지 않고, 조회 수에 연연하지 않는 저널리즘이다. 또한 좋은 저널리즘은 정보를 '잘' 전달하는 저널리즘이다. 독자가 어떤 기사를 읽었다면 읽은 내용 모두를 명쾌하게 이해할 수 있어야 한다"고 설명했다.[139]

언론의 사업적 위기, 이를 타개하기 위한 한 방편으로서의 디지털 뉴

---

[138] John Cassidy, 'The Financial Times and the Future of JournalismThe Internet Doesn't Hurt People —People Do: 'The New Digital Age'', *The New Yorker*, 2015.9.28. https://www.newyorker.com/news/john-cassidy/the-financial-times-and-the-future-of-journalism

[139] 이창곤, 「"위기의 언론 돌파구는 '한겨레' 같은 독립언론"」, 『한겨레신문』, 2018.5.15. http://www.hani.co.kr/arti/society/society_general/844579.html

〈사진 4-3〉 줄리아 카제 교수(2018.5.14.)

줄리아 카제 교수가 프랑스 파리정치대학 자신의 연구실에서 미디어의 현실과 대안에 대해 『한겨레』와 이야기하고 있다.

사진 이창곤 『한겨레』 논설위원

스 유료화, 그리고 현실적으로 한국사회에서 유일한 대안으로 거론되는 '후원제 모델'도 어떤 의미에선 '저널리즘의 가치'를 떠받드는 동시에 또 다른 위협이 될 소지도 다분하다.

후원 모델을 연구하거나 실험하는 한국의 많은 학자와 언론인들은 영국 『가디언』을 하나의 모델로 상정한다. 그러나 『가디언』의 후원자들은 『가디언』의 '진보적 가치'에 대해서도 강력한 지지를 보내지만, 『가디언』이 추구하는 '저널리즘 가치'에 대한 지지가 더 크다. 『가디언』이 후원자 모집 공고에서 내거는 것도 '진보 가치'가 아닌 '올바른 저널리즘'이다.

그러나 한국의 경우, 진보매체 중심의 언론사 후원에는 '저널리즘 가치'보다는 때로는 '정치 성향'에 대한 후원 성격이 더 짙다. 한국에서 매체 후원자들의 대다수가 40~50대 진보적 성향 남성인 이유가 여기에 있다. 이들은 민주화 운동이나 시민단체 후원 등을 통해 직간접적으로 학습한 '후원 행위'를 미디어 분야로 확산하는 성격이 짙다. 따라서 이는 자신이 후원하는 매체가 '저널리즘 가치'를 구현해 주기보다, 자신이 지지하는 정치집단에 대한 지지와 지원을 계속해 달라는 쪽에 무게중심을 두고 있다. 특히 이는 이명박-박근혜 정부를 거치면서 공영방송이 황폐화 되고, 보수 성향 신문사들이 일제히 종합편성 채널을 확보하면서, 여론 형성의 지형 기울기가 극도로 진보 쪽에 불리하게 형성된 데 대한 위기감의 발로에서 나온 저항적이자, 수비적 행동이기도 하다.

한국에서 '저널리즘 가치'와 '진보 가치'는 최근까지 거의 일치했다. 그러나 후원 모델이 더 강력한 힘을 발휘하게 된다면, 그리고 순간순간 '저널리즘 가치'와 '후원자들의 정치적 요구'가 충돌하는 상황이 발생하게 될 때, 후원제를 실시하는 언론들은 고통스런 선택을 해야 한다. 결국 이 문제도 독자들과의 소통을 통해 풀어나갈 수밖에 없다. 언론, 독자, 그리고 우리 사회는 디지털 뉴스 유료화를 통해 함께 과제를 풀며, 함께 성장해 나가는 과정을 겪어야 할 것이다.

디지털 뉴스 유료화를 위한 과제와 관련해 전문가 3명의 인터뷰를 연속해 싣는다. 최진순 『한국경제』 디지털전략부 기자(건국대 언론홍보대학원 겸임교수), 이성규 전 '메디아티' 이사, 김선호 한국언론진흥재단 선임연구위원이다. 이들은 모두 뉴스 유료화와 관련한 조사와 연구를 지속해 왔으며, 관련 기고와 강연을 활발히 하고 있다. 이들의 의견은 다른 듯 같고, 같은 듯 다르다. 유료화를 바라보는 전망과 예측은 조금 다를지 모르나 이들이 국내 언론에 요구하는 것은 거의 동일하다.

최진순
(『한국경제신문』 디지털전략부 기자, 건국대 언론홍보대학원 겸임교수)

〈사진 4-4〉 최진순 「한국경제신문」 기자(건국대 언론홍보대학원 겸임교수)

출처 : 『미디어오늘』(이지열 기자)

『한국경제신문』에서 디지털 전략을 담당하고 있다. 미디어 전문가로 일찌감치 온라인 저널리즘과 뉴미디어 전반의 다양한 현상과 흐름을 연구하고 이를 언론계에 알려왔다. 각 언론사의 디지털 전략에 대한 관심이 깊고, 언론사 기자들을 대상으로 하는 강연 요청이 많다. 한국경제신문 미디어연구소 소장을 역임했고, 현재 건국대 언론홍보대학원 겸임교수를 맡고 있다.

권태호 최근 언론계에서는 디지털 뉴스 유료화가 주요한 화두다. 그런데 속도가 잘 안 난다. 그 이유를 뭐라고 보나?

최진순 작게는 왜곡된 뉴스 생태계가 문제다. 포털 사이트 중심의 유통, 소비 구조는 확실히 걸림돌이다. 또 출입처 기반의 취재로 서로 비슷하게 생산되는 뉴스 내용 등 '질'이 담보되지 않는 콘텐츠 경쟁력도 유료화의 장애 요인이다. 크게는 사회적 환경이다. 예를 들면 4인 가족의 통신비가 많게는 20만 원 가량 나오는 과도한 통신비 외에 추가적으로 뉴스에 (구독)비용을 지불하는 것은 부담스럽다. 뉴스 유료화에 성과를 거둔 매체들은 미국, 유럽 등지에 있다. 가구소득이나 시장 규모 등 경제 환경에서 큰 차이가 난다.

권태호 앞으로 한국 언론시장에서 뉴스 유료화가 가능하다고 보나?

최진순 미디어에 대한 대중의 인식, 대중이 미디어를 어떻게 보느냐가 (유료화 도입에서) 중요하다. 지금처럼 정치 과잉과 이념 양극화가 심한 상황에서는 매체에 대한 인식이 편견으로 가득하다. 예를 들면 매체를 이데올로기의 확성기로만 생각한다. 매체를 진보지, 보수지라는 기준자 말고도 '직장인 여성' 등 (독자층을 기준으로 한) 구체적인 (매체) 포지셔닝이 되어야 한다. (매체를 바라보는) 대중이 바뀌지 않은 상황에서 유료 구독 모델이 진행된다면 그 규모와 지속성에서 매우 제한적이고 한시적일 수밖에 없다고 본다. 이런 상황은 (유료화의) 적기가 아니다. 더 성찰하고 준비하는 시간이 필요하다. 많은 미디어 전문가들은 그럼에도 유료화를 추진해야 한다는 주장을 펴기도 한다. 유료화를 '혁신' 또는 '실험'의 하나로 보기 때문에 생기는 오판이다. 유료화는 혁신이 아니라 혁신 이후 또는 혁신과 병행하면서 고안해야 한다. 대중, 독자에 대해 제대로 이해하고 인식하는 과정 즉, 시장조사, 구독자 서베이 등 구체적인 과정을 거치며 철저한 혁신을 전개하고 (유료화에) 접근할 때만이 가능하다. 기술적으로 효율적인 페이월을 설계하느냐, 잠재고객에게 얼마나 솔깃한 기사를 넣느냐 등은 지엽적인 이슈다.

권태호 매체에 대한 신뢰도가 올라가야 한다는 건가?

최진순 그렇다. 물론 혁신을 통해 '신뢰'를 차차 회복하는 과정에서, 혹은 그런 과정을 건너뛰고 콘텐츠 투자를 통해 유료화를 추진할 수는 있다. 하지만 언론매체에 대한 '신뢰'가 회복되지 않으면 의미 있는 성과를 내는 것은 불가능하다고 생각한다. 『뉴욕타임스』, 『워싱턴포스트』의 유료화(시도)에만 관심을 기울여서는 안 된다. 어떻게 유료화의 성과를 거둘 수 있었느냐로 초점을 바꿔야 한다. 이들 매체는 공동체에서 신임을 받고 있다는 것에 주목해야 한다. 지성사회가 의존하고, 의지하고, 기대할 수 있는 브랜드다. 『뉴욕타임스』가 '퀄리티 저널리즘'을 강조하는 것도 사회적 신뢰를 견인하는 데 있다. 하지만 우리는 그런 에너지가 존재하지 않는다. 언론에 대한 희망과 바람, 기대와 존중은 대단히 부족하다. 오직 이념 지향으로서 다뤄지고 있다. 독자들의 인식과 신뢰를 재형성하려는 언론의 노력 없이는 어떤 형태의 구독모델도 쉽지 않을 것이라 본다.

권태호 매체는 뭘 해야 되나?

최진순 독자 조사와 독자 소통이다. 독자가 매체를 어떻게 생각하느냐, 독자는 뭘 원하고 있느냐 등의 점검이 필요하다. 기존 독자층도 대상이 될 수 있고 젊은 세대를 비롯한 새로운 독자층이 그 조사 대상이다. 하지만 현실은 오랜 구독자들과도 '무소통'하고 있다. 매체와 접점을 맺는 모든 채널에서 광범위하고 지속적으로 조사를 전개해야 한다. 그저 해외 유력 언론이 '유료화' 모델을 도입하고 있고, '구독 모델'이 새로운 트렌드이니 우리도 해야 하지 않느냐는 식이다. 일각에서는 언론사들이 포털 사이트에 뉴스 유통만 하지 않더라도 유료화에 나설 수 있다는 주장을 펼친다. '독자'를 모르는데 유료화만 하면 '독자'가 생긴다는 주장으로 해괴하기 짝이 없다. 전문가들이 가장 많이 인용하는

『가디언』, 『뉴욕타임스』 심지어 『비비시*BBC*』조차도 자주 독자조사를 한다. 예를 들면 모바일 앱 구동시 수십 가지의 질문으로 독자의 수요와 관심사를 파악한다. 독자와 매체 간 연결 지점에는 다양한 도구를 활용한다. 어떻게 하면 독자와의 유대감을 잃지 않게 하느냐가 모든 채널에 가득하다.

권태호 매체가 독자들과 상시적으로 접촉해야 한다는 것인가?

최진순 광고모델에서 구독모델로 옮겨간다는데 동의한다. 그러나 독자에 대한 기본적인 수요조사는 물론 독자와의 소통이 부실한데 구독모델이 어떻게 가능하겠는가? 『워싱턴 포스트』는 좋은 댓글러들을 선별해 새로운 저널리즘 가치를 모색하는 '코럴 프로젝트*Coral Project*'를 운영한다. 구독 모델이 유의미한 모델이 되고, 지속가능하게 하려면 디지털 오디언스와 계속 대화해야 한다. 계속 '말 걸기'를 해야 한다. 말 걸기를 통해 독자를 지속적으로 확인해야 한다. 이제는 혁신을 통한 경쟁력 있는 뉴스생산도 중요하지만 경쟁력 있는 독자(개발)는 더 중요하다.

권태호 한국 언론계에서 그런 시도가 없었던 것도 아니다. 그런데 잘 안되는 이유는 뭔가?

최진순 우선 '독자'를 잘 아는 전문가가 필요하다. 디지털 오디언스를 이해하는 사람이 조직 안에서 '독자 관계' 증진을 주도해야 한다. 국내 언론사에서 '독자' 관련 부서의 책임자나 관계자들의 역량을 키워야 한다고 본다.

둘째, 통합적 고려가 필요하다. 뉴스조직과 독자 관련 조직이 따로 놀고 있다. 구독자 멤버십은 물론 온라인 뉴스 이용자들에 대한 입체적인 파악과 대응이 가능할 수 있도록 콘텐츠 전략과 독자 전략은 함께 다뤄져야 한다. 이를 위해선 편집국과 마케팅 부서 간 칸막이는 없애야 한다.

셋째, 독자에 대한 인식 자체가 바뀌어야 한다. 독자를 파트너로 생각해야 한다. 예우해야 한다. 하다못해 언론사 홈페이지에 들어와서 뉴스에 댓글을 남기거나 소셜 미디어 계정에 '좋아요'를 누르고 댓글을 남기는 사람들에게 보상해야 한다. 취재 기자들이 독자와 유리되지 않도록 독자와 소통하는 시스템과 인센티브를 제시해야 한다. 이 모든 독자 소통 과정을 누락하고 있다는 것은 결국 언론이 '양방향 커뮤니케이션'의 디지털(문명)을 받아들이지 못한 데 있다.

권태호 기사 내용도 달라져야 하나?

최진순 뉴스 유료화를 하려면 지면 성격부터 바꿔야 한다. 스트레이트 기사는 대폭 줄여야 한다. 대신 독자의 기호나 관심사에 집중해야 한다. 디지털도 마찬가지다. 신문지면에 나간 기사를 전재하거나 속보 뉴스 대응을 벗어나 디지털 문법에 맞는 콘텐츠와 서비스를 내놓아야 한다. 디지털은 지면 정체성을 극복한 '다양성'을 수용해야 한다. 결국 기사의 방향이나 속도보다는 기사의 깊이와 구조가 중요하다. 평균적인 저널리즘이 아니라 퀄리티 저널리즘이다. 유료화는 퀄리티와 별개일 수 없다.

권태호 기사 변화 외에 구독을 하려면 서비스의 개선도 필요하지 않나?

최진순 '서비스'는 봉사다. 뉴스를 잘 전달하는 것은 기본이고, 더 중요한 것은 가치다. 독자가 이 서비스를 이용할 때 얻는 유익과 자부심을 갖도록 하는 것이 중요하다. 디테일의 설계가 필요하다.

첫째, 기자들을 더 투명하게 알리는 일이다. 기자가 쓴 기사의 리스트, 기자의 취재부서 이력, 기자의 생각과 관심사, 취재과정, 기자의 소셜 미디어 계정 등을 기사와 함께 제공해야 한다. 다시 말하면 독자가 뉴스를 소비할 때 '기자'를 소비할 수 있도록 도와야 한다.

둘째, 언론사의 뉴스 서비스는 공론장이 되어야 한다. 이 업의 본질은 영향력이다. 더 많은 독자가 쉽게 댓글을 남기거나 질문을 할 수 있도록 설계해야 한다. 독자가 참여하지 않는 뉴스 서비스는 무가치하다.

셋째, 독자가 로그인을 해서 혹은 언론사 사이트에 와서 자신의 정보 또는 의견을 남기는 일이 의미 있는 것으로 간주될 수 있도록 보상구조를 만들어야 한다. 독자가 참여할 수 있도록 환경을 만드는 것을 넘어 독자 참여에 대한 보상-언론사 주최의 이벤트 참여 쿠폰, 할인과 마일리지 등을 제시해야 한다. 독자의 행동 데이터(기호와 관심)는 물론 인구학적 데이터(성별 연령 지역)를 확보하고 이것을 기초로 그들이 원하거나 만족할 수 있는 것이 무엇인지 파악해야 한다.

권태호 뉴스 유료화를 위해 각 언론사들이 무엇을 해야 하는지를 다시 한 번 정리해 달라.

최진순 독자에 대한 조사와 소통이 충분히 이뤄질 수 있도록 여건을 만드는 것은 기본적인 전제조건이다. 뉴스조직 내부에 전담조직을 두고 마케팅 부서와 협력하고, 앞서 이야기한대로 서비스의 디테일을 갖추는 것도 뒤따라야 한다. 이후 매체는 개발developing 독자를 재정의한다. '우리 고객'을 구체적으로 정의하는 것이다. 유료화의 출발점은 바로 그 지점이다. 18~34세인가, 14~18세인가, 여성인가, 40대 중년 남성인가 등 세분류가 필요하다.

그 다음은 그들을 위한 맞춤형 서비스를 설계하는 일이다. 독자가 필요로 하는 정보와 독자가 봐야 하는 정보 생산을 위해 당분간은 기존 조직의 업무 프레임을 벗어나서 전개할 수밖에 없다. 더 중요한 것은 타깃 독자와 접점을 맺는 서비스를 만든 뒤 충성도를 높이는 작업이다. 강한 애착성을 갖는 독자를 확보하는 것이 뉴스 유료화의 분기점이기 때문이다. '열정적인 충성도'(팬덤)는 커뮤니티 빌딩Community Building으로 이어져야 한다. 단지 콘텐츠 수준을 높이는 것으로 머물러선 안 된다. 커뮤니티는 혁신의 정점일 뿐만 아니라 '뉴스 유료화'의 핵심 과제다.

권태호 콘텐츠 수준을 높이라고 했는데, 지면 콘텐츠와 디지털 콘텐츠에서 수준을 높이는 방법이 다른가?

최진순 지면과 디지털 버전은 성격이 완전히 다르다고 생각한다. 일단 뉴스포맷의 측면에서 디지털은 유연해야 한다. 다양한 뉴스포맷을 제공하는 것도 중요하지만 가장 잘 할 수 있고, '우리 독자'가 호응하는 것이 무엇인지 확인해 '선택과 집중'을 해야 한다. 의견(분석)과 트렌드-인사이트-포커스가 중요하다. 지면과 디지털의 콘텐츠 제고를 위해서는 베테랑 기자의 역할이 중요하다. 그들은 더 현장에 나가있어야 한다. 기사의 깊이를 깊게 하는 것은 물론 디지털의 속도(속보)와 포맷(형식)을 보완하는 화룡점정을 맡아야 한다. 디지털은 현장성(라이브 영상 등 멀티미디어 콘텐츠)은 물론 정확성(팩트 체크), 다양성(소수 의견 수렴) 등을 고려해야 한다.

'뉴스 유료화'는 이것만으로 끝나는 것이 아니다. (특정한 사람들에게) 반드시 필요한 정보인가, (지불을 했을 때) 만족할 수 있는 가치 있는 정보인가, (계속 구독을 할 때 매체에 대한) 자부심, 애착심을 가질만한가 등 계속 점검하고 보강해야 한다. 물론 이것은 출입처 기반, 경쟁문화와 관행, 주력 비즈니스 모델 등 현재의 뉴스조직이 처한 조건에서 원만히 처리할 수 있는 과제는 아니다. 뉴스조직이 수십 개의 작은 취재 및 지원부서로 쪼개지거나 지면의 성격을 완전히 뜯어고쳐 인력을 재배치하고 동시에 새로운 (디지털) 전문 인력을 확보하는 등 조직의 대수술을 전제로 한다.

권태호 독자와의 관계성을 끌어올리는 '커뮤니티 전략'이란, 각 언론사들이 독자와의 온라인 커뮤니티를 강화해야 한다는 것을 뜻하나?

최진순 언론사의 온라인 커뮤니티라 함은 독자와 기자 또는 뉴스조직의 구성원이 일상적으로 교류하는 그룹이다. 특정 주제나 지역, 관심사를 중심으로 활동하는 공간이다. 또 참여자의 의견이나 콘텐츠를 지면과 온라인에서 반영할 수 있는 시스템(뉴스 생산과정)이다. 더 나아가 이들을 파악하고 정돈하며 마케팅 차원에서 대응할 수 있는 종합적인 '관리'의 대상이다. 즉, 커뮤니티의 위치는 온라인과 오프라인에서 작동한다. 온라인은 '커뮤니티' 메뉴로 출발할 수 있다. 오프라인은 이들을 현장으로 불러내고 기자와 구성원들이 유대할 수 있는 모임이다. 독자와 매체가 접점을 맺는 곳(댓글, 커뮤니티, 소셜 미디어, 구독지불 등)을 파악하고 다른 관계부서에 유기적으로 전달할 수 있는 시스템도 구축해야 한다. 고객관계 관리^{CRM}를 비롯해 서비스 부문에서는 독자층을 세분화해 레벨업을 할 수 있도록 설계하는 등 보상 및 소통과 참여 프로그램을 구축해야 한다. 그동안 언론사 커뮤니티는 언론사 홈페이지 내에 '조용히' 개설돼 그 안에서만 웅얼거리는 공간이었다. 성숙한 커뮤니티는 독자와 뉴스조직을 잇는 가교다. 즉, 독자가 콘텐츠를 제공하는 과정^{UGC}으로 연결된다. 특히 충성도 높은 독자를 개발하고 구독은 물론 멤버십 프로그램으로 견인하는 비즈니스 실현의 중심이다. 언론사 (디지털) 혁신의 정점에 있는 프로젝트다. 콘텐츠에서 커뮤니티로, 그리고 커뮤니티에서 콘텐츠로의 혁신 방향이 필요하다.

최진순 기자는 인터뷰 이후, 뉴스 유료화와 관련한 자신의 생각을 별도의 글로 또 보내왔다. 다음은 최 기자의 글이다.

내가 강조하는 것은 두 가지다.

첫째, 현재 뉴스조직 내부의 디지털 이해 및 투자 수준 그리고 독자 소통 정도를 볼 때 유료화 동력은 불충분하다. 최근 수년 사이 뉴스조직의 변화상 중 가장 큰 부분이 '소셜 미디어' 및 '멀티미디어(영상)' 전담부서의 신설이다. 콘텐츠 생산과 배포에 한정돼 있다. 뉴스 유료화에 성과를 낸 해외 매체의 경우는 '독자 개발' 부서나 '커뮤니티 구축'으로 더 도약했다.

둘째, 독자들의 언론관이다. 이데올로기 대립 지형을 벗어나지 못하고 있다. '진보 대 보수'가 아니라 '나에게 유용한 매체 대 통찰과 지성을 제공하는 매체' 등으로 언론에 대한 관점이 확장되지 않고 있다. 언론이 스스로를 진화시키지 않은 채 이념으로 정파적으로 갇혀 있어서다. 당연히 언론에 대한 사회적 신임이 낮다. 이런 상태에서는 독자가 언론에 대한 긍지를 갖기 어렵다. (수동성과 능동성을 동시에 갖는 뉴스 소비자의 양면성을 고려하더라도 뉴스 유료화에 관해서는 언론(뉴스)에 대해 더 진지한 독자들을 살피는 것이 생산적이다.)

전문가들은 콘텐츠 깊이와 형식의 문제를 거듭 강조하며 그 부분만 어느 수준에 올라서면 (언제든) 유료화가 가능하다고 주장한다. 또 여러 난관이 있는 것은 인정하면서도 유료화를 과감하게 추진해야 한다는 주장을 편다. 이것은 '유료화'가 곧 '혁신'(의 일부로 그 자체로도 좋은 것)이며 '(실패

해도 의미를 찾으면 좋은) 실험'으로 간주하기 때문에 비롯한 오판이다. 이를 극단적으로 도식화하면 '독자'를 모르는데, 또 언론 스스로 파악하고 개발한 독자가 없는데, '유료화'만 하면 '구독자'가 생긴다는 억지 설정이다.

언론에 대한 사회적 잣대가 개선되지 않는 상황에서 유료화를 진행하면 그 규모와 지속성이 매우 제한적이고 한시적일 수밖에 없다고 생각한다. 이 사안은 개별 언론사의 혁신만으로는 진전이 어렵기 때문에 (유통구조 재정의를 넘어) 언론계의 공동선共同善, the common good 회복이 수반돼야 한다. 즉, 한국에서 뉴스 유료화는 윤리적·정서적인 이슈라고 할 것이다.

물론 일반적으로 언론사의 구독모델이 유의미하고 지속가능하려면 독자와 계속 소통해야 한다. 연결하고 관계를 맺고 '관리'해야 한다. 혁신을 통한 경쟁력 있는 뉴스생산을 하지 말라는 것이 아니라 경쟁력 있는 독자개발이 더 중요하다. 이를 위해선 독자를 잘 아는 전문가가 필요하다. 그리고 그가 독자관계를 주도할 수 있도록 해야 한다. 여기서 그치지 않고 뉴스조직과 독자 관련 조직을 종합적으로 볼 수 있도록 해야 한다. 편집국과 마케팅 부서의 칸막이는 없어야 한다. 이런 구조는 결국 독자 중심의 서비스 조직이 되는 것이고 오늘날 혁신언론의 기반이기도 하다.

특히 기자를 비롯한 뉴스조직이 다양성을 수용하는 문화를 만들어야 한다. 그리고 그 기본원칙은 '평균적인' 저널리즘을 시연하는 것이 아니라 '독보적인' 저널리즘을 보여주는 것이다. '퀄리티'와 유료화는 별개일 수 없다. 그러나 현재의 뉴스조직이 퀄리티를 만드는 것은 대단히 어렵다. 뉴스 콘텐츠를 잘 만드는 것까진 어찌되었든 할 수 있을지 모르지만(이 부분에서조차 이견은 첨예하지만) 서비스의 '가치'를 형성하는 것을 해낼 수 있을지는 미지수다.

가령 독자들의 충성도를 끌어올리는 커뮤니티 구축과 운영은 누구도 제대로 가보지 못한 영역이다. 성숙한 커뮤니티의 위치는 온라인과 오프라인을 아우른다. 뉴스조직과 독자가 분리되지 않고 이어져 있다. 궁극적으로는 독자 기반의 콘텐츠가 서비스로 연결된다^{UGC}. 이 서비스는 새로운 영향력을 낳고 보상과 관계증진으로 팬덤을 형성한다. 이 팬덤은 유료화의 모태가 된다.

언론사 일방의 뉴스에서 상호적인 커뮤니티로, 그리고 상호적인 커뮤니티에서 (피드백으로 수렴되는) 뉴스로의 혁신은 독자가 언론을 새롭게 받아들이는 과정이기도 하다. 이것은 독자 중심의 상호적인 서비스로 독자가 누리는 디지털 문화를 이해하는 일이다. 그래서 언론의 디지털 혁신은 독자가 누리는 이 세계를 재현·확산하는 일이기도 하다.

어떻게 해야 할지 고개를 갸웃거리는 이들이 적지 않다. 그렇게 하는 게 무슨 의미며 성공할 수 있을지 회의하기도 한다. 얼마 전 마크 톰슨『뉴욕타임스』최고경영자는 뉴스조직에 대한 투자를 강조했다. 퀄리티 저널리즘을 위해서다. 그러나 진정한 의미는 다른 부분이다. "내가 취임했을 때 조직 구성원 중 22~37세 사이의 밀레니얼 세대는 20% 정도에 불과했지만, 지금은 49% 정도에 달하고 있다. 이 디지털 전문가들이 밀레니얼로 구성되면서 사내 문화도 새롭게 정립되고 있다."

바뀌지 않으면 미디어 기업은 무너진다. 기자는 왜 매일 뉴스를 만들어야 하나? 꼭 속보를 쓰고 영상을 제작해야 하나? 오늘 독자들과 얼마나 소통했는가? 오늘 어떤 독자들을 만나 무슨 이야기를 나눴는가? 뉴스 유료화의 답은 여기에 있다.

〈사진 4-5〉 이성규 전 메디아티 이사(2019.5.23.)

출처 : 이성규 전 메디아티 이사

메디아티는 미디어 전문 액셀러레이터이다. 미디어 스타트업을 준비하는 이들에게 심사를 거쳐 초기 투자금을 지원해 준다. 미디어 스타트업의 핵심인 『퍼블리』, 『닷페이스』, 『뉴닉』 등이 모두 메디아티의 투자를 통해 회사를 시작했다. 이 전 이사는 메디아티의 핵심간부인 동시에 미디어 전문가로, 끊임없이 외국 미디어 업계의 동향과 새로운 움직임 등을 적극적으로 국내에 소개하고 있다.

권태호 국내 언론사들의 유료화 상황을 보면 지금은 후원제가 그나마 가장 활발해 보인다. 미국에서는 이른바 '큰손'들이 투자금 대부분을 대면서 후원제를 시작하지만, 우리는 개인독자들인 '개미들'이 후원의 마음을 모으는 식으로 이뤄진다. 그렇기 때문에 대부분의 후원제가 언론사에서 보조적 수익모델이 될 수밖에 없지 않나?

이성규 언론사 수익모델은 크게 후원제, 구독제, 회원제(멤버십) 등으로 유형화 할 수 있다. 그런데 국내에서 아직은 (디지털) 구독과 멤버십 제도는 잘 안 한다. 가장 편하고 쉬운 모델이 후원제다. 후원이 지속적이지 않고 1회적인 것에 의존하는 것이 아쉽다. 외국에서도『프로퍼블리카』등 비영리 저널리즘을 표방하는 매체의 대부분은 후원(도네이션)으로 운영된다. 다만, 그 주체가 대형 '저널리즘 펀드'냐, 아니면 우리처럼 수용자 중심의 개인 후원금이냐, 그 차이다.

권태호 후원제를 실시하는 언론사 대부분이 소규모 진보매체다.

이성규 후원이란 특정 신념이나 가치, 그 지향점에 동조하는 것이다. 구독은 상품과의 교환으로 넘어가는 것이다. 이를 디지털 영역에서 시도한 곳은 한국에서 찾아보기 힘들다. 교환될 수 있는 상품의 가치가 독자의 니즈와 괴리가 있기 때문이라고 본다.

권태호 뉴스 유료화와 관련해 크게 두 가지 주장이 공존하고 있는 것 같다. 하나는 '한국에선 디지털 뉴스를 돈 주고 사보지 않는다. 그건『뉴욕타임스』에서나 가능한 것이다. 그러니 우리나라에선 후원 모델로 갈 수밖에 없다'는 것이다. 반면, 또 다른 주장으로는 '후원 모델은 계속 지속될 수 없다. 후원자들의 상당수가 40~50대인데, 10년 뒤 이들이 은퇴하면 대책이 없다. 그러니 어떻게든 유료화로 가야 한다'는 것이다.

이성규 전자의 주장에 동의하지 않는다. 디테일이 부족한 주장이다. 사람들이 구매하지 않는다는 주장에 대한 데이터가 없다. 지금까지의 경험과 인상비평에 의한 주장일 뿐이다. 메디아티에서 미디어 스타트업들을 키우면서 오히려 20~30대들의 지불 의사가 높게 나타나고 있음을 봤다. 20~30대 독자들은 국내 매체에 대해 자신들이 필요로 하는 정보의 양이 적고, 전문성이 떨어져 보인다고 한다. 자신들의 니즈를 채워줄 공급자가 없다고 말한다.

저널리즘의 기본 목표는 정보화된[informed] 시민을 만드는 것이다. 그런데 A라는 한 언론사가 전 국민을 '인폼드 시티즌'으로 만들려 하는데, 그게 가능한가. 그건 비영리 언론사가 해야 한다. 독자들의 니즈와 관심사가 분화돼 있기 때문이다. 개별 영역에서 각각의 '인폼드 시티즌'을 재탄생할 수 있도록 하는 것이 뉴스의 사명으로 와야 된다고 생각한다. 뉴미디어, 스포츠 좋아하는 사람 등 사람들의 기호는 다 다른데, 거기에다 정치뉴스를 다 뿌리면 소비자 입장에서는 좋아하는 것도 아닌데 누가 거기에 돈을 내겠나.

권태호 세분화, 개별화가 필요하다는 말인가?

이성규 불가피하다. 정보가 없던 세상과 정보가 만연한 세상은 다를 수밖에 없다. 과거에는 정보를 조금만 가져도 권력으로 작동했다. 지금은 '나한테 도움이 안 되는 뉴스는 안 봐도 상관없다'고 생각하는 시대다. 뉴스가 필요 없어서 안 보는 게 아니라, 나한테 안 맞으니까 안 보는 것이다. 뉴스 공급자의 역할이 어떻게 변화했는지 보고, 수용자들에게 어떤 경험들을 줄 건지를 봐야 한다. 그리고 비용을 써야 한다. '뉴스는 (어디에나 만연한) 공기와 같은 것이니까 돈 주고 안 살 것이다'라는 논리만큼 편한 것도 없다.

권태호 '뉴스는 공동체를 위해 필요한 것이고, 그래서 장벽을 치고 돈을 내라고 할 게 아니라 오히려 공동체에 적극 뿌려줘야 된다. 그런 면에서 국내 유료화는 성공 여부를 떠나 바람직하지 않다'는 주장도 있다.

이성규 그 부분은 설득력이 있고 해결해야 할 부분이라 생각한다. 공공미디어, 공적 저널리즘의 역할이 있다. 그러나 수천, 수만 개의 뉴스 공급자가 모두 공적 역할만 담당해야 하는가? (뉴스의 공익성만을 요구하는 독자들이) 각 매체의 생존권을 지속적으로 보장해 주지도 않을 거면서, 각 매체의 비즈니스적 접근(유료화)을 채택도 하지 말아야 된다고 주장하는 것에는 동의하기 어렵다. 만일 뉴스에 그런 걸 바라는(유료화 없이 무료로 양질의 뉴스를 제공해야 한다는) 독자라면, 그 분들이 실제로 (뉴스가 그렇게 생산될 수 있도록) 돈을 내야 된다고 생각한다.

권태호 『아웃스탠딩』 등 특정분야에 한정된 매체는 유료화에서 어느 정도 성과를 거두기도 하지만, 종합지로 불리는 전통 매체들은 그렇지 못했다. 종합지들도 고객에 맞게 상품과 서비스를 분화시켜서 제공해야 하는 것인가?

이성규 백화점은 어렵다고 본다. 제너럴한 신문 모델은 정보가 희소화한 시대에 정보를 빨리 접하기 위한 모델이었다. 디지털로 넘어오면서 각각의 정보들이 쪼개졌다. 그리고 각 영역에서 경쟁을 하게 됐는데, 거기서 어떻게 일반종합매체가 전문매체를 이기겠는가? 신문이 패키지로 팔리던 시절에는 정보 생산주체가 제한돼 있었고, 정보원에 대한 접근도 제한돼 있었다. 그러니 그때는 종합화된 신문의 구매 가치가 높았다. 그러나 지금은 다 쪼개져 있고, 각 영역에서 전문화된 경쟁을 해야 한다.

권태호 전통 미디어들의 유료화 고민 흐름을 보면, 여러 모델을 실험해 봤는데 대부분 실패했다. 지금 말한 것처럼 전문적인 영역을 여럿 둔다는 것까진 생각하지 않고 있다. 전통 미디어들은 종합적인 영역에서 경쟁력을 갖고 있다. 세부 전문적 분야에서까지 전문 영역을 능가할 만한 역량이 되지 않고, 그러려면 채용구조부터 바꿔야 한다.

이성규 각 매체의 독자들이 선호하는 니치 브랜드를 각 매체들이 하나씩 만들어 가면 된다고 본다. 그러나 'A 언론사가 저렇게 하니까 우리도 하자'는 것만큼 위험한 건 없다고 본다. 독자들이 바라는 것, 기대하는 것도 다 다른데 그쪽에서 맞는 게 이쪽에서도 맞을 것인가라는 의문이 있다. 여태까지의 실패가 다 이런 데서 비롯됐다. 그렇게 실패하고선, 후배들이 새로운 실험을 하려고 하면 '안 된다. 하지 마라'라고 한다. 이런 프로세스가 바뀌지 않으면 앞으로도 계속 실패할 것이다.

모든 시발점은 우리 독자들에게 먼저 물어봐야 한다는 것이다. 작은 규모의 현재 독자들을 만족시키면서 그 근처에 있는 사람들에게 필요한 것들을 제공해 주는 형태로 조금씩 넓혀나가는 것이다. 비즈니스 모델부터 끌어들이려 하지 말아야 한다. 언론사들이 상품을 먼저 잘 만들고 거기에 비즈니스 모델을 결합시켜야 하는데, 상품은 안 만들고 비즈니스 모델만 끼우려 한다. 순서가 뒤바뀌었다.

권태호 상품은 기사를 말하나? 좋은 기사를 제공하지 못한다는 말인가?

이성규 디지털 유료화를 향해 뉴스를 복원하려면 서비스 영역까지 복원해야 한다.

권태호 어떤 서비스를 해야 하나?

이성규 독자들한테 '매일 우리 사이트에 들어와서 보라'고 요구만 해선 안 된다. '이메일로 드릴까요'라고 물어봐야 한다. 또 형태도 '텍스트로 드릴까요, PDF로 드릴까요', (디바이스도) 'PC, 모바일, 태블릿 중 어떤 것으로 보낼까요'라고 물어봐서, 거기에 맞춰줘야 한다.

권태호 독자들에 대한 맞춤형 서비스를 강화해야 한다는 말로 이해한다. 이야기를 듣다보니, 최근 뉴스레터 서비스로 인기를 모으고 있는 『뉴닉』이 떠오른다. 『뉴닉』이 실시한 뉴스레터 서비스는 10년 전에 기존 매체들이 앞다퉈 실시한 것이다. 그런데 거의 다 실패했다. 기존 미디어는 실패하고, 미디어 스타트업은 성공한 이유는 뭔가?

이성규 『뉴닉』을 시작할 때 똑같은 질문을 많이 받았다. '뉴스레터가 한국에서 될 거라 생각하세요'라는. 그런데 과거 기성매체의 뉴스레터에는 피드백 절차가 없었다. '구성 Building, 측정, 학습'이라는 루프가 있다. 제대로 된 서비스를 하기 위해선 이걸 몇 번을 거쳐야 한다. 어느 언론사도 이렇게 하지 않는다. 안 보면, 안 본다고 결론내고 끝낸다. 『뉴욕타임스』의 모닝브리핑이 50만~70만 구독자를 만들어 낸 것도 몇 번의 과정을 거쳐 이뤄낸 것이다. 우리는 결과만 보고, 그 과정은 안 본다. 한국 언론사는 공급자 중심, 엘리트 중심주의가 심하다. '우리가 중요하다고 하는 걸 당신들이 봐야 된다. 안 보면 그건 당신이 문제다'라는 식이다. 이렇게 하면, 가면 갈수록 독자는 더 없어질 것이다. 독자들과 만날 수 있는 접점들을 포털에 위임해 버리면서 직접 만날 수 있는 공간이 더 없어졌다.

권태호 독자 목소리를 듣기 위해 피드백 루프를 만들어도 거기에 블랙컨슈머가 가득차고, 수동적인 독자들은 뒷전으로 밀리는 경우도 있다.

이성규 피드백을 많이 받기 위해선 심플하고 친절해야 한다. UI^user interface(사용자 환경), UX^User Experience(사용자 경험)를 굉장히 불편하게 하고 장벽을 높이 만들어 놓으면 블랙 컨슈머만 올 수밖에 없다. 누구나 참여하기 쉽게 설계해야 한다. 우리 사이트 사용자들이 어떤 방식으로 뉴스를 소비하고 우리한테 바라는 게 뭔지 추론해 낼 수 있도록 설계해야 한다. 기사 문법을 바꾸더라도 이런 독자 피드백을 통해서 바꿔야지, '『뉴욕타임스』가 바꿨대, 우리 독자들도 바꾸면 좋아하지 않을까'라고 해서 바꾸는 게 가장 위험한 선택이라 생각한다.

〈사진 4-6〉 이성규 전 메디아티 이사(2019.5.23.)

이성규 전 메디아티 이사가 인터넷신문위원회 주최로 열린, '뉴미디어 동향과 인터넷신문 수익전략' 세미나에서 '구독경제와 디지털 저널리즘'에 대해 강연하고 있다.

사진 권태호 기자

권태호 미디어는 장기적으로는 디지털 구독, 멤버십 모델로 방향을 맞춰야 되는 게 맞다고 보나?

이성규 미디어 수익모델은 그 당대 미디어 환경에 가장 영향을 많이 받는다고 생각한다. 구독이 이전에 없던 모델이 아니다. 구독에서 광고모델로 넘어온 게 1800년대 후반이다. 구독 가격을 낮추고 광고를 폭넓게 받는 게 훨씬 이득이었기 때문이다. 지금 다시 구독 모델을 검토하는 건, 경기가 위축돼 광고시장이 좋지 않기 때문이다. 그러니 구독모델이 항구적으로 유일무이한 비즈니스가 될 것이라는 데에는 동의하지 않는다. 수용자 위주로 수익 모델이 다각화 되어야 하고, 각 모델의 비중이 변동되는 방식이 바람직하다.

후원, 구독, 멤버십(회원제) 등 3개 유형으로 수익 모델을 구분할 때, 후원은 신념과 지향, 구독은 상품과 서비스에 대한 교환, 멤버십은 상품과 서비스에 대한 교환 + 가치, 관여 모델을 결합시킨 것이라고 설명할 수 있겠다.

권태호 멤버십 제도는 후원제와 구독제를 결합시킨 모델로 볼 수 있나?
이성규 가깝다. 구독 모델은 독자들에게 편집 과정을 보여주진 않는다. 그러나 멤버십 제도에서는 편집 과정에 회원들의 목소리를 수용하도록 독자들을 제작과정에 참여시킨다. 여기에서 멤버십이란, 정기적으로 돈을 내는 것을 전제로 한다.

권태호 후원제를 실시하는 『뉴스타파』, 『오마이뉴스』도 광의의 회원제라고 볼 수 있나?
이성규 『가디언』도 기자들과의 컨퍼런스 콜, 타운홀 미팅 등을 돈 낸 사람들에게만 공개한다. 멤버십 모델로 간다는 건 상장 회사들이 주총하듯 치부까지 드러내고 전략을 함께 고민하는 것이 가능해야 함을 뜻한다.

권태호 그렇게 준비하는 게 다 비용이고, 역량이다.
이성규 독자들이 돈을 내는데 언론사들은 관련 비용을 들이지 않으려 한다. 구독을 포함해 정기 결제 모델을 실시하면 반드시 관리해야 되는 게 리텐션^{retention}(기존 고객 유지)이다. 이 사람들이 들어와서 언제 이탈하는지 관리해야 한다. 그래서 고객들이 평균 몇 달 정도 가입하고, 돈을 얼마를 내는지 계산해야 한다. 우리 언론사들에게 아쉬운 부분은 (비용, 수익) 계산을 안 할뿐더러, 여기에 투입되는 비용을 하나도 안 쓰려고 하는 경향이 너무 심하다. 우리 언론사들은 마케팅 비용도 안 쓰고, 사람들이 오기만을 바란다.

<u>권태호</u> 10년 뒤 우리 언론의 수익모델 지형도는?

<u>이성규</u> 변수들이 다양하다. 지금의 30대가 40대가 될 때 그들이 원하는 뉴스의 형태가 어떤 모습일지 예측하긴 힘들다. 언론사는 이들에게 맞춰야 한다고 본다. 포털도 이 사람들에게 맞춰 계속 변화하고 있다. 언론사의 포털 의존도는 자연스럽게 낮아질 것이다. 독자들이 이전보다 포털에 더 자주 들어가지 않기 때문이다.

전통 미디어들도 충분히 잘 대응하리라 생각한다. 언론사들이 대응 안한 것도 아니고, 조금 늦었을 뿐이다.

<u>권태호</u> 우리나라와 미국은 2000년대 초반, 뉴스 유료화를 비슷한 시기에 같이 고민했다. 그런데 미국은 유료화 논의와 현상이 크게 발전했고 우리는 그때나 지금이나 큰 차이가 없다. 광고로 먹고 살만 했으니까 그런 게 아닌가 싶다. 광고 모델을 유지, 발전시키는 게 더 효율적이어서 유료화 시도를 제대로 안 한 게 아닌가.

<u>이성규</u> 매체의 가장 큰 후원자가 기업들이다. 그러나 이런 광고시장이 언제까지 지속될 것인가. 급격한 경기침체가 온다면 지금처럼 유지하기 힘들 것이고, 이후 경기가 회복되더라도 예전으로 돌아가진 않을 것이다.

<u>권태호</u> 현 구독 모델이 10년 뒤에도 유효할까?

<u>이성규</u> 저는 충분히 (디지털 뉴스) 유료화로 갈 수 있다고 본다.

〈사진 4-7〉 김선호 한국언론진흥재단 선임연구위원

출처 : 김선호

김선호 위원은 한국언론진흥재단의 연구위원으로, 국내 미디어 업계 전반에 대해 다양한 연구를 해왔다. 특히 유료화 문제에 대해 깊은 관심을 갖고 있으며 언론사의 안정적 수익모델에 대한 공공적 차원의 지원 문제에 대한 정책도 다각도로 강구하고 있다.

권태호 우리나라에서는 소규모 진보매체 위주로 후원제가 자리를 잡기 시작했다. 우리는 페이월 시스템을 실시하지 못 하니까 후원제부터 시작된 것 아닌가?

김선호 국내 매체 가운데 페이월 시스템은 거의 없다고 봐야 한다. 또 외국의 경우도 큰 차이는 없다. 조사를 해보니 일부 국가에서 페이월로 불리는 디지털 유료화가 확대되긴 했으나, 결론은 이 디지털 구독이 미래 언론을 충분히 지탱할 재원은 되지 못한다는 점이다. 『뉴욕타임스』의 디지털 구독자가 300만 명을 넘어섰지만, 전체 매출에서 보면 종이신문 독자가 줄어든 만큼만 디지털 독자 증가로 채우고, 광고는 계속 줄어들었다. 따라서 전체 매출은 줄어든 것이다. 『뉴욕타임스』는 디지털 유료 구독에 성공하더라도, 앞으로 10년쯤 지나면 광고 없이 유료구독만으로 생존해야 되는 회사가 될 수도 있다.

권태호 언론매체에 후원을 하는 사람들의 후원 동기는 뭘까?

김선호 사람들은 나한테 어떤 효용을 주는가를 보고 돈을 낼지를 판단한다. 후원은 눈에 보이는 대가는 없다. 그러나 분명히 대가가 있다. 후원 행위가 사회에 공헌을 준다. 서비스에 대한 효용은 개인적인 것인데, 후원에 대한 효용은 사회적 효용이다.

미국 『워싱턴 포스트』의 유료 독자가 도널드 트럼프 대통령 때 많이 늘어났다. 서비스가 좋아서가 아니다. 『워싱턴 포스트』가 트럼프를 꾸준히 비판하니까 유료 독자가 늘어난 것이다. 『워싱턴 포스트』 구독도 어떤 의미에선 후원의 일종이다.

권태호 디지털 뉴스 유료화와 관련해 두 가지 큰 흐름이 있다. 하나는, '우리는 디지털 뉴스에 돈을 내는 문화가 아니다. 그러니 사이트는 오픈하고 후원 또는 회원제 형태로 자발적으로 돈을 내도록 하자'는 후원제 중심의 흐름이 있다. 또 다른 하나는, '후원제로 언제까지 갈 수 있겠는가. 페이월이든 무엇이든 조금씩 유료화를 실시해야 한다'는 주장이다. 두 가지 주장 중 어느 쪽을 지지하나?

김선호 독자들에 대한 구독 훈련은 한국 현실에선 안 맞다고 본다. 뉴스를 포털에서 보니 독자들이 언론사 홈페이지에 들어오는 비율이 매우 낮다. 미국이나 유럽에서는 언론사 홈페이지로 곧바로 들어가는 비율이 높다. 그래서 서구에서는 구독이 종이에서 디지털로 옮겨지는 비율이 꽤 된다. 그러나 한국은 포털 종속이 심한데다, 최근에는 콘텐츠 소비형태가 아예 동영상으로 넘어가 유튜브 비중이 커지고 있다. 이런 상황에서 페이월을 한다는 건 무리다.

권태호 그렇다고 후원제가 수익모델이 될 수 있겠나?

김선호 제도적으로 정착시킬 수 있는 모델을 고민 중이다. KBS 수신료도 강제적으로 징수하는 것 아니냐. 이런 걸 고민해본다.

권태호 시민들의 공감대가 형성될 수 있을까? 언론에 대한 신뢰가 낮은 상태에서.

김선호 요즘 사람들이 지상파를 많이 안 보는데도 수신료를 낸다. 영국 BBC도 같은 고민이 있다. 점점 텔레비전을 안 보는데, 왜 수신료를 내야 하느냐는 의문이다. 일각에서는 공영방송뿐 아니라, 미디어 전체를 지원하는 펀드를 만들자는 주장도 한다. 독립기구가 운영만 하고, 돈을 어디에 쓸지는 독자들이 정하도록 하는 방식이다. 문제는 재원이 어디에서 나올 것이냐는 점이다. 이처럼 근본적인 패러다임을 바꾸는 걸 고민해야 될 시점이다. 어쨌든 언론사가 상업적으로 작동하는 것은 이제 점점 벗어나고 있는 게 아닌가 하는 생각이 든다.

권태호 광고 모델이 더 이상 유지되기 힘들다고 해서 후원, 구독, 멤버십 모델 등을 모색하고 있다. 그런데 국내 주요 언론사들은 지난해 대부분 흑자를 기록했다. 광고 모델이 여전히 현재까진 가장 유효한 측면이 있는 것 아닌가.

김선호 외국 전문가들이 가장 궁금해 하는 부분이다. 구독률도 줄고 사람들은 뉴스를 포털로 보는데, 한국 언론사들은 10년 전이나 지금이나 수지타산에서 큰 변화가 없다고 하면, '그 비법이 뭐냐'고 묻는다.

권태호 기업들의 광고가 구독률 하락에 비해 크게 줄어들지 않았고, 언론사는 투자를 않고, 비용을 줄이는 방식으로 영위해 온 것 아닌가? 모든 언론사가 다 그런 건 아니지만 상당수 언론사가 품질을 떨어뜨리는 형태로 지탱해 왔다.

김선호 그렇다. 앞으로 급격한 경제위기 상황이 또 올 수 있을 텐데, 그때 기업들이 언론매체에 대한 광고비를 줄인다면 나중에 경기가 회복돼도 다시 복구 불가능할지도 모른다. 뭔가 지금 대비를 많이 해야 하는데, 아직은 위기의식이 덜한 것 같다.

권태호 유료화 관련한 일각의 주장은, '20~30대들이 어릴 때부터 멜론, 게임 등 디지털 콘텐츠에 돈을 내는 세대니까 디지털 뉴스에도 돈을 낼 수 있다'는 것이다.

김선호 젊은 층은 디지털 콘텐츠에 돈을 내는 게 익숙하다. 그러나 뉴스에는 돈을 안 낸다. 돈을 내는 콘텐츠는 지속성이 있는 콘텐츠다. 게임, 영화, 음악 등. 그런데 뉴스는 한 번 보면 다시 볼 일이 없다. 이런 1회성 콘텐츠에는 돈을 잘 안 낸다.

권태호 그건 구매 개념이고, 구독 개념이면 좀 다를 수도 있지 않나?

김선호 언론사들이 워낙 많아 비슷비슷한 뉴스를 어디에서든 볼 수 있다. 모든 언론사들이 합심해 '돈을 안 내면 뉴스를 보여주지 않겠다'고 하면 모를까, 그런 상황이 오긴 힘들다.

권태호 유료 구독제를 실시하고 있는 곳이 『퍼블리』, 『트레바리』, 『핀치』 등 꽤 있다. 이런 곳은 어떻게 가능한가?

김선호 거긴 매니아, 니치마켓이다. 일부 유료 구독자가 있긴 해도, 계속 성장하긴 힘들 것이다.

권태호 구독제로 그나마 성과 있는 곳이 트레바리, 밀리의 서재 등이다. 밀리의 서재 구독자는 계속 늘고 있다. 젊은 층은 1인 가구가 많으니, 집에 많은 책을 놔둘 수도 없고 모임을 통해 다양한 만남을 갖는다는 장점도 있다. 또 『퍼블리』는 개별 콘텐츠가 완결성이 있다. 마치 단행 본 책처럼. 그런데 언론사의 뉴스 콘텐츠는 단발성 소식 같은 것이어 서 여기에 쉽사리 돈을 내는 것 같지 않다.

김선호 언론사가 그런 (완결성 있는) 콘텐츠를 많이 개발해야 된다. 콘텐 츠 소비에서 유튜브 비중이 커지는데 유튜브 콘텐츠 상당수가 하나의 콘텐츠 안에 스토리텔링으로 완결된 것이 많다. 일반뉴스를 24시간 동 안 잔뜩 쌓아놓는 것으로는 (유료화가) 힘들 것이다.

권태호 로이터와 한국언론진흥재단이 조사한 『2018 디지털 뉴스 리포 트』를 보면, 한국인들의 언론에 대한 신뢰는 매우 낮지만, 눈에 띄는 게 맘에 드는 언론사에 후원을 하겠다는 응답은 매우 높았다. 물론 응 답은 이렇게 하면서도 막상 그런 상황이 올 때 돈을 내진 않을 수 있 다. 그런데 이런 잠재성향이 있다면, 앞으로 언론을 향한 신뢰도가 쌓 일 때 후원제가 좀 더 활성화 될 수 있다고 기대할 수 있을까?

김선호 아시아권에서 (공익적인) 그런 응답이 좀 높은 것 같다. 미국은 기 본적 가치관이 '기브 앤 테이크'라 좀 다르다. 후원제를 할 수 있는 여 건이 우리가 미국보다 나을 수도 있다.

권태호 후원제를 유지하려면 기사의 품질을 올리는 건 기본이고, 독자와의 관계를 지속적으로 유지해야 한다고 본다.

김선호 독자와의 관계를 지속적으로 하려면 뉴스레터 서비스 등이 어느 정도 유효할 것이다.

권태호 최근에 『뉴닉』이 뉴스레터 서비스로 각광받고 있다. 기존 언론사들도 10년 전에 뉴스레터 서비스를 다 했다. 『뉴닉』을 방문해 보니, 왜 『뉴닉』은 성공하고, 기존 언론사는 실패했는지 알겠더라.

김선호 미국에서 『폴리티코』를 방문했는데, 뉴스레터 담당자가 『폴리티코』의 베테랑 기자였고 새벽 4시에 출근한다고 하더라. 뉴스레터를 만드는 게 (편집국에서) 가장 중요한 일이라고 했다.

권태호 국내 언론사들은 뉴스레터 서비스를 기존 콘텐츠 재배치 수준에서 처리하는 경우가 많았다.

김선호 짧은 뉴스레터로 호기심을 자극하도록 해야 하고, 통찰력도 녹여야 한다. 뉴스레터를 액세서리라 생각하지 말고 완전히 새로운 글을 써서 사람들의 마음을 움직일 수 있어야 한다.

3
뉴스 유료화와 저널리즘 원칙

미디어가 저널리즘 원칙을 지키면서 생존해 나가려면, 포털 제휴나 광고가 아니라 개별 미디어의 가치에 동의하는 '충성 독자' 기반의 수익 모델을 고민해야 한다고 전문가들은 강조한다. 이른바 '디지털 구독Digital Subscription' 모델이다.[140]

한국에서의 디지털 뉴스 유료화는 크게 후원제, 디지털 구독제, 회원제 등의 형태로 나타나고 있다. 그러나 아직까지는 모두 걸음마 단계다. 한국 언론의 뉴스 유료화는 지금까지 기업 중심의 광고 수익모델을 소비자 중심의 구독(후원) 수익모델로 바꿔나간다는 것을 뜻한다. 만일 언론사의 수익모델이 '광고'에서 '구독'으로 바뀐다면, 우리 언론의 저널리즘적 건강에는 훨씬 도움이 될 것이다.

'기부'든, '구매'든 디지털 뉴스 유료화를 위해선 기사(콘텐츠)에 돈을 지불할 만큼의 가치를 담아야 한다. 콘텐츠 품질 제고가 유료화의 첫 번째 조건인 것이다. 2000년대 들어 뉴스의 디지털화가 가속화 되면서 한국 뉴스시장의 기사 품질은 급격하게 뒤로 후퇴했다. 속보 경쟁으로 인해 확인

---

140 이종규, 「한겨레 기사가 마음에 쏙 드셨다면…」, 『한겨레신문』, 23면, 2018.6.1.

되지 않은 기사의 남발, 트래픽을 올리기 위한 어뷰징 기사, 포털의 존재로 인해 공신력이 떨어지는 매체들이 쏟아내는 저품질 기사들이 넘쳐났다. 여기에 레거시 미디어들은 정파성에 매몰됐다. 그 결과, 한국의 뉴스는 시장에서 소비자들로부터 신뢰도 세계 최하위 수준으로 떨어졌다. 그래서 언론은 뉴스 유료화에 앞서 먼저 콘텐츠 품질 제고에 나서야 한다.

최근 한국 언론의 신뢰도 하락과 매체에 대한 비판이 늘어난 데에는 한국 언론의 과도한 정파성과 디지털화에 대한 잘못된 반응으로 인한 콘텐츠 질 저하 탓이 크다. 독자 부문의 힘이 커진 데 반해 개별 매체들이 이를 제대로 담아내지 못한 측면도 상당하다. 따라서 앞으로 디지털 뉴스 유료화에서도 최대 관건은 '독자'를 어떻게 활용하고, 함께 손잡고 나아가느냐에 달렸다. 그에 따라 그 성과와 미래가 좌우될 것이다. 국내 언론의 뉴스 유료화의 선결과제는 콘텐츠 품질 제고이고, 유료화 실시 이후에는 지속적인 독자와의 관계성 강화라는 숙제를 계속 이행해 나가야 한다.

과거와 달리, 언론은 뉴스를 전하는 단독자가 아니다. 이제는 누구나 기사를 쓸 수 있는 '만인 기자 시대'를 지나 누구나 유튜브를 통해 방송도 할 수 있는 '만인 미디어 시대'다. 그러나 유튜브가 지닌 '강화 피드백positive feedback' 효과로 수용자의 확증편향confirmation bias을 심화시키고, 비슷한 생각을 지닌 사람들끼리만 소통하게 만들어 여론을 극화한다. 이러한 시대에 언론이 각종 정보를 걸러내 무엇이 사실인지를 분명하게 알려주어야 한다. 그러려면 우선 해당 매체가 믿을만한 존재로 인정받아야 한다.[141]

한국언론진흥재단-로이터저널리즘연구소의 『디지털 뉴스 리포트 2018 한국』 자료를 보면, 한국인들은 가짜뉴스로부터 "진실과 허위를 구

---

141 권태호, 「'만인 미디어 시대'…언론은 '신뢰성 필터'가 돼야 한다」, 『신문과 방송』(2019년 3월호)

분하는" 역할을 해야 하는 주체로 언론(79%)을 가장 많이 지목했다.[142] 뉴스에 대한 신뢰도가 낮음에도 여전히 뉴스를 의지하는 모습을 볼 수 있다. 개별 언론이 사실 보도와 공정성, 객관성이라는 저널리즘의 기본 원칙에 충실할 것을 시민들이 바라고 있고, 또 저널리즘 원칙에 충실한 보도가 유료화를 앞당기는 요인이 될 수 있다. 언론이 각각의 가치 지향에 따라 어느 정도 가치의 편향성을 갖는 것은 용인되지만, 특정 진영의 이해를 위해 불공정하거나 객관성을 잃거나, 특히 사실fact을 왜곡하는 듯한 모습을 보여서는 신뢰를 쌓을 수 없다.

이때 문제가 되는 것은 '독자의 요구'와 '저널리즘'이 충돌할 때 어떤 선택을 해야 하느냐 하는 점이다. 『뉴스타파』, 『프레시안』 등 후원제를 실시하는 언론사들의 경우, 특정 지지 정당 소속 정치인에 대한 검증이나 비판 보도가 나올 때마다 회원들이 대거 이탈하는 경향을 보였다. 한국의 뉴스 매체 '후원' 독자들은 해당 매체가 '자신과 비슷한 정치 성향'을 갖고, '지지하는 정당과 정치인을 지지, 응원'해 줄 것을 바라는 기대심리를 갖고 '매체 후원' 또는 '유료 구독'에 임할 때가 많다. 따라서 후원 또는 구독 매체가 자신의 기대에 반하는 기사를 게재한다면 후원(또는 구독) 이유가 사라지게 된다. 영국 『가디언』의 매체 후원이 '저널리즘 가치'에 대한 후원 성격이 짙다면, 국내 진보매체에 대한 후원은 이보다는 '진보적 가치', 좀 더 협소하게는 '진보적 정치집단에 대한 지지'를 부탁하는 차원의 성격이 짙은 것도 사실이다. 앞으로 보수매체가 보수적 독자들을 상대로 '후원제'를 실시할 경우, 이런 현상은 상대적으로 더욱 심할 것으로 예상된다. 그리고 이런 현상이 극심해지면 '매체 후원'이 건전한 저널리즘의 발달을 오히려 저해하는 요소로 작동할 수도 있는 것이다.

---

142 김선호·김위근·박아란·양정애, 『디지털 뉴스 리포트 2018 한국』, 한국언론진흥재단-로이터저널리즘 연구소

결국 디지털 뉴스 유료화의 시대에 독자와의 관계성 강화를 위해 애쓰더라도, 언론은 저널리즘의 기본 원칙은 반드시 지켜야 한다는 가치를 잃지 말아야 한다. 그것이 장기적으로 매체의 생명력과 언론으로서의 공정성을 유지할 수 있는 길이기도 하다. 누구나 뉴스를 생산하고 전파할 수 있는 세상에서는 더욱 그러하다. 『가디언』을 후원하는 독자들은 그들이 후원의 대가로 기대하는 가치로 '독립'과 '신뢰'를 꼽았다. 2018년 9월 영국의 여론조사기관 '입소스 모리Ipsos MORI'가 발표한 내용을 보면, 『가디언』의 디지털 콘텐츠를 만나는 소비자의 84%가 "자신이 보는 기사를 신뢰한다"고 밝혀, 미디어 가운데 가장 높은 신뢰도를 기록했다.[143]

또 유료 구독자 450만 명을 달성하며 『뉴욕타임스』의 화려한 부활을 이끈 최고경영자 마크 톰슨은 2019년 6월 세계신문협회 연차총회에서 "『뉴욕타임스』의 핵심은 최고의 저널리즘 제품을 만드는 것"이라며 "이를 위해 뉴스룸에 투자해야만 사람들이 원하는 뉴스를 만들어 낼 수 있다. 독자가 이 뉴스 상품에 매력을 느끼게 되면 결국 지갑을 열게 될 것"이라고 말했다.[144] 그는 지난 2017년에도 "『뉴욕타임스』에 어울리는 건전한 비즈니스 전략은 전 세계 수백만 명의 독자가 기꺼이 돈을 지불할 수 있을 만큼 강력한 저널리즘을 제공하는 일이라고 생각한다"고 말한 바 있다. '품질 제고-독자 만족-수익 증대'라는 선순환 구조를 언급한 것이다. 물론 현실에서 이 구조가 제대로 실현되지 않을 수도 있다. 그러나 그렇다 하더라도, 원칙을 잃진 말아야 한다. 돈을 벌기 위해 뉴스를 만드는 게 아니라, 뉴스를 만들기 위해 돈을 버는 것이다. '디지털 뉴스 유료화'는 목적이 아니라, 좋은 저널리즘을 위한 수단이 되어야 하기 때문이다.

143 이재호, 「가디언은 어떻게 백만 명을 모았나」, 『한겨레21』(1254호), 2019.3.25.
144 Chris Sutcliffe, 'NYT's Mark Thompson: "We're faster, but we're still too slow and too cautious"', World News Publishing Focus, 2019.6.3.

전 세계의 특파원들이 모여 있는 미국 워싱턴 내셔널클럽 입구 한쪽 벽면에는 '저널리스트의 신조Journalist's Creed'라는 문구가 동판으로 새겨져 있다. 그 아래에는 1914년 미국 미주리대 저널리즘스쿨 초대 학장인 월터 윌리엄스 교수가 쓴 8개의 강령이 이어진다. 디지털이라는 이름도 없던 시절에 쓰인 이 기자 강령은 100년이 지난 지금, 디지털 뉴스 유료화의 시대에도 여전히 유효하다.

1. 나는 저널리즘이라는 직업을 믿는다.
2. 나는 대중 매체란 다름 아닌 대중의 신뢰임을 믿으며, 대중 매체와 관련된 모든 사람은 모든 책임을 걸고 대중의 신뢰를 위임받은 수탁인임을 믿으며, 대중에 대한 봉사를 다하지 못하는 것은 이러한 신뢰에 대한 배반임을 믿는다.
3. 나는 명쾌한 사고와 명쾌한 서술, 정확성과 공정성이 바람직한 저널리즘의 기초임을 믿는다.
4. 나는 저널리스트가 진심으로 사실이라고 확신하는 것만 써야 한다고 믿는다.
5. 나는 사회의 안녕을 위한 이유가 아닌 한 어떠한 보도의 규제도 받아들일 수 없음을 믿는다.
6. 나는 품위 있는 신사로서 말해선 안 될 것은 저널리스트로서도 쓰지 않아야 함을 믿으며, 남의 부패를 지켜보듯 자기의 부패를 지켜보아야 함을 믿으며, 타인의 지시에 따랐다거나 타인의 영리를 위해서라는 이유로 스스로의 책임이 면제되지 않음을 믿는다.
7. 나는 광고와 뉴스와 칼럼들이 모두 똑같이 독자의 이익에 봉사해야 함을 믿으며, 진실과 투명성이라는 원칙이 이 셋 모두를 관철해야 함을 믿으며, 바람직한 저널리즘을 구분하는 최종 기준은 대중에 대

한 봉사임을 믿는다.

8. 나는 우리 사회를 위한 최선의 저널리즘이란 신을 두려워하고 인간을 존중하며, 견고한 독립의 토대 위에 서 있으며, 오만한 의견이나 권력의 탐욕에 흔들리지 않으며, 건설적이며, 관용적이되 부주의하지 않으며, 스스로 통제할 줄 알며, 인내할 줄 알며, 언제나 독자를 존경하되 그를 무서워하지 않으며, 불의를 보면 신속히 분노하며, 특권층의 저항과 군중의 아우성에 똑같이 흔들리지 않으며, 누구나에게 기회를 주도록 노력하며, 법과 양심과 인류애에 대한 고려가 허용하는 한 그 기회가 동등하도록 노력하며, 한편 애국적임과 동시에 또 한편 국제적 이익을 촉진하고 세계 동포애를 강화하는 인본주의의 저널리즘임을 믿는다.

단행본

김영주·박종구·정준희·심영섭, 『스마트 시대 신문의 위기와 미래』, 한국언론진흥재단, 2013.

김영주·정재민·강석, 『서비스 저널리즘과 언론사 수익 다변화』, 한국언론진흥재단, 2017.

빌 코바치·톰 로젠스틸, 『저널리즘의 기본 원칙』, 한국언론진흥재단, 2014.

양승찬·김옥태·박웅기·심재웅·이종임·정준희·금희조·정낙원·김춘식·이현주·문상현·정일권·
　　황용석, 한국언론학회 엮음, 『디지털 사회와 커뮤니케이션』, 커뮤니케이션북스, 2014.

줄리아 카제, 이영지 역, 『미디어 구하기: 어떻게 미디어는 생존하는 동시에 민주주의의 보루가 될 것
　　인가』, 글항아리, 2017.

켈리 맥브라이드·톰 로젠스틸 엮음, 『디지털 시대의 저널리즘 윤리』, 한국언론진흥재단, 2011.

티엔 추오·게이브 와이저트, 박선령 옮김, 『구독과 좋아요의 경제학』, 부키, 2019.

정례 자료집

한국언론진흥재단·로이터저널리즘 연구소, 『디지털 뉴스리포트 2016』

한국언론진흥재단·로이터저널리즘 연구소, 『디지털 뉴스리포트 2017』

한국언론진흥재단·로이터저널리즘 연구소, 『디지털 뉴스리포트 2018』

한국언론진흥재단, 『2017 신문산업 실태조사』

한국언론진흥재단, 『2018 신문산업 실태조사』

한국언론진흥재단, 『2017 언론수용자 의식조사』

한국언론진흥재단, 『2018 언론수용자 의식조사』

「연구보고서」

김선호·김위근, 『미디어 이슈 3권 6호 – 2017 한국 뉴스 생태계를 보여주는 7가지 지표』, 한국언론
　　진흥재단 미디어연구센터, 2017.

닉 뉴만, 김선호·오세욱·박대민 역, 「저널리즘, 미디어, 기술트렌드와 예측」, 『2017 해외 미디어 동
　　향 1권』, 한국언론진흥재단, 2017.

이정환, 「뉴스룸 혁신, 데이터에 답이 있다」, 『2014 해외 미디어 동향 5권』, 한국언론진흥재단, 2014.

정동훈·곽선혜·김희경·오은석·이남표·정형원, 『국내 디지털 콘텐츠 유료화 실패 사례 연구』, 한국

언론진흥재단 지정연구, 2017.

이종혁·임종섭, 『한국신문의 디지털 콘텐츠 유료화 전략 연구』, 한국신문협회 지정연구, 2012.

「학위 논문」

권태호, 『국내 언론사 디지털 뉴스 유료화에 관한 연구』, 건국대 언론홍보대학원 석사, 2018.

김예지, 『콘텐츠 유료화를 위한 전략적 요인 연구』, 연세대 정보대학원 석사, 2014.

박현찬, 『디지털미디어 시대 신문기업의 브랜드 경영전략에 관한 연구』, 한국외국어대학교 대학원
　　　신문방송학과 박사, 2017.

신동원, 『인터넷 컨텐츠의 성공적인 유료화에 영향을 미치는 요인에 관한 연구』, 국민대 대학원 정보
　　　관리학과 석사, 2002.

이정기, 『온라인 뉴스 콘텐츠 유통 융합모델 연구』, 한양대 대학원 신문방송학과 박사, 2013.

이형주, 『자발적 독자 구독료에 영향을 미치는 온라인 뉴스 콘텐츠 속성 간 상대적 중요성 분석』, 아
　　　주대 대학원 경영정보학과 박사, 2018.

전병득, 『신문산업의 뉴스콘텐츠 유료화 방안에 대한 연구』, 성균관대 언론정보대학원 석사, 2010.

황상석, 『국내 인터넷 신문 컨텐츠 공급 유형 및 유료화 모형 연구』, 서강대 언론대학원 석사, 2001.

「세미나, 강연 자료」

권태호, 「한국언론의 현황과 위기」, 『전남·광주 기자협회 정례세미나 강연』, 2018.3.29.

김안나·우병현·이정환·임석규, 「뉴스콘텐츠 유료화 실험사례」, 『관훈클럽 세미나 - 2018년 가을』,
　　　2018.11.2.

김위근, 「디지털 뉴스 트렌드 분석 및 동향」, 『디지털 저널리즘의 이해』(한국언론진흥재단 2018 디지털 저
　　　널리즘 아카데미 전문교육과정), 2018.4.17.

명승은·이준행·이성규·백승국, 「뉴미디어 동향과 인터넷신문 수익전략」, 『2019 인터넷신문위원회
　　　이슈포럼』, 2019.5.23.

박소령, 「콘텐츠 유료화의 가능성, 퍼블리」, 『디지털 저널리즘의 이해』(한국언론진흥재단 2018 디지털 저
　　　널리즘 아카데미 전문교육과정), 2018.4.17.

양정애, 「콘텐츠 유료화와 이용자 관여도 분석」, 『콘텐츠 기획과 수익화 전략』(한국언론진흥재단 2018 미
　　　디어경영 전문교육과정), 2018.10.31.~11.1.

이정환, 「뉴스 콘텐츠 유료화의 진화 - 독자의 마음을 움직여라」, 『디지털 저널리즘의 이해』(한국언론
　　　진흥재단 2018 디지털 저널리즘 아카데미 전문교육과정), 2018.4.17.

진민정, 「독자와 함께 하는 저널리즘 혁신」, 『미디어 혁신을 위한 독자 전략』(한국언론진흥재단 2019 디
　　　지털 저널리즘 아카데미 전문교육과정), 2019.7.9.

최진순, 「뉴스미디어 기업의 독자전략」, 『미디어 혁신을 위한 독자전략』(한국언론진흥재단 2019 디지털

저널리즘 아카데미 전문교육과정), 2019.7.9

「신문, 잡지」

강경석, 「"신문의 위기, 돌파구는?···'최고의 저널리즘 구현'"」, 『동아일보』, 2019.6.25.

강아영·김달아, 「"찾아와서 보는 '충성독자' 잡자"···국내 주요 매체들, 뉴스레터 주목」, 『기자협회보』, 2019.5.22.

강진아, 「프레시안 협동조합으로 '제2창간'」, 『기자협회보』, 2013.6.5.

권태호, 「'만인 미디어 시대'···언론은 '신뢰성 필터'가 돼야 한다」, 『신문과 방송』 579호(2019년 3월호)

권태호, 「미국을 흔든 탐사언론의 힘」, 『PD저널』, 2011.4.27.

권태호, 「"시장에 없는 콘텐츠에 돈을 낸다" – 관훈 인터뷰 박소령 대표」, 『관훈저널 2018년 가을호』(통권 148호), 관훈클럽

권태호, 「지금 워싱턴과 뉴욕은? – 관훈클럽 임원진 방미 보고서」, 『관훈저널 2018년 가을호』(통권 148호), 관훈클럽

권태호, 「'프로퍼블리카' 성역없는 탐사 2년연속 퓰리처상 거머쥐다」, 『한겨레신문』, 2011.4.21.

금준경, 「한국 포털 의존도 1위, 언론사 홈페이지 접속률은 꼴찌」, 『미디어오늘』, 2017.11.24.

김고은, 「언론사 '오프라인 소통' 사업··· 조금씩 지갑 여는 독자들」, 『기자협회보』, 2019.4.23.

김도연, 「지난해 신문사 매출액 1위는 조선일보」, 『미디어오늘』, 6면, 2019.4.10.

김동인, 「세계가 주목하는 『가디언』의 실험」, 『시사IN』 532호, 2017.11.27.

김민희, 「유료 온라인 콘텐츠 새 모델 열다」, 『톱클래스』, 2018.9.

김선호, 「'뉴스는 공공재' 저널리즘 본질 외면하는 유료화 장벽」, 『신문과 방송』 566호(2018년 2월호)

김수지, 「톰 로젠스틸-손석희 대담, 진실·정확성·팩트-언론이 추구할 불변의 규범」, 『신문과 방송』 576호(2018년 12월호)

김유진, 「저자·독자·출판사의 '교집합' 뚫어라」, 『경향신문』, 2018.4.16.

김춘식, 「종이신문 결합열독률마저 하락···여론 영향력도 감소」, 『신문과 방송』 565호(2018년 1월호)

문현숙, 「온라인 뉴스 잇단 유료화 성패 주목」, 『한겨레신문』, 2013.11.8.

박송이, 「오래된 모델? 독자에 맞춘 경제 '꿀팁' 대화하듯 전달···달랐다」, 『경향신문』, 2019.4.20.

박진우, 「『워싱턴포스트의 디지털 퍼스트 실험 5년 : 올드 미디어의 밝은 미래 보여주는 141살 스타트업」, 『신문과 방송』 571호(2018년 7월호)

변지민, 「『한겨레21』 후원이 더 쉬워졌습니다」, 『한겨레21』 1269호, 2019.7.8.

신문협회, 「유료모델 한계···독자데이터 기반 '탄력모델' 주목」, 『신문협회보』, 2019.6.16.

신지민, 「멀지도 가깝지도 않은···'커뮤니티'를 팝니다」, 『한겨레신문』, 2018.5.12.

안계현, 「총 매체 수 감소, 업체당 평균 매출액은 증가」, 『신문과 방송』 568호(2018년 4월호)

오은, 「구독모델 개척 이슬아 작가」, 『한겨레신문』, 16면, 2019.7.6.

이봉현, 「'뉴닉'의 고슴이는 어떻게 뉴스를 '힙'하게 만들었을까」, 『한겨레신문』, 2019.6.3.

이상원, 「네이버 뉴스 폐지가 '댓글 조작' 만병통치약?」, 『시사IN』 555호, 2018.4.30.

이소라, 「소수자 약자 목소리 전하는 '닷페이스' 조소담 대표의 꿈」, 『한국일보』, 2017.6.8.

이완, 「"신문이 죽어도 괜찮다" 온라인에서 사람들은 어떻게 읽는가… 미국 신문 〈크로니클〉이 만들어가는 미래의 저널리즘」, 『한겨레21』 1116호, 2019.6.15.

이재호, 「가디언은 어떻게 백만 명을 모았나」, 『한겨레21』 1254호, 2019.3.25.

이정환, 「소유에서 구독으로,, 구입에서 가입으로의 진화」, 『신문과 방송』 583호 (2018년 7월호)

이종규, 「한겨레 기사가 마음에 쏙 드셨다면…」, 『한겨레신문』, 2018.6.1.

이진우, 「광고 협찬 줄여야 하지만…신문의 미래 앞두고 고심만」, 『기자협회보』, 2018.4.11.

이창곤, 「'언론사가 본받아야 할 모델' 꼽힌 프랑스 '메디아파르트'는」, 『한겨레신문』, 2018.5.15.

이창곤, 「"위기의 언론 돌파구는 '한겨레' 같은 독립언론"」, 『한겨레신문』, 2018.5.15.

임아영, 「'뉴스' 못 놓는 네이버, 결국 '돈' 때문」, 『경향신문』, 2018.4.26.

임정욱, 「미디어 스타트업 어디까지 왔나」, 『관훈저널 2018년 가을』 (통권 148호), 관훈클럽

정철운, 「'미디어 복합체' 중앙일보, "신문 구독하면 영화 할인"」, 『미디어오늘』, 2015.6.19.

정철운, 「"양질의 뉴스는 공공재, 시장에만 맡길 수 없다"」, 『미디어오늘』, 2018.10.30.

최영진, 「책으로 세상을 읽고 책을 통해 사람을 만나다」, 『Forbes Korea』 2019년 2월호

최용식, 「보그드문 유료화 실험 성공, 관련업계 인정받은 첫 사례」, 『신문과 방송』 578호 (2019년 2월호)

최은경, 「차별화된 고품질 뉴스 서비스로 지속 성장중 – 해외 비영리 저널리즘 현황」, 『신문과 방송』 562호 (2017년 10월호)

하선영, 「온라인 구독 서비스 '퍼블리' 38억 원 투자 유치」, 『중앙일보』, 2019.2.19.

황용석·최윤희, 「기술이 언론을 구할까? 혁신 기술로 무장하는 저널리즘」, 『신문과 방송』 563호 (2017년 11월호)

『웹 자료』

김성수, 「세계 언론생태계의 희망…'비영리 탐사매체'」, 『뉴스타파』, 2015.10.19

김윤경, 「英 가디언, 비용절감 위해 타블로이드로 변신」, 『뉴스1』, 2018.1.16.

김익현, 「죽어가던 워싱턴포스트 살린 '베조스'」, 『지디넷 코리아』, 2015.3.17.

김인경, 「미디어 스타트업 닷페이스가 사는 법」, 『블로터』, 2019.5.28.

닷페이스, 「낙태죄 폐지를 말하다, 〈세탁소의 여자들〉」, 『팀블벅』, 2018.9.27.

도형래, 「미디어오늘 '인터넷 유료전환'…11일 유료판 '미오' 시작」, 『미디어스』, 2013.9.4.

이성규, 「18세기 유행했던 구독이 저널리즘 영역에서 다시 뜬 이유는」, 『뉴스톱』, 2019.4.10.

이은솔, 「"ㄴㅌ 가능한 병원 좀… 급해" 이게 현실입니다」, 『오마이뉴스』, 2018.8.31.

임화섭, 「"디지털 유료콘텐츠 안 산다"…한국인 월 지출액 '579원'」, 『연합뉴스』, 2017.10.25.

진민정, 「메디아파르트, 유료 인터넷 신문의 가능성을 보여주다」, 『슬로우뉴스』, 2013.5.2.

최진봉, 「『워싱턴 포스트』의 변신, 신문산업의 생존방안이 될까?」, 『최진봉의 세상을 바꾸는 힘』, 2016.1.9.

한국 ABC, 「2017년도 일간신문 발행 유료부수」, 『한국 ABC협회』, 2018.5.10.

「외국 문헌 및 자료」

Alex T. Williams, 'How digital subscriptions work at newspapers today', *American press institute*, 2016.2.29.

Caroline O'Donovan, 'Germany is getting a data-centric nonprofit newsroom and hoping to build new models for news', *NiemanLab*, 2014.7.17.

Chris Sutcliffe, 'NYT's Mark Thompson: 'We're faster, but we're still too slow and too cautious'', *World News Publishing Focus*, 2019.6.3.

Ciara Byrine, 'How The Guardian Uses "Attention Analytics" To Track Rising Stories', *Fast Company*, 2014.2.6.

Cliff Levy, 'Introducing the Reader Center', *The New York Times*, 2017.5.30.

Elizabeth Hansen and Emily Goligoski, 'Guide to audience revenue and engagement', *Tow Reporters*, 2018.2.8.

FIPP and CeleraOne, 'Digital subscription revenue displacing digital advertising as a core revenue stream', *FIPP*, 2018.6.11.

FIPP and CeleraOne, 'Our Global Digital Subscription Snapshot is getting a quarterly update: include your data', *FIPP*, 2019.6.3.

Gerry Smith, 'N.Y. Times Scales Back Free Articles to Get More Subscribers', *Bloomberg*, 2017.12.1.

James Curran, The future of journalism, *Journalism Studies*, 2010.

James G. Robinson, 'Watching the audience move: A New York Times tool is helping direct traffic from story to story', *NiemanLab*, 2014.5.28.

Jeff Desjardins, 'The Times They Are A-Changin'', *Visual Capitalist*, 2016.11.4.

Jessica Davies, 'European publishers look to digital subscriptions to reduce platform dependency', *Digiday*, 2018.2.12.

John Cassidy, 'The Financial Times and the Future of Journalism The Internet Doesn't Hurt People—People Do: The New Digital Age'', *The New Yorker*, 2015.9.28.

Jonah Peretti, '9 Boxes Building out our multi-revenue model', *BuzzFeed*, 2017.12.13.

Kristen Hare, 'Jay Rosen: Members don't want a gate around the journalism they're supporting', *Poynter*, 2017.12.5.

Margaret Boland , 'The Publisher Paywall Report: Variations, drivers for adoption, examples, and future of the pay-for-content model', *Business Insider*, 2016.8.2.

Matt Carroll, 'Jeff Jarvis: Journos Need to Shift from Content to Service Business', *Mediashift*, 2015.6.16.

Neha Gupta, 'How Gannett drives digital subscriptions', *World News Publishing Focus*, 2019.6.30.

Newsplexer Projects, 'New York Times CEO: Audience revenue is the future New York Times Co. Subscription Revenue Surpassed $1 Billion in 2017', *INMA*, 2017.5.23.

Pangaea Alliance Homepage, http://www.pangaeaalliance.com/

Roger, D. W · Thomson, L., *Mass Media Research with Infotrac An Introduction*, 2005.

Sam Gustin, 'The Internet Doesn't Hurt People —People Do: 'The New Digital Age'', *TIME*, 2013.4.26.

Sam Manchester, 'Sam at the Games', *The New York Times*, 2018.1.26.

Steven Mufson, 'The Washington Post to charge frequent users of its Web site', *The Washington Post*, 2013.3.18.

Sydney Ember, 'New York Times Co. Subscription Revenue Surpassed $1 Billion in 2017', *The New York Times*, 2018.2.8.

Teemu Henriksson, 'World Press Trends 2017: The audience-focused era arrives', *World News Publishing Focus*, 2017.6.8.

The Guardian, 'Guardian Media Group announces outcome of three year turnaround strategy', *The Guardian*, 2019.5.1.

The Guardian Press releases, 'World's leading digital publishers launch new programmatic advertising alliance, Pangaea', *The Guardian*, 2015.5.18.

The Guardian Press releases, 'Guardian Media Group announces outcome of three year turnaround strategy', *The Guardian*, 2019.5.1.

WAN-IFRA, 'World Press Trends 2018: Facts and Figures Global newspaper industry revenues', *World Press Trends Database*, 2018.

WashPostPR, 'The Washington Post digital traffic jumps to 89.7 million in March 2018, up 7% from last month', *The Washington Post*, 2018.4.13.

World Association of Newspapers and News Publishers, *World Press Trends 2017*.

World Association of Newspapers and News Publishers, *World Press Trends 2019*.